税收理论与政策智库论丛

外循环与税制改革

促进上海经济发展的税收政策研究

田志伟　熊惠君　胡怡建 ◎ 著

External Circulation and Tax Reform

Tax Policy Research on Promoting Shanghai's Economic Development

上海财经大学出版社
SHANGHAI UNIVERSITY OF FINANCE & ECONOMICS PRESS

上海学术·经济学出版中心

图书在版编目(CIP)数据

外循环与税制改革：促进上海经济发展的税收政策研究 / 田志伟, 熊惠君, 胡怡建著. --上海：上海财经大学出版社, 2025.2. --（税收理论与政策智库论丛）. --ISBN 978-7-5642-4497-2

Ⅰ. F812.751

中国国家版本馆 CIP 数据核字第 20249LB897 号

上海财经大学中央高校双一流引导专项资金、中央高校基本科研业务费资助

□ 责任编辑　胡　芸
□ 封面设计　贺加贝

外循环与税制改革
——促进上海经济发展的税收政策研究

田志伟　熊惠君　胡怡建　著

上海财经大学出版社出版发行
（上海市中山北一路369号　邮编 200083）
网　　址：http://www.sufep.com
电子邮箱：webmaster@sufep.com
全国新华书店经销
上海锦佳印刷有限公司印刷装订
2025年2月第1版　2025年2月第1次印刷

787mm×1092mm　1/16　17.25 印张（插页:2）　308 千字
定价:86.00 元

前　言

在全面贯彻党的二十大精神开局之年,在我国改革开放45周年、上海自由贸易试验区成立10周年之际,习近平总书记亲临上海考察指导,并提出聚焦建设国际经济中心、金融中心、贸易中心、航运中心、科技创新中心的重要使命。"五个中心"建设是党中央赋予上海的重要使命,是上海国际大都市发展的功能定位,也是加快建成具有世界影响力的社会主义现代化国际大都市的重要抓手。认真贯彻习近平总书记的重要指示和党中央的决策部署,以加快建设"五个中心"为主攻方向,统筹牵引经济社会发展各方面工作,坚持整体谋划、协同推进,重点突破、以点带面,持续提升城市能级和核心竞争力,这是上海在推进中国式现代化建设中充分发挥龙头带动和示范引领作用的必然要求。

税收是国家调控宏观经济的重要手段,对经济的运行具有重要的影响。一套与经济运行相适应的税收制度有利于经济高质量发展,可以加快上海"五个中心"的建设;反之,一套与经济运行不相适应的税收制度则会阻碍经济高质量的发展,阻碍上海"五个中心"建设。而在上海加快建设"五个中心"的大背景下,完善现行的税收制度、构建与上海"五个中心"建设相适应的税收政策体系,对加快上海"五个中心"建设具有重要的现实意义。为此,本书从促进上海经济发展视角出发,围绕促进上海跨境金融业务发展、促进上海跨境资本流动、促进上海离岸贸易发展、促进上海免税购物、促进上海自贸区发展,以及促进临港新片区经济发展的税收政策等方面展开了全面、综合、深入的研究。具体研究内容概括如下:

首先,研究背景和意义。本书第一章介绍了中央赋予上海的使命背景和内容,介绍了上海经济发展中的重要任务,并基于对上海经济现状的认识,以及"五个中心"建设的重要使命,介绍了上海经济发展中的税收堵点,进而提出本书的研究内容。

其次,围绕我国跨境金融、跨境资本流动、离岸贸易、免税购物的税收政策进行了全面、综合、深入的研究,并通过问题分析、国际比较、文献研究等多种方法,指出我国现行的税收制度不利于上述业务的发展。本书结合国际经验凝练出相应的政策建议,并提出在上海先行先试。

最后,围绕上海自贸区和临港新片区的基本情况,梳理了国内外主要自贸区的税收政策,并进行经验总结和比较;提出了可以在上海自贸区先行先试的税收政策,以及促进临港新片区加工增值业务发展的税收政策。

本书的主要贡献有以下几个方面:

第一,对上海税收问题的研究较为全面。本书采取"现行政策＋存在问题＋国际经验＋对策建议"这一研究脉络,对"跨境金融""跨境资本流动""离岸贸易""免税购物""上海自贸区发展""临港新片区加工增值货物业务"等几个上海经济发展中遇到的重要主题进行了较为深刻的研究,研究视角比较全面。

第二,注重听取调研企业意见,防止政策"落空"。本书采用文献研究法与实地调研法相结合的方法展开研究,既有通过文献搜索阅读获取的二手资料,又有通过实地调研获取的一手资料,进而保障了本书中所提出的政策建议更加贴合上海实际发展需要,防止政府政策供给与企业政策需求不一致的情况。

第三,综合考虑上海需要与中央"担忧",政策更容易落地。从上海实际需要出发,在上海先行先试是上海市向中央申请税收政策的主基调。但中央对于税收政策的出台总有自身的"担忧",综合考虑上海需要与中央"担忧",并据此提出政策建议是本书的一大特点。这一特点也使得本书所提政策更容易落地。

本书由田志伟统筹安排整个框架并撰写部分章节的内容;熊惠君负责统稿与第一章的撰写;田志伟、胡怡建、金圣参与了第二章的撰写;田志伟、胡怡建、冯闯参与了第三章和第四章的撰写;胡怡建、田志伟、汪豫参与了第五章和第六章的撰写;田志伟、金圣参与了第七章的撰写;熊惠君负责第八章的撰写。在此对各位参与者表示感谢。

另外,还要感谢上海财经大学一流学科特区"财政投资团队"以及公共政策与治理研究院给予的帮助。

目 录

001 | 第一章　导论
003 | 　1.1　中央赋予上海的使命
006 | 　1.2　上海"五个中心"建设
011 | 　1.3　促进上海经济发展的税收政策研究
012 | 　1.4　研究内容与研究方法
013 | 　1.5　主要创新点及不足之处

015 | 第二章　促进上海跨境金融业务的税收政策研究
017 | 　2.1　我国跨境金融业务的现行税制
031 | 　2.2　我国跨境金融业务的税收问题
040 | 　2.3　规范跨境金融业务的国际经验
049 | 　2.4　规范跨境金融业务的政策建议

053 | 第三章　促进上海跨境资本流动的税收政策研究
055 | 　3.1　我国跨境资本流动的现行税制
064 | 　3.2　我国跨境资本流动的税收问题
072 | 　3.3　规范跨境资本流动的国际经验
081 | 　3.4　规范跨境资本流动的政策建议

第四章　促进上海离岸贸易发展的税收政策研究

- 089 ｜ 4.1　大力发展离岸贸易的战略意义
- 091 ｜ 4.2　我国离岸贸易税收政策局限性
- 093 ｜ 4.3　离岸贸易税收制度的主要类型
- 095 ｜ 4.4　我国离岸贸易税收政策的设想
- 097 ｜ 4.5　离岸贸易税收优惠政策与 BEPS 风险
- 109 ｜ 4.6　离岸贸易税收优惠政策的审议风险及其应对
- 116 ｜ 4.7　离岸贸易税收优惠制度有害税收审议的案例分析
- 123 ｜ 4.8　政策建议

第五章　促进上海免税购物的税收政策研究

- 133 ｜ 5.1　发展免税购物的背景与目标
- 136 ｜ 5.2　上海免税购物的发展现状与问题
- 140 ｜ 5.3　上海免税购物规模不足的原因分析
- 147 ｜ 5.4　发展免税购物的国际经验
- 154 ｜ 5.5　政策建议

第六章　促进上海自贸区发展的税收政策研究

- 163 ｜ 6.1　自贸区的建设背景
- 166 ｜ 6.2　上海自贸区税收政策介绍
- 181 ｜ 6.3　海南自由贸易港税收政策介绍
- 185 ｜ 6.4　国际主要自贸区税制介绍
- 208 ｜ 6.5　促进上海自贸区发展的税收政策研究
- 210 ｜ 6.6　促进上海自贸区发展的税收政策建议

目录

221 | 第七章　促进临港新片区加工增值业务发展的税收政策研究

223 | 7.1　临港新片区建设

232 | 7.2　临港新片区进口关税政策研究

236 | 7.3　海南自由贸易港加工增值业务免征关税政策简介

238 | 7.4　促进临港新片区加工增值业务发展的税收政策建议

247 | 第八章　结论与政策建议

249 | 8.1　主要结论

255 | 8.2　政策建议

263 | 参考文献

第一章

导　论

1.1 中央赋予上海的使命

"五个中心"是以习近平同志为核心的党中央对上海城市的总体定位，是上海在国家现代化经济体系中的定位要求，为上海推动高质量发展、提升城市能级指明了主攻方向。[①]

20世纪90年代初期，在中国改革开放陷入困境时，中央宣布开发开放浦东，党的十四大提出了"一个龙头、三个中心"的战略决策，上海从全国改革开放的后卫变成前锋，为国家冲出西方发达国家的封锁包围发挥了"王牌"作用。

20世纪90年代中后期，面对亚洲金融危机带来的冲击，上海抓住全球经济一体化和我国积极争取加入WTO的机遇，将"国际航运中心"功能定位纳入城市总体规划中，城市功能定位由"三个中心"变为"四个中心"，通过兴建洋山深水港确立了世界集装箱第一港的地位，在代表我国参与东北亚航运中心的激烈角逐中一举奠定胜局。

2008年，全球金融危机后，面对外部环境和自身调整的双重挑战，上海主动减少"四个依赖"，实施创新驱动、转型发展战略。2014年，习近平总书记到上海考察

[①] "四大功能"与"五个中心"是什么关系？准确把握这两个关键词[EB/OL].(2023-07-31)[2024-04-25]. https://mp.weixin.qq.com/s/gmNf3u5_9JZ6EGAayaaGMw.

时，对上海做出建设"具有全球影响力的科技创新中心"的重要指示，为上海发展注入了新动力，由此形成了"五个中心"框架，确立了改革开放排头兵、创新发展先行者的地位，上海创新转型进入下半场。①

2017年12月15日，《上海市城市总体规划（2017—2035年）》②获得国务院批复：原则同意。根据规划，要加快推进"五个中心"建设，努力把上海建设成为卓越的全球城市和社会主义现代化国际大都市。在原有的国际经济、国际金融、国际贸易、国际航运"四个中心"基础上，再增加"科技创新中心"这一城市定位，由此形成"五个中心"的新定位。③

2020年是上海"五个中心"建设的重要时间节点，经过多年持之以恒的努力，"五个中心"建设取得显著成绩，多个规模性指标位居世界前列，但是与标兵城市相比，开放性和引领性仍然存在较大差距，可以说是"形已具然神不足"④。

2023年12月1日上午，习近平总书记听取了上海市委和市政府工作汇报，习近平总书记指出，加快建设"五个中心"是党中央赋予上海的重要使命。⑤ 上海要以此为主攻方向，统筹牵引经济社会发展各方面工作，坚持整体谋划、协同推进，重点突破、以点带面，持续提升城市能级和核心竞争力。要以科技创新为引领，加强关键核心技术攻关，促进传统产业转型升级，加快培育世界级高端产业集群，加快构建现代化产业体系，不断提升国际经济中心地位和全球经济治理影响力。要加强现代金融机构和金融基础设施建设，实施高水平金融对外开放，更好服务实体经济、科技创新和共建"一带一路"。要深入实施自由贸易试验区提升战略，推动国际贸易中心提质升级。要加快补齐高端航运服务等方面的短板，提升航运资源全球配置能力。要推进高水平人才高地建设，营造良好的创新生态。要加强同长三角区域联动，更好发挥辐射带动作用。

---

① "十四五"时期上海"五个中心"建设如何在大变局中谋新篇开新局［EB/OL］.（2020－11－13）［2024－04－25］. https://mp.weixin.qq.com/s/tER8rB_lJQCyouND2gNigw.

② 18年后的上海会是什么样？上海市城市总体规划正式发布！［EB/OL］.（2018－01－04）［2024－04－25］. https://www.jiemian.com/article/1860433.html.

③ "上海2035年"，五个中心的新定位［EB/OL］.（2018－01－29）［2024－04－25］. https://mp.weixin.qq.com/s/mX2aYED1cVGzqqZyvU8oaA.

④ "十四五"时期上海"五个中心"建设如何在大变局中谋新篇开新局［EB/OL］.（2020－11－13）［2024－04－25］. https://mp.weixin.qq.com/s/tER8rB_lJQCyouND2gNigw.

⑤ 习近平在上海考察时强调 聚焦建设"五个中心"重要使命 加快建成社会主义现代化国际大都市 返京途中在江苏盐城考察［EB/OL］.（2023－12－03）［2024－04－25］. http://www.news.cn/politics/leaders/2023－12/03/c_1130006474.htm.

习近平总书记强调，上海作为我国改革开放的前沿阵地和深度链接全球的国际大都市，要在更高起点上全面深化改革开放，增强发展动力和竞争力。要全方位、大力度推进首创性改革、引领性开放，加强改革系统集成，扎实推进浦东新区综合改革试点，在临港新片区率先开展压力测试，稳步扩大规则、规制、管理、标准等制度型开放，深入推进跨境服务贸易和投资高水平开放，提升制造业开放水平，进一步提升虹桥国际开放枢纽能级，继续办好进博会等双向开放大平台，加快形成具有国际竞争力的政策和制度体系。要坚持"两个毫不动摇"，深化国资国企改革，落实保障民营企业公平参与市场竞争的政策措施，打造国际一流营商环境，激发各类经营主体活力，增强对国内外高端资源的吸引力。

习近平总书记指出，要全面践行人民城市理念，充分发挥党的领导和社会主义制度的显著优势，充分调动人民群众积极性、主动性、创造性，在城市规划和执行上坚持一张蓝图绘到底，加快城市数字化转型，积极推动经济社会发展全面绿色转型，全面推进韧性安全城市建设，努力走出一条中国特色超大城市治理现代化的新路。要把增进民生福祉作为城市建设和治理的出发点和落脚点，把全过程人民民主融入城市治理现代化，构建人人参与、人人负责、人人奉献、人人共享的城市治理共同体，打通服务群众的"最后一公里"，认真解决涉及群众切身利益的问题，坚持和发展新时代"枫桥经验"，完善基层治理体系，筑牢社会和谐稳定的基础。

习近平总书记强调，要贯彻新时代中国特色社会主义文化思想，深化文化体制改革，激发文化创新创造活力，大力提升文化软实力。坚持不懈用新时代中国特色社会主义思想凝心铸魂，广泛践行社会主义核心价值观，巩固马克思主义在意识形态领域的指导地位，在各种文化交汇融合中进一步壮大主流价值、主流舆论、主流文化。要注重传承城市文脉，加强文物和文化遗产保护，传承弘扬红色文化，深入实施文化惠民工程，扎实推进群众性精神文明创建，深化拓展新时代文明实践中心建设，推进书香社会建设，全面提升市民文明素质和城市文明程度。

习近平总书记指出，坚持党的领导是中国式现代化的本质要求，也是根本保证。上海是我们党的诞生地，要用好一大会址等红色资源，弘扬伟大建党精神，教育引导广大党员、干部牢记"三个务必"，在新征程上开拓创新、奋发进取、真抓实干。要贯彻新时代党的组织路线，落实新时代好干部标准，建设一支与社会主义现代化国际大都市相匹配的高素质专业化干部队伍。要把握超大城市特点，创新基层党建工作思路和模式，完善党的基层组织体系。要坚决反对和惩治腐败，一体推进不敢腐、不能腐、不想腐，保持风清气正的政治生态。第二批主题教育临近收官，要坚持标准不降、劲头不松,把主题教育同各方面工作结合起来,做到两手抓、两不误、两促进。

1.2 上海"五个中心"建设[①]

上海"五个中心"建设取得显著成绩,多个规模性指标位居世界前列,但是与标兵城市相比,开放性和引领性仍然存在较大差距,可以说是"形已具然神不足"。当今世界处于百年未有之大变局,上海"五个中心"建设面临重大挑战,但危机中也育有新机,应以改革开放创新为根本动力,不失时机地争取国家新一轮重大政策支持,推进"五个中心"建设在大变局中谋新篇、开新局,在巩固已有"形"的基础上,着力增强彰显国际中心城市功能的"神",推动城市能级和核心竞争力再上新台阶,实现从"基本建成"向"全面建成"、从"国际性中心"向"全球性中心"的跨越。

1.2.1 上海"五个中心"建设"形已具然神不足"

"五个中心"建设使上海实现了从内向型工商业城市向国际经济中心城市的功能转变、从全国改革开放后卫向排头兵和先行者的角色转变,走上了世界舞台,成为中国奇迹的耀眼"闪光点"。在全球主要城市综合和单项排名中,上海都实现了持续攀升,多项排名居于全球主要城市前列。例如,在 2020 年 GaWC 排名中,上海位列 Alpha+级,由 2016 年的第 9 名上升为第 5 名;在新华—波罗的海国际航运中心发展指数和全球金融中心指数(GFCI)排名中,上海分别位居第 3 和第 4 位,分别比 2015 年提升了 3 位和 17 位(见表 1—1)。

表 1—1　　上海在全球城市主要榜单中最新排名情况

名称	发布者	上海最新排名	排在上海之前的城市
新华—波罗的海国际航运中心发展指数	新华社和波罗的海航运交易所	第 3 位(2020 年 7 月,首次超过中国香港)	新加坡、伦敦
全球金融中心指数(GFCI)	英国智库 Z/Yen 集团与中国(深圳)综合开发研究院联合发布	第 4 位(2020 年 3 月第 27 期)	纽约、伦敦、东京

[①] "十四五"时期上海"五个中心"建设如何在大变局中谋新篇开新局[EB/OL].(2020-11-13)[2024-04-25]. https://mp.weixin.qq.com/s/tER8rB_lJQCyouND2gNigw.

续表

名称	发布者	上海最新排名	排在上海之前的城市
全球化与世界城市排名(GaWC)	英国全球化和世界城市研究小组	Alpah+（一线强），第5位（2020年8月）	伦敦、纽约、中国香港、新加坡
全球城市竞争力排名	中国社科院与联合国人居署联合发布	第10位（2019年11月），首次超越中国香港跻身全球前十	纽约、伦敦、新加坡等
全球城市"综合排名"/"潜力排名"指数(GCI)	科尔尼咨询公司	第19位（2019年5月）	纽约、伦敦、巴黎、东京、中国香港等
全球城市实力指数(GPCI)	日本森纪念集团城市战略研究所	第30位（2019年11月）	伦敦、纽约、东京等
全球创新城市指数排名	澳大利亚商业数据公司	第33位（2019年11月）	纽约、东京、伦敦等
营商环境排名	世界银行	第31位（2019年10月）	新加坡、中国香港、纽约等

资料来源：上海市发展改革研究院。

尽管各类榜单的评估维度各不相同，但是总体来看，任何一个具有全球影响力的国际中心城市都具有规模性、开放性和引领性三个共同特征。规模性是指主要指标如经济总量、交易总额等达到一定体量，具有较强的能级；开放性是指外向型程度高、国际参与者多，具有配置全球资源要素的能力；引领性是指在规则制定、产品定价、科技创新等方面能够引领时代之先，具有较强的话语权和影响力。三个维度相辅相成，规模性是基础，吨位决定地位，没有强大的综合实力做支撑，很难称之为国际中心城市；同时，必须具有高度开放性，遵循国际惯例，有广泛的国际市场参与者，与全球市场联通融通，具有世界影响力；最后，作为国际中心城市，不能只是追随者和模仿者，还必须具有独领风骚、胜人一筹的"长板"和绝活，能够发挥引领性和标杆示范性作用。

以此三个维度衡量，从规模性来看，上海多个指标位居全球城市前列。2019年，上海市GDP总量为38 155亿元，在全球主要城市中位列第六（前五位分别是纽约、东京、伦敦、洛杉矶和巴黎）；金融体系齐全，金融市场交易总额（1 933万亿元）全球最高，证券市场股票筹资总额位居全球第二（第一是纽约证券交易所），场内现货黄金交易量和多个期货品种交易量位居全球第一；港口集装箱吞吐量（4 330万标箱）连续十年蝉联全球第一，机场货邮和旅客吞吐量分别位居全球第三和第四，口岸货物进出口总额（84 268亿元）稳居世界城市首位。但从开放性和引领性来看,上海存在明显的短板和不足。例如,2020年世界500强企业总部中,上海仅有9家,远低于北京(58家)、东京(38家)。金融市场国际参与度不够,大部分金融产品尚不具备国际定价权和国际话语权,目前尚无境外企业在上交所发行股票筹资(纽交所上市公司中约1/4注册地不在美国)。上海外汇交易中心日均交易额(1 360亿美元)仅为伦敦的1/26、纽约的1/10、新加坡的1/5。航运服务国际化程度低,国际集装箱中转比重仅为7.7%(新加坡超过80%,中国香港超过60%)。离岸贸易仍处于起步阶段,国际贸易中心核心枢纽功能未充分显现(新加坡和中国香港的离岸贸易分别是其货物出口额的2.8倍和1.2倍)。在高质量研发主体方面,上海仅有4家全球前500强研发机构,位居全球第11位,远远落后于排名第一的东京(86家);仅拥有11名顶尖科学家,排名未进入全球前二十(排名首位的剑桥拥有159名)。

如果说规模性侧重于衡量国际中心城市的"形",那么开放性和引领性就是衡量国际中心城市的"神",一个顶级国际中心城市必须"形神兼备"。在各类榜单中,受益于中国快速发展势头和超大经济体量,上海在侧重于"形"的排名中表现较好,但是在侧重于"神"的排名中,总体仍然相对靠后。总之,上海建设"形神兼备"的"五个中心"还有很长的路要走,还有很多艰难险阻有待攻克。对此,我们要做好打持久战的充分准备。

1.2.2 大变局下上海"五个中心"建设危机中育新机

回顾三十多年来上海"五个中心"确立和建设历程,本身就是一部上海承载国家重大战略使命的奋斗史,上海在历次挑战中打赢了化危为机的翻身仗。例如,20世纪90年代初期,在中国改革开放陷入困境时,中央宣布开发开放浦东,党的十四大提出了"一个龙头、三个中心"的战略决策,上海从全国改革开放的后卫变成前锋,为国家冲破西方发达国家的封锁包围发挥了"王牌"作用。又如,20世纪90年代中后期,面对亚洲金融危机带来的冲击,上海抓住全球经济一体化和我国积极争取加入WTO的机遇,将"国际航运中心"功能定位纳入城市总体规划,城市功能定位由"三个中心"变为"四个中心",通过兴建洋山深水港确立了世界集装箱第一港的地位,在代表我国参与东北亚航运中心的激烈角逐中一举奠定胜局。再如,2008年全球金融危机后,面对外部环境和自身调整的双重挑战,上海主动减少"四个依赖",实施创新驱动、转型发展战略,2014年习近平总书记到上海考察时,对上海做出建设"具有全球影响力的科技创新中心"的重要指示,为上海发展注入了新动力,由此形成了"五个中心"框架,确立了改革开放排头兵、创新发展先行者的地位,上海创新转型进入下半场。因此,上海"五个中心"建设内涵是不断丰富的,是中央战略要求与上海自身发展需要上下互动的结果,既体现了服务国家战略一脉相承的要求,也是应对国际国内环境变化和挑战、不断迭代升级上海城市发展战略和城市功能的逻辑演进。

当今世界正处于百年未有之大变局,中国经济面临前所未有的复杂严峻的局面。国际经贸环境正在发生深刻变化,单边主义、贸易保护主义抬头,全球化遭遇逆潮;中美战略博弈呈现全面化、长期化趋势,政治上新冷战、经济上脱钩、安全上擦枪走火的风险空前加大;全球经济面临自20世纪30年代大萧条以来最严重的衰退。这些变化将对上海参与全球经济、贸易、投资以及技术合作产生较大制约,"五个中心"建设再次面临关键时期。

在清醒认识严峻挑战的同时,我们仍要看到危机中育有新机,"五个中心"建设仍面临重大机遇:一是全球化仍是大势所趋,国家扩大开放的决心没有变。我国新一轮高水平扩大开放将聚焦一些关键领域和环节,如资本市场对外资开放、人民币国际化、跨境服务贸易和数字贸易、国际航运服务等,这些领域都是各国在国际经贸合作中争夺的"制高点"。开放是上海最大的优势,在全球化遭遇倒流逆风中,上海要勇当开放排头兵。二是科技竞争空前激烈,国家将更加注重科技创新。全球新一轮科技革命和产业变革孕育着重大新突破,中美战略博弈和新冠疫情导致的产业链断链风险,倒逼我国增强高端产业和核心技术的把控力,国家将更加大力支持源头创新和科技成果转移转化,这将为上海提升高端产业引领力和科技创新策源能力注入新动能。这对于上海"五个中心"建设提升规模性、开放性和引领性都是重要新机,上海建设"形神兼备"的"五个中心"、具有世界影响力的社会主义现代化大都市仍然前途光明。

1.2.3 新时期上海"五个中心"建设如何在变局中开新局

面对大变局带来的新挑战和新机遇,"十五五"时期,上海"五个中心"建设应以强化"四大功能"为主攻方向,加强系统谋划,以改革开放创新为根本动力,争取国家新一轮重大政策支持,在变局中开创新局,开启迈向全球顶级城市的新征程。

一是以更大力度的开放链接国内国际双循环。我国正在构建以国内大循环为主体、国内国际双循环相互促进的新发展格局,"五个中心"建设是上海成为国内大循环中心节点和国内国际双循环战略链接的重要支撑,上海尤其要充分利用开放优势,做强做优国际循环,助力国家突围。打造全球人民币金融资产配置管理中心,吸引集聚更多高能级跨国公司地区总部和总部型机构,支持跨国公司将其全球人民币司库(treasury)放在上海,拓展财务管理和资金结算功能,将上海打造成跨国公司全球人民币资金管理中心。加快吸引一批全球资产管理公司等标志性的外资金融机构落户,建设面向国际的"国际金融资产交易平台",扩大境外投资者参与程度,提升"上海价格"国际影响力。大力发展境内离岸人民币业务,建立一个以上海为基础、覆盖全球的人民币资产多级托管体系,使上海成为全球人民币资产的最终挛息中心、存托中心和清算中心。建立资金自由流动的跨境金融管理制度,加强金融基础设施建设,提升人民币跨境支付系统全球网络覆盖率。努力在国际贸易基本盘基础上实现贸易中心升级,打造若干高能级强辐射的国际贸易中心市场平台,扩大服务贸易开放水平,大力发展数字贸易,围绕新业态、新模式,发展云服务、数字内容、数字服务、跨境电商等新型特色数字贸易,在临港新片区探索跨境数据流动安全评估和分类监管,建设虹桥数字贸易跨境服务集聚区;加快补齐功能短板,做大做强离岸和转口贸易,深化国际贸易结算中心外汇管理试点,提高离岸转手买卖的结算融资便利水平。以高附加值全链条服务为导向,促进航运服务提质增效。落实国际中转集拼政策,推动沿海捎带政策扩围,争取邮轮无目的地航线试点,在国际船舶登记、国际航权开放等方面加强探索试点;积极参与国际海事技术规则和标准制定,促进航运技术、标准"引进来"和"走出去",提高航运服务全球的能力。

二是推进"五个中心"功能融合联动发展。综观国际,没有哪一个国际大都市像上海这样拥有得天独厚的优势,纽约以强大的金融市场引领全球,伦敦以航运和金融服务见长,新加坡和中国香港离岸贸易、离岸金融贡献大,旧金山硅谷引领全球科技创新。上海集经济、金融、贸易、航运、科创五大中心于一体,这是上海独特的优势所在,应推动"五个中心"融合联动发展,使之发生聚合效应、互为犄角。增强金融服务实体经济能力,充分利用科创板注册制的制度创新,加大对先进制造业、战略性新兴产业的金融支持,更好地推动国际金融中心与科创中心联动发展。促进金融与技术要素紧密融合,依托人工智能、大数据、云计算、区块链等技术,加强金融科技场景应用,优化金融科技发展环境,探索金融科技监管模式创新,以金融科技之长实现金融中心弯道超车。把握国家关于加快新型基础设施建设和战略性新兴产业集群发展的重要机遇,推动前沿科技与航运业深度融合,推进智能集卡、自动化码头等一批具体应用项目落地，抢占航运新技术领域的标准引领地位。推动在沪金融机构和航运专业机构合作，加快发展航运金融衍生品业务等。

三是争取新一轮国家重大政策支持。作为国家战略，上海"五个中心"建设框架形成、目标明确、地位提升和基本建成，离不开党中央国务院从战略全局高度的大力支持。例如，2009年国务院印发国发19号文，从国家战略和全局高度明确提出推动上海建设国际金融中心和国际航运中心的总体目标、主要任务和措施。这一颇具含金量的文件给予上海推进国际金融和航运中心建设实质性的支持政策，适用管用了一个阶段。当前，上海应以国务院发展研究中心开展"五个中心"评价为契机，积极争取国家层面谋划制定出台新一轮支持上海"五个中心"建设的重大政策，推进重点领域的改革开放创新。例如，在金融开放方面，支持上海成为全球人民币金融资产的配置管理中心，支持上海发展境内离岸人民币业务；在专业服务方面，争取率先试验金融服务行业综合监管或建立新型金融监管体制；在知识产权保护方面，率先试点对信息数据跨境传输的知识产权保护和便利化；在建设高能级贸易平台方面，争取虹桥商务区设立国家进口贸易促进创新示范区，加快打造联动长三角、服务全国、辐射亚太的进出口商品集散地；在科技创新方面，支持在上海设立"科创特区"，给予特殊政策和特别机制，推动科技创新中心功能建设取得重大突破性进展。在具体操作路径上，新一轮支持政策应改变过往主要依靠国家有关部门的审批式改革方式，争取赋予上海自主自费改革权，为面向未来的上海"五个中心"建设开辟更大的制度创新空间。

1.3 促进上海经济发展的税收政策研究

如前文所述，"五个中心"建设是党中央赋予上海的重要使命，是党中央对上海城市的总体定位。"五个中心"分别是指国际经济中心、国际金融中心、国际贸易中心、国际航运中心和科技创新中心。围绕上海"五个中心"建设目标，亟须在现有税制基础上，进一步完善并构建一套与"五个中心"建设相适应的税制体系。基于上述目标，本书从促进上海经济发展的视角出发，重点分析跨境金融、跨境资本流动、离岸贸易、免税购物的现行税收政策，并指出存在的问题，再借鉴部分发达国家的国际经验，提出税收政策优化建议。与此同时，作为先行先试的试验田，上海自贸区是国际贸易中心建设的重要载体，因此，本书还进一步研究了上海自贸区和上海临港新片区的现行税收政策,并借鉴国际主要自贸区和海南自由贸易港的经验,提出了税收政策优化建议。

1.4 研究内容与研究方法

1.4.1 研究内容

本书从促进上海经济发展、加快"五个中心"建设视角出发,围绕跨境金融、跨境资本流动、离岸贸易、免税购物、自贸区、临港新片区加工增值货物业务的税收政策展开研究。具体内容和研究方法如下:

除导论外,总体研究内容和研究框架分为七个章节。

第二章"促进上海跨境金融业务的税收政策研究"。本章主要从我国跨境金融业务(包括跨境租赁、结算、融资、投资、重组、保险、内地香港资金双向流动)的现行税制、跨境金融业务的税收问题(包括重复征税、出口征税、税收政策、制度缺陷)、规范跨境金融业务的国际经验展开详细的介绍,并提出规范跨境金融业务的政策建议。

第三章"促进上海跨境资本流动的税收政策研究"。本章主要从我国跨境资本流入、流出、结算的现行税制,我国跨境资本流动的税收问题以及部分国家规范跨境资本流动的国际经验展开详细的介绍,并提出规范跨境资本流动的政策建议。

第四章"促进上海离岸贸易发展的税收政策研究"。本章主要从离岸贸易税收优惠政策与BEPS风险、有害税收实践及其审议、离岸贸易税收优惠政策的审议风险及其应对、离岸贸易税收优惠制度的国际经验借鉴四个方面展开详细的介绍,并提出具体的政策建议。

第五章"促进上海免税购物的税收政策研究"。本章主要从上海市发展免税购物的背景与目标、上海免税购物的发展现状与问题、上海免税购物制度突破的难点与方向以及部分国家发展免税购物的国际经验展开详细的介绍,并提出促进临港新片区免税购物的政策建议。

第六章"促进上海自贸区发展的税收政策研究"。本章主要从自贸区的建设背景、上海自贸区税收政策、海南自由贸易港税收政策以及国际主要自贸区税制四个方面展开详细的介绍,并从税负、税收优惠等方面进行了国际经验比较。

第七章"促进临港新片区加工增值业务发展的税收政策研究"。本章主要从上海临港新片区加工增值货物业务现行政策、海南自由贸易港的关税政策,以及上海临港新片区加工增值货物业务关税政策意义和必要性、政策依据和可行性等方面进行了深入分析探讨,并提出改进建议。

第八章"结论与政策建议"。本章对前述研究进行总结,并提出政策建议。

1.4.2 研究方法

本书主要采用以下四种研究方法:

1. 文献研究法

通过对各种文献资料、网络数据库资料的收集、梳理、归纳,全面了解跨境金融、跨境资本流动、离岸贸易、免税购物、自贸区、临港新片区加工增值货物业务的税收政策、部分发达国家和海南自由贸易港的税收政策。

2. 比较分析法

对比分析上海和部分发达国家在跨境金融、跨境资本流动、离岸贸易、免税购物方面的税收政策,指出现行税收政策的不足,并提出改进建议;对比分析上海自贸区和部分国家自贸区的税收政策,指出现行税收政策的不足,进而提出改进政策建议;对比分析上海临港新片区和海南自由贸易港的税收政策,指出现行税收政策的不足,进而提出改进政策建议。

3. 实地调研法

通过组成课题组,到临港新片区进行了实地调研,为本书撰写提供了丰富详尽的一手资料。

4. 规范分析法

在调研的基础上,结合国际经验和我国国情,提出了促进上海经济发展、加快上海"五个中心"建设的税收政策建议。

1.5 主要创新点及不足之处

1.5.1 主要创新点

本书主要有以下三个创新之处:

1. 研究内容创新

本书主要聚焦于促上海经济发展、加快"五个中心"建设的税收政策,分别从跨境金融、跨境资本流动、离岸贸易、免税购物、自贸区、临港新片区加工增值货物业务等方面深入分析了上海现行税收政策、税收政策不足以及国际上部分国家经验总结和比较,进而提出促进上海经济发展的税收政策建议。研究内容全面且较为聚焦。

2. 研究视角创新

本书采取了"现行政策+存在问题+国际经验+对策建议"的研究脉络,对上海的"跨境金融业务""跨境资本流动""离岸贸易""免税购物""自贸区""临港新片区加工增值货物业务"几个主题进行了较为详细的横向和纵向比较。研究视角更加广泛。

3. 研究方法创新

本书采用了文献研究法和实地调研法相结合的方法开展研究,既有通过实地调研获取的一手资料,又有通过文献搜索阅读获取的二手资料,进而保障了本书内容的丰富性、完整性和真实性。研究方法更加科学。

1.5.2 不足之处

虽然本书试图从一个更加严谨的角度对上海现行税制进行分析,并基于"现行政策+存在问题+国际经验+对策建议"的研究脉络,围绕上海"跨境金融业务""跨境资本流动""离岸贸易""免税购物""自贸区""临港新片区加工增值货物业务"几个主题展开了详细的研究,并提出优化建议,然而,由于缺少一些数据对税收政策有效性进行实证检验,进而未将税收政策实行后可能的结果纳入本书内容,因此,本书的研究本质上仍属于一种规范研究和经验研究。有关税收政策执行后的实证检验,留待后续做进一步研究。

── 第二章 ──

促进上海跨境金融业务的税收政策研究

将上海打造为国际金融中心是中央赋予上海经济发展的使命之一。作为改革开放的排头兵,上海要借助中央给予的税收政策支持,加速孕育上海自贸区特殊经济功能,在跨境租赁、跨境结算、跨境融资等方面进一步提高金融服务功能,为国家试制度、探新路。

2.1 我国跨境金融业务的现行税制

2.1.1 跨境租赁税收政策制度

跨境租赁作为跨境融资的特殊形式,具有以融物代替融资的特性,在税收政策规定中,融资租赁与经营租赁税收待遇并不相同。本部分将对跨境经营租赁和跨境融资租赁的税收政策展开介绍。

1. 企业所得税

虽然企业所得税下并未对融资租赁与经营租赁做出相应定义,但是《企业所得税法》及实施条例中对租金收入确认的时间以及融资租出的固定资产折旧、经营租赁、融资租赁费用如何扣除进行了明确。

企业所得税将融资租出视同财产转让,将融资租入视同购入资产,而经营租赁则不涉及销售资产的税务处理。但是,根据国税函〔2008〕828号文规定,企业将资产转移至境外则需要视同销售确认收入,不分经营租赁或融资租赁。

因此,在跨境租赁当中,如果境内企业将动产出租给境外单位或个人,则在企业所得税上均须确认转让财产所得,对外已扣缴的预提所得税可以进行税收抵免。而境外单位将动产融资租赁给境内单位时,如果租赁期限届满伴随资产所有权转移,则按照国家税务总局公告2011年24号规定视同借款处理,由中国境内企业在支付时代扣代缴相当于贷款利息部分[租赁费(包括租赁期满后作价转让给中国境内企业的价款)扣除设备、物件价款后的余额]的预提所得税。

对于不动产租赁,根据国家税务总局公告2011年24号规定,非居民企业出租位于中国境内的房屋、建筑物等不动产,对未在中国境内设立机构、场所进行日常管理的,以其取得的租金收入全额计算缴纳企业所得税,由中国境内的承租人在每次支付或到期应支付时代扣代缴。如果非居民企业委派人员在中国境内或者委托中国境内其他单位或个人对上述不动产进行日常管理的,应视为其在中国境内设立机构、场所,非居民企业应在税法规定的期限内自行申报缴纳企业所得税。

2. 增值税

《财政部 国家税务总局关于全面推开营业税改征增值税试点的通知》(财税〔2016〕36号,以下简称36号文)将租赁分为经营租赁与融资租赁。36号文中的融资租赁指的是直租业务,而对于融资性售后回租则界定为贷款业务。因此,对于经营租赁与融资租赁,需要按照标的物是动产还是不动产分别适用16%或10%的税率,而融资性售后回租由于属于贷款业务,则不分标的物类别均适用6%的税率。

在跨境租赁当中,根据36号文规定,境内单位或个人提供标的物在境外使用的有形动产租赁服务(包括经营租赁与融资租赁)免征增值税。由于融资性售后回租属于贷款业务,而跨境融资无增值税免税待遇,因此,经批准从事融资租赁业务的境内单位跨境提供融资性售后回租取得的利息净收入需要缴纳增值税。

而境外单位和个人提供跨境租赁服务取得的收入则属于增值税的征税范围(境外单位或者个人向境内单位或者个人出租完全在境外使用的有形动产除外),若其在境内未设有经营机构的,以购买方为增值税扣缴义务人。

涉及有形动产租赁服务的,进口环节增值税由海关代征(另有规定的除外,如飞机租赁)。

3. 关税

《中华人民共和国进出口关税条例》规定,以租赁方式进口的货物需要缴纳进口环节关税,以海关审查确定的该货物的租金作为关税的完税价格。

4. 印花税

租赁合同属于印花税的应税凭证,经营租赁合同属于财产租赁合同,需按租赁金额千分之一贴花;而融资租赁(包含融资性售后回租)合同按照借款合同贴花,即按照其所载明的租金总额按万分之零点五的税率计税贴花。

2.1.2 跨境结算税收政策制度

跨境结算的本质是资金的国际结算和支付,因此,提供跨境结算服务的主体包括以下四类:银行、专业汇款、国际信用卡公司与第三方支付公司。对于跨境结算,在国内涉及的最主要税种就是企业所得税与增值税。本部分将对此进行具体介绍。

1. 企业所得税

《中华人民共和国企业所得税法》(以下简称《企业所得税法》)第三条规定,居民企业应当就其来源于中国境内、境外的所得缴纳企业所得税。非居民企业在中国境内设立机构、场所的,应当就其所设机构、场所取得的来源于中国境内的所得,以及发生在中国境外但与其所设机构、场所有实际联系的所得缴纳企业所得税。非居民企业在中国境内未设立机构、场所的,或者虽设立机构、场所但取得的所得与其所设机构、场所没有实际联系的,应当就其来源于中国境内的所得缴纳企业所得税。

《中华人民共和国企业所得税法实施条例》(以下简称《企业所得税法实施条例》)第七条对来源于中国境内、境外的所得确定原则进行了明确:销售货物所得,按照交易活动发生地确定;提供劳务所得,按照劳务发生地确定;转让财产所得,不动产转让所得按照不动产所在地确定,动产转让所得按照转让动产的企业或者机构、场所所在地确定,权益性投资资产转让所得按照被投资企业所在地确定;股息、红利等权益性投资所得,按照分配所得的企业所在地确定;利息所得、租金所得、特许权使用费所得,按照负担、支付所得的企业或者机构、场所所在地确定,或者按照负担、支付所得的个人的住所地确定;其他所得,由国务院财政、税务主管部门确定。

《企业所得税法》第二十七条第五款、第三十七条和《企业所得税法实施条例》第九十一条规定,非居民企业在中国境内未设立机构、场所的,或者虽设立机构、场所但取得的所得与其所设机构、场所没有实际联系的,其来源于中国境内的所得实行源泉扣缴,减按10%的税率征收企业所得税。结合企业所得税纳税人身份类别,跨境结算服务所得的企业所得税纳税义务如表2—1所示。

表 2—1　　　　　　　　　　跨境结算服务的企业所得税

纳税人类别	结算服务发生于境内	结算服务发生于境外
居民企业	缴纳企业所得税	
在中国境内设立机构、场所的非居民企业	缴纳企业所得税	与其所设机构、场所有实际联系的所得,缴纳企业所得税
在中国境内未设立机构、场所的非居民企业	缴纳企业所得税(源泉扣缴,税率10%)	不属于征税范围,无纳税义务

2.增值税

根据36号文附件1所附《销售服务、无形资产、不动产注释》,金融服务包括贷款服务、直接收费金融服务、保险服务和金融商品转让。直接收费金融服务是指为货币资金融通及其他金融业务提供相关服务并且收取费用的业务活动,包括提供货币兑换、账户管理、电子银行、信用卡、信用证、财务担保、资产管理、信托管理、基金管理、金融交易场所(平台)管理、资金结算、资金清算、金融支付等服务。因此,跨境结算服务属于直接收费金融服务。

36号文附件1规定,在中华人民共和国境内(以下简称境内)销售服务、无形资产或者不动产(以下简称应税行为)的单位和个人,为增值税纳税人,应当按照本办法缴纳增值税。中华人民共和国境外(以下简称境外)单位或者个人在境内发生应税行为、在境内未设有经营机构的,以购买方为增值税扣缴义务人。在境内销售服务、无形资产或者不动产,是指:服务(租赁不动产除外)或者无形资产(自然资源使用权除外)的销售方或者购买方在境内;所销售或者租赁的不动产在境内;所销售自然资源使用权的自然资源在境内;财政部和国家税务总局规定的其他情形。

36号文附件4规定,为境外单位之间的货币资金融通及其他金融业务提供的直接收费金融服务,且该服务与境内的货物、无形资产和不动产无关。结合36号文规定,跨境结算服务手续费收入的增值税征免如表2—2所示。

表 2—2　　　　　　　　　　跨境结算服务的增值税

	跨境结算服务销售方在境内	跨境结算服务销售方在境外
跨境结算服务购买方在境内	缴纳增值税	缴纳增值税(如在境内未设有经营机构,以购买方为增值税扣缴义务人)
跨境结算服务购买方在境外	缴纳增值税(为境外单位之间货币资金融通及其他金融业务提供的直接收费金融服务,且该服务与境内的货物、无形资产和不动产无关,则免税)	不属于征税范围,无纳税义务

2.1.3 跨境融资税收政策制度

跨境融资属于《企业所得税法实施条例》规定的债权性投资，所谓债权性投资，是指需要偿还本金和支付利息，或者需要以其他具有支付利息性质的方式予以补偿的融资。对于跨境融资，在国内会涉及企业所得税、个人所得税、增值税及印花税。下文将对此进行具体介绍。

1. 企业所得税

跨境融资的企业所得税处理涉及利息收入的税收征免以及利息支出的企业所得税税前扣除。跨境融资中，境内外机构从境内外取得的利息收入属于企业所得税的应税收入，应该根据境内外机构的纳税人身份类型，申报缴纳企业所得税或由借款人进行扣缴（扣缴税率10%，有税收协定的，从其规定）。

根据《企业所得税法实施条例》规定，外国政府向中国政府提供贷款取得的利息所得、国际金融组织向中国政府和居民企业提供优惠贷款取得的利息所得，免征企业所得税。在跨境融资中，境内机构向境外支付的利息在税前列支需要满足以下四个前提：

(1) 已按规定扣缴税款。

《国家税务总局关于非居民企业所得税管理若干问题的公告》（国家税务总局公告2011年第24号）第一条规定，境内企业和非居民企业支付利息时，如果未按照合同或协议约定的日期支付，或者变更或修改合同或协议延期支付，但已计入企业当期成本、费用，并在企业所得税年度纳税申报中作税前扣除的，应在企业所得税年度纳税申报时按照企业所得税法有关规定代扣代缴企业所得税。

(2) 不超过金融企业同期同类贷款利息。

《企业所得税法实施条例》规定，非金融企业向非金融企业借款的利息支出，不超过按照金融企业同期同类贷款利率计算的数额的部分，准予税前扣除。

(3) 不超过规定比例。

根据《关于企业关联方利息支出税前扣除标准有关税收政策问题的通知》（财税〔2008〕121号），规定比例为金融企业5∶1、其他企业2∶1。

根据《国家税务总局关于印发〈特别纳税调整实施办法（试行）〉的通知》（国税发〔2009〕2号），超过规定比例不得在计算应纳税所得额时扣除的利息支出，不得结转到以后纳税年度；应按照实际支付给各关联方利息占关联方利息总额的比例，在各关联方之间进行分配，直接或间接实际支付给境外关联方的利息应视同分配的股息，按照股息和利息分别适用的所得税税率差补征企业所得税，如已扣缴的所得税税款多于按股息计算应征所得税税款，多出的部分不予退税。

（4）不存在投资者投资未到位情形。

根据《国家税务总局关于企业投资者投资未到位而发生的利息支出企业所得税前扣除问题的批复》（国税函〔2009〕312号），凡企业投资者在规定期限内未缴足其应缴资本额的，该企业对外借款所发生的利息，相当于投资者实缴资本额与在规定期限内应缴资本额的差额应计付的利息，其不属于企业合理的支出，应由企业投资者负担，不得在计算企业应纳税所得额时扣除。

2. 个人所得税

《中华人民共和国个人所得税法》（以下简称《个人所得税法》）、《中华人民共和国个人所得税法实施条例》（以下简称《个人所得税法实施条例》）及相关规范性文件规定，个人所得税的纳税人同样分为居民纳税人与非居民纳税人，居民纳税人应就来源于中国境内和境外的所得缴纳个人所得税，非居民纳税人从中国境内取得的所得缴纳个人所得税。下列所得不论支付地点是否在中国境内，均为来源于中国境内的所得：

（1）因任职、受雇、履约等而在中国境内提供劳务取得的所得；

（2）将财产出租给承租人在中国境内使用而取得的所得；

（3）转让中国境内的建筑物、土地使用权等财产或者在中国境内转让其他财产取得的所得；

（4）许可各种特许权在中国境内使用而取得的所得；

（5）从中国境内的公司、企业以及其他经济组织或者个人取得的利息、股息、红利所得。

跨境融资的个人所得税税收征免情况如表2—3所示。

表2—3　　　　　　　　跨境融资的个人所得税

所得来源	居民纳税人	非居民纳税人
从中国境内的公司、企业以及其他经济组织或者个人取得的利息	缴纳个人所得税	缴纳个人所得税
从中国境外的公司、企业以及其他经济组织或者个人取得的利息		不属于征税范围，无纳税义务

3. 增值税

跨境融资行为属于36号文中的贷款服务,只要资金的提供方或资金的接收方在中国境内,利息收入即属于增值税的征税范围。根据36号文规定,购进的贷款服务以及与贷款直接相关的投融资顾问费、手续费、咨询费等费用,其进项税额不得从销项税额中抵扣。

《财政部 国家税务总局关于金融机构同业往来等增值税政策的补充通知》(财税〔2016〕70号)规定,境内银行与其境外的总机构、母公司之间,以及境内银行与其境外的分支机构、全资子公司之间的资金往来业务属于银行联行往来业务,取得的利息收入免征增值税。

4. 印花税

根据《中华人民共和国印花税法》,银行及其他金融组织和借款人所签订的借款合同要缴纳印花税,于书立或者领受时贴花。应税凭证无论是在中国境内还是在境外书立,均应依照条例规定贴花。

如果合同是在国外签订的,应在国内使用时贴花。无息、贴息贷款合同,外国政府或者国际金融组织向我国政府及国家金融机构提供优惠贷款所书立的合同免征印花税。

2.1.4 跨境投资税收政策制度

1. FDI 与 ODI

(1) 企业所得税。

①FDI。改革开放初期,我国无论是在资金上还是在技术上,都存在明显不足。在这种背景下,中国利用土地、劳动力、赋税等方面的优惠条件吸引外资进入。20世纪80年代初期,我国初步建立了涉外税收制度。

2007年3月16日,我国公布了《企业所得税法》,并于2008年1月1日起施行。新的《企业所得税法》取代了1991年4月9日公布的《外商投资企业和外国企业所得税法》和1993年12月13日发布的《企业所得税暂行条例》,打破了内外资税收不公平的规则,逐步终结了外资的"超国民待遇"。

结合《企业所得税法》《企业所得税法实施条例》以及税收协定和相关规定,目前FDI企业所得税的税收征免如表2—4所示。

表 2—4　　　　　　　　　　　　　FDI 的企业所得税

纳税人类别		持有收益（股息、红利）	处置收益（转让所得）
居民企业		缴纳企业所得税（直接投资于其他居民企业取得的投资收益免征企业所得税，不包括连续持有居民企业公开发行并上市流通的股票不足 12 个月取得的投资收益）	缴纳企业所得税
非居民企业	在中国境内设立机构、场所	取得与该机构、场所有实际联系的股息、红利等权益性投资收益征收企业所得税（不包括连续持有居民企业公开发行并上市流通的股票不足 12 个月取得的投资收益）；与其机构、场所没有实际联系的，预提所得税（源泉扣缴，税率 10%；有税收协定的，从其规定）	与其所设机构、场所有实际联系的所得，缴纳企业所得税；与其机构、场所没有实际联系的，预提所得税（源泉扣缴，税率 10%；有税收协定的，从其规定）
	在中国境内未设立机构、场所	预提所得税（源泉扣缴，税率 10%；有税收协定的，从其规定）	预提所得税（源泉扣缴，税率 10%；有税收协定的，从其规定）

《财政部 税务总局 国家发展改革委 商务部关于境外投资者以分配利润直接投资暂不征收预提所得税政策问题的通知》（财税〔2017〕88 号）规定，对境外投资者从中国境内居民企业分配的利润，直接投资于鼓励类投资项目，凡符合规定条件的，实行递延纳税政策，暂不征收预提所得税。

②ODI。对于境内投资者取得的境外所得，我国采用抵免法来避免国际重复征税，即对本国居民的国外所得征税时，允许其用国外已纳的税款冲抵在本国应缴纳的税款，从而实际征收的税款只为该居民应纳本国税款与已纳外国税款的差额。

《企业所得税法》《企业所得税法实施条例》及相关规范性文件规定，境外所得税收抵免政策主要采用分国不分项抵免法，对企业从境外取得股息、红利等权益性投资收益所负担的所得税的间接抵免层级不超过三层。

随着国家"一带一路"倡议的实施以及我国企业境外投资日益增加，原有政策安排可能导致同时在多个国家或地区投资的企业存在抵免不足、抵免层级较少而无法满足"走出去"企业实际需要等问题。

《财政部 税务总局关于完善企业境外所得税收抵免政策问题的通知》（财税〔2017〕84 号）调整了抵免方法，企业可自行选择采取分国不分项或者不分国不分项的抵免方法；同时，调整扩大了间接抵免的层级，将境外股息间接抵免的层级由三层调整到五层。

(2)个人所得税。

①FDI。个人所得税实行全员全额扣缴制度,实行个人所得税全员全额扣缴申报的应税所得包括:工资、薪金所得;劳务报酬所得;稿酬所得;特许权使用费所得;利息、股息、红利所得;财产租赁所得;财产转让所得;偶然所得;经国务院财政部门确定征税的其他所得。

扣缴义务人是指向个人支付应税所得的单位和个人。境外个人投资者从境内取得的股息、红利所得及权益性投资转让所得应由扣缴义务人进行扣缴。非居民纳税人符合享受协定待遇条件的,通过扣缴义务人在扣缴申报时,应当主动向扣缴义务人提出,并向扣缴义务人提供相关报告和资料,接受税务机关的后续管理。

②ODI。我国对个人所得税纳税人从境外取得的所得同样实施抵免政策,准予其在应纳税额中扣除已在境外缴纳的个人所得税税额,但扣除额不得超过该纳税义务人境外所得依照个人所得税法规定计算的应纳税额。

纳税义务人个人所得税的抵免遵循分国不分项原则,即从中国境外取得的所得,须区别不同国家或地区和不同所得项目,依照税法规定的费用减除标准和适用税率计算应纳税额;同一国家或地区内不同所得项目的应纳税额之和,为该国家或地区的扣除限额。

纳税义务人在中国境外实际缴纳的个人所得税税额低于扣除限额的,应当在中国缴纳差额部分的税款;超过扣除限额的,其超过部分不得在本纳税年度扣除,但是可以在以后纳税年度的该国家或地区扣除限额的余额中补扣。补扣期限最长不得超过五年。

(3)增值税。

股权投资不属于增值税的征税范围,即股息、红利及股权转让(上市公司股票除外)收益均不征收增值税。但如果涉及非货币性资产投资行为,如以有形动产、技术等开展跨境投资行为,则会涉及进出口环节的流转税管理问题。

(4)印花税。

营业账簿属于印花税的应税凭证,根据国税发〔1994〕25号文规定,生产经营单位执行《企业会计准则》与《企业财通则》后,应按实收资本与资本公积两项合计金额的万分之五贴花。为减轻企业负担,鼓励投资创业。

《关于对营业账簿减免印花税的通知》(财税〔2018〕50号)规定,自2018年5月1日起,对按万分之五税率贴花的资金账簿减半征收印花税。发生的股权转让行为,按产权转移数据贴花。

2. QFII/RQFII

目前,我国将 QFII/RQFII 的纳税人身份认定为企业,因此 QFII/RQFII 的税收征免主要涉及税种为企业所得税、增值税和印花税。

(1)企业所得税。

《财政部 国家税务总局 证监会关于 QFII 和 RQFII 取得中国境内的股票等权益性投资资产转让所得暂免征收企业所得税问题的通知》(财税〔2014〕79 号)规定,从 2014 年 11 月 17 日起,对合格境外机构投资者(简称 QFII)、人民币合格境外机构投资者(简称 RQFII)取得来源于中国境内的股票等权益性投资资产转让所得,暂免征收企业所得税。

上述规定适用于在中国境内未设立机构、场所,或者在中国境内虽设立机构、场所,但取得的上述所得与其所设机构、场所没有实际联系的 QFII、RQFII。对 QFII、RQFII 投资我国债券、基金等取得的差价收入,《企业所得税法实施条例》第七条的规定,不能认定为来源于我国境内的所得,不征收企业所得税。

《国家税务总局关于中国居民企业向 QFII 支付股息、红利、利息代扣代缴企业所得税有关问题的通知》(国税函〔2009〕47 号)规定,QFII 取得来源于中国境内的股息、红利和利息收入,应当按照企业所得税法规定缴纳 10% 的企业所得税。如果是股息、红利,则由派发股息、红利的企业代扣代缴;如果是利息,则由企业在支付或到期应支付时代扣代缴。

目前,对于 RQFII 取得来源于中国境内的股息、红利和利息收入的税收征免虽然没有专门的规范性文件,但是国家税务总局《非居民企业所得税源泉扣缴管理暂行办法》(国税发〔2009〕3 号)规定,对非居民企业取得来源于中国境内的股息、红利等权益性投资收益和利息所得应当缴纳的企业所得税,实行源泉扣缴,以依照有关法律规定或者合同约定对非居民企业直接负有支付相关款项义务的单位或者个人为扣缴义务人。

QFII、RQFII 取得股息、红利和利息收入,需要享受税收协定(安排)待遇的,可向主管税务机关提出申请,主管税务机关经审核无误后按照税收协定。

(2)增值税。

按照财税〔2016〕36 号文、财税〔2016〕70 号文等文件规定,QFII、RQFII 委托境内公司在我国从事证券买卖业务取得的金融商品转让收入,免征增值税;对其投资我国银行间本币市场取得的利息收入,应依法征收增值税。同时,按照增值税对法定扣缴义务人的规定,境外机构发生上述增值税应税行为,在境内未设有经营机构的,以利息支付方为增值税扣缴义务人。

(3) 印花税。

《财政部 国家税务总局关于证券交易印花税改为单边征收问题的通知》(财税明电〔2008〕2号)规定,经国务院批准,财政部、国家税务总局决定从 2008 年 9 月 19 日起,调整证券(股票)交易印花税征收方式,将现行的对买卖、继承、赠与所书立的 A 股、B 股股权转让书据按千分之一的税率对双方当事人征收证券(股票)交易印花税,调整为单边征税,即对买卖、继承、赠与所书立的 A 股、B 股股权转让书据的出让方按千分之一的税率征收证券(股票)交易印花税,对受让方不再征税。境外机构投资者投资我国债券、基金等不需要缴纳印花税。

3. QDII/RQDII

QDII/RQDII 目前的税收征免并没有专门的规范性文件,但由于 QDII/RQDII 属于资管产品范畴,因此税收征免的原则如下:

在所得税上,将 QDII/RQDII 认定为导管,即对产品不征税,对投资者投资产品取得的所得进行税收征免。即对企业投资者持有的 QDII/RQDII 产品分红收益征收企业所得税(公募基金除外),对取得的 QDII/RQDII 产品处置收益征收企业所得税。对个人投资者持有的 QDII/RQDII 产品分红收益不征收个人所得税(无对应税目),对取得的 QDII/RQDII 产品处置收益征收个人所得税(财产转让所得)。

在增值税上,将 QDII/RQDII 认定实体,即对 QDII/RQDII 运营过程中发生的应税行为(如取得利息收入、金融商品转让)征收增值税,但由于 QDII/RQDII 的管理人为纳税义务人,因此可按照简易计税办法缴纳增值税。

2.1.5 内地、香港跨境资金双向流动制度安排

目前,除债券通制度以外,沪港通、深港通、基金互认均由专门税收规范性文件对投资者的所得税、增值税、印花税等税收的税收征免做出了规定。总体税收征管原则如表 2—5 所示。

表 2—5　　　　　　　内地、香港跨境资金双向流动制度安排

		持有收益(分红)				处置收益(转让差价)			
		个人投资者		企业投资者		个人投资者		企业投资者	
		内地	香港	内地	香港	内地	香港	内地	香港
沪港通和深港通	所得税	预提税率20%，可抵免	预提税率10%；有协定的，按协定	征税，有预提的可抵免，连续持有满12个月取得的股息红利所得免税	预提税率10%；有协定的，按协定	免税	免税	免税	免税
	增值税	不属于征税范围	不属于征税范围	不属于征税范围	不属于征税范围	免税	免税	征税	免税
	印花税	不属于征税范围	不属于征税范围	不属于征税范围	不属于征税范围	香港印花税	卖出时征税	香港印花税	卖出时征税
基金互认	所得税	预提税率20%	预提利息7%，股利10%	征税	预提利息7%，股利10%	免税	免税	征税	免税
	增值税	保本征税	保本征税	保本征税	保本征税	免税	免税	征税	免税
	印花税	不属于征税范围	不属于征税范围	不属于征税范围	不属于征税范围	香港印花税	暂不征税	香港印花税	暂不征税

1. QFLP

(1)所得税。

由于 QFLP 采取合伙制，因此根据我国合伙企业税收政策规定，合伙企业生产经营所得和其他所得采取"先分后税"的原则，合伙企业不缴纳所得税，以每一个合伙人为纳税义务人。

合伙企业合伙人是自然人的，缴纳个人所得税；合伙人是法人和其他组织的，缴纳企业所得税。

QFLP 的投资者如为企业，则其所得税参照 FDI 的企业所得税处理，但由于不属于直接投资，因此不能享受直接投资于其他居民企业股息、红利免征企业所得税的税收待遇。QFLP 的投资者如为自然人，则其所得税参照 FDI 的个人所得税处理。

(2)增值税。

由于股权投资行为不属于增值税的征税范围，因此对 QFLP 取得的股息、红利以及转让非上市公司股权行为不征收增值税。

(3)印花税。

由于合伙企业合伙人出资额不计入"实收资本"与"资本公积"，因此不征收资

金账簿印花税。合伙企业转让股权按产权转移书据贴花。

2. QDLP/QDIE

（1）所得税。

QDLP/QDIE 根据投资者身份不同，分别征收企业所得税和个人所得税。但对合伙人能否穿透享受抵免待遇，目前税收规定尚不明确。

（2）增值税。

如果 QDLP/QDIE 采取合伙制，则以合伙企业为增值税纳税人，发生的股权投资行为不属于增值税的征税范围（包括股息、红利及股权转让收益）。如果采用契约制，以管理人为纳税人，对产品发生的应税行为按照简易计税方法缴纳增值税，由于是股权投资，因此股息、红利及股权转让收益不属于增值税的征税范围。

（3）印花税。

由于合伙企业合伙人出资额不计入"实收资本"与"资本公积"，因此不征收资金账簿印花税。如果发生股权转让行为，应税凭证无论是在中国境内还是在境外书立，均应依照产权转移书据贴花。如果合同是在国外签订的，应在国内使用时贴花。

2.1.6　跨境重组税收政策制度

上海自贸区成立以来的多维度境外投资促进措施，说明了上海严格践行其境外投资制度改革的职能。在境外企业重组中，上海自贸区更应该充分发挥其"改革先行、创新先行"的职能，更加大胆解放思想、勇于突破超越，在全国率先探索试行符合企业重组发展最新要求的税负安排新做法，提出改革发展新方向。

企业所得税是企业重组中最重要且税收成本较高的税种之一。为了减轻重组的所得税税收成本、提高重组交易的经济效率，2009 年财政部和国税总局颁布的财税〔2009〕59 号文[①]规定，符合条件的重组交易可以适用于特殊税务处理，即"特殊重组"，企业可享受重组所得税递延缴纳待遇，暂不缴纳企业所得税。不符合条件的重组交易即"一般重组"，仍然按照公允价值确定计税基础，即时缴纳企业所得税。但是，对于特殊重组的政策规定，在条件门槛上非常严苛，并且包含较高不确定性的条款。境内重组须同时满足 5 大条件，5 大条件既有时间上的限制，又有股权比例上的限制，部分条款存在着较大的主观评判空间；而如果重组活动涉及境外交

---

① 后续有一系列补充的政策文件，但是没有对 59 号文的本质修改。

易,则更加困难,须在满足境内重组五大条件的基础上额外满足3个条件,且这3个条件的共同前提是相关规定只适用于100%直接控股的母子公司之间(若交易双方是非直接控股的母子公司,那么完全不能适用特殊税务处理,即使间接控股100%也不行)。在操作程序上,因为存在不确定性较高的条款,且实行的"年度清缴申报＋后续管理"制度也增加了企业的合规风险,所以需要企业先自行判断是否符合特殊重组条件,再提交书面备案资料,进行纳税申报,之后接受税务稽查。

表2—6　　　　　　　　　　　特殊重组的条件

境内重组 5大条件	1. 具有合理的商业目的,且不以减少、免除或者推迟缴纳税款为主要目的。	境外 "5+3"
	2. 被收购、合并或分立部分的资产或股权比例符合本通知规定的比例。	
	3. 企业重组后的连续12个月内不改变重组资产原来的实质性经营活动。	
	4. 重组交易对价中涉及股权支付金额符合本通知规定比例。	
	5. 企业重组中取得股权支付的原主要股东,在重组后连续12个月内,不得转让所取得的股权。	
3个 条件	1. 非居民企业向其100%直接控股的另一非居民企业转让其拥有的居民企业股权,没有因此造成以后该项股权转让所得预提税负担变化,且转让方非居民企业向主管税务机关书面承诺在3年(含3年)内不转让其拥有受让方非居民企业的股权。	
	2. 非居民企业向与其具有100%直接控股关系的居民企业转让其拥有的另一居民企业股权。	
	3. 居民企业以其拥有的资产或股权向其100%直接控股的非居民企业进行投资。	

2.1.7　跨境保险税收政策制度

1. 企业所得税

在跨境保险业务当中,境内保险企业以境外标的物开展保险业务取得的保费收入应并入境内保险企业的收入总额缴纳企业所得税,如果境外取得的保费收入被扣缴过预提所得税,则可以按照规定进行税收抵免。境外保险企业以境内标的物开展保险业务取得的保费收入,如果在境内未设立机构、场所,或虽设立了机构、场所,但取得的保费收入与其机构、场所无关,则应扣缴预提所得税。

(1)保险企业离岸业务。

境内保险企业从事离岸直保业务和离岸再保险业务,没有任何税收优惠,适用

25%的企业所得税税率。根据《全面深化中国(上海)自由贸易试验区改革开放方案》中的相关规定,"探索具有国际竞争力的离岸税制安排。在不导致税基侵蚀和利润转移的前提下,基于真实贸易和服务背景,结合服务贸易创新试点工作,研究探索服务贸易创新试点扩围的税收政策安排"。

(2)保险企业佣金手续费及佣金支出。

税前扣除比例限额,允许据实扣除。根据财税〔2009〕29号文规定,企业发生与生产经营有关的手续费及佣金支出,不超过规定计算限额以内的部分,准予扣除;超过部分,不得扣除。

财产保险企业按当年全部保费收入扣除退保金等后余额的15%计算限额;人身保险企业按当年全部保费收入扣除退保金等后余额的10%计算限额。

2. 增值税

根据财税〔2016〕36号文规定,境内保险企业以境外标的物开展保险业务取得的保费收入以及境外保险企业以境内标的物开展保险业务取得的保费收入均属于增值税征税范围,应该缴纳增值税(或由购买方扣缴),但出口货物保险与出口信用保险享受增值税免税待遇。对于跨境再保险业务,根据财税〔2016〕68号文规定,对境内保险公司向境外保险公司提供的完全在境外消费的再保险服务免征增值税。

3. 印花税

《印花税暂行条例》规定,财产保险合同印花税征税范围包括财产、责任、保证、信用等保险合同。立合同人按保险费收入千分之一贴花。单据作为合同使用的,按合同贴花。

2.2 我国跨境金融业务的税收问题

跨境金融是上海国际金融中心建设的核心内容和主要标志,伴随着上海建设具有全球影响力的国际金融中心步伐加快,金融开放、创新、发展面临诸多瓶颈和挑战。不仅是跨境金融创新、发展使服务日益复杂多样,对税收提出了更复杂、更艰巨的技术和制度设计要求,而且我国现行跨境金融服务税收制度相对滞后,与国际金融税收政策制度改革相脱节,没有能够根据经济形势变化进行及时改革,已对跨境金融服务的未来发展形成一定制约。主要反映在以下几个方面:

2.2.1 跨境金融服务重复征税问题

跨境金融服务总体税负偏高,营改增后虽然政策平移、法定税负不变,但相当一部分金融机构实际税负由于统一执法和严格征管不降反增,而银行、金融商品转让不能开具增值税专用发票抵扣,使重复征税矛盾突出。2016 年,我国全面实施营改增,金融业由营业税改为增值税,总体上依据政策平移原则,由按营业收入全额征收的营业税改为按增值额征收的增值税。税率由营业税时 5% 改为增值税后 6%,提高 1 个百分点。但允许金融企业外购设备和服务时缴纳的增值税可作进项税抵扣,从而使税基缩小,抵销了由于税率提高而增加税负,营改增后金融业整体税负平衡。但在金融业实行营改增后,金融业缴纳的增值税存在以下三个问题:

1. 税负偏重

与国际上大部分实行增值税的国家相比较,税负偏重。主要是世界上大部分实行增值税的国家,对金融业贷款利息等主营业务实施免税,仅以辅助服务业务征税,由于免税,因此金融业外购发生的进项税增值税不能抵扣,也不能开具增值税专用发票作为下游增值税企业抵扣。

在我国,虽然营改增后金融业只是由缴纳营业税改为增值税,并没有新增税收和增加负担,但与实行增值税的国家相比较,我国金融业比国外其他实行增值税的国家多了增值税是客观存在的。尤其是对跨境金融服务,从事同样服务,中国金融业缴纳增值税,而其他国家免税,就会形成明显的税负反差,不利于跨境金融业国际竞争。

2. 税负提高

与营业税相比,营改增后法定税负降低,实际税负提高。虽然增值税相对于营业税法定税率提高 1 个百分点,税负有所增加,但由于进项增值税抵扣抵销了税率提高增加的税负,因此使金融业税负不增反减。金融业相对于其他行业,由于业态相对复杂,有些政策不是很明显,因此存在一定的模糊地带。营改增前,营业税属于地方税,由地方税务机构征收,地方政府从大力发展地方金融业发展出发,在税收征收管理执行上相对宽松。营改增后,改由国家税务机构征收,更多地从各地统一性和规范性、严格执法出发,在税收征收管理执行上趋于从紧,部分地方税务机构没有严格执行征收业务,从而使相当一部分金融机构实际税负不降反增。

3. 重复征税

营改增后,银行贷款和金融商品转让不能开具增值税发票,导致重复征税。营改增旨在完善增值税制度,形成完整的增值税抵扣链条,符合经济发展方式转变的需要,是中国经济结构调整的重要手段。

一方面,营改增的进项抵扣机制促进了服务业专业化分工的进一步细化,加速了生产型服务业从制造业外包分离,解决了企业长期以来形成的"大而全""小而全"的问题。另一方面,营改增的试点是改在服务业、惠在工商业。服务业原来开的是营业税发票,营改增后开的是可以抵扣的增值税发票,增加了下游企业增值税的进项抵扣,对制造业发展具有减税效应,既降低了企业成本,也扩大了制造业对服务业的需求,有助于服务业自身的发展。

但营改增后,银行贷款和金融商品转让不能开具增值税发票,不仅购买贷款服务仍面临重复征税问题,而且融资成本未能实现明显下降,因此增值税抵扣链功能和作用也就无法有效发挥。

2.2.2 跨境金融服务出口征税问题

现行增值税制度规定,对出口货物贸易实行免税、退税,而对出口服务贸易在免税和退税上则有较多限制,出口金融服务基本上不享受免税和零税率,削弱了我国银行业的国际竞争力,不利于"走出去"战略的实施和跨境金融服务贸易的发展,尤其是在人民币国际化后,跨境贸易、投资、融资、保险可以用人民币结算,极大地提升了人民币国际影响力和竞争力,但由于跨境金融出口服务征收增值税,不仅加重了金融服务税收负担,也不利于国际金融机构、跨国公司总部和投资者集聚上海国际金融中心开展业务。

1. 跨境金融服务业态类型

跨境金融服务按主体,可分为境内机构提供跨境服务和境外机构提供跨境服务;跨境金融服务按服务对象,可分为向境内客户提供跨境服务和向境外客户提供跨境服。这样就形成了以下6种跨境金融服务业态:

业态一:境内金融机构为境内客户提供出口货物贸易、服务贸易、投资结算、融资、证券、保险等服务,可视为跨境金融服务出口;

业态二:境内金融机构为境外客户提供进口货物贸易、服务贸易、投资结算、融资、证券、保险等服务,可视为跨境金融服务进口;

业态三：境内金融机构为境外客户提供境外货物贸易、服务贸易、投资结算、融资、证券、保险等服务，可视为跨境金融服务境外交易；

业态四：境外金融机构为境内客户提供出口货物贸易、服务贸易、投资结算、融资、证券、保险等服务，可视为跨境金融服务出口；

业态五：境外金融机构为境外客户提供进口货物贸易、服务贸易、投资结算、融资、证券、保险等服务，可视为跨境金融服务进口；

业态六：境外金融机构为境外客户提供境外货物贸易、服务贸易、投资结算、融资、证券、保险等服务，可视为跨境金融服务境外交易。

2. 现行跨境金融服务税收制度

我国现行增值税制度规定，对境内金融服务征税，对境外金融服务免税或零税率，在境内或境外认定上把无论是境内金融机构向境内客户还是向境外客户提供跨境金融服务，只要提供方或接受方有一方是境内就认定为境内，只有在提供方和接受方两方均在境外，才能认定为境外。

因此在上述跨境金融服务6种业态中，除了业态三和业态六是为境外客户提供服务，其余均为境内提供服务，应依法缴纳增值税。也就是说，跨境金融服务免税范围限定为"为境外单位之间的货币资金融通及其他金融业务提供的直接收费金融服务"，这样事实上就形成了对业态一和业态四这两种跨境金融服务出口征税。

3. 现行跨境金融服务税收障碍

跨境金融服务不同于国内金融服务，国内金融服务是由一个征税权主体行使征税，而跨境金融服务则是由出口国和进口国两个征税权主体行使征税。在我国，跨境货物贸易行使消费地征税原则，即进口征税、出口免税或零税率。

而服务贸易在营业税时实施境内征税原则，在全面实施营改增后，相当一部分出口服务贸易项目已改为免税或零税率，而金融业跨境金融服务仍延续营业税境内征税政策。

事实上，对跨境金融出口服务征税，不仅会导致重复征税，而且加重了出口服务税负，影响跨境金融服务国际竞争力。

尤其是人民币国际化后，跨境贸易、投资、融资、保险可以用人民币结算，极大地提升了人民币的国际影响力和竞争力，但由于跨境金融出口服务征收增值税，不仅加重了出口金融服务税收负担，而且不利于国际金融机构、跨国公司总部和投资者集聚上海国际金融中心开展业务。

2.2.3 跨境金融服务税收政策问题

人民币国际化是近十年来我国金融改革的一大亮点,并为上海国际金融中心建设提供了难得的历史机遇和强大的发展动力。但是,跨境金融服务缺乏相应税收政策来顺应和支持人民币国际化后的跨境金融发展。

1. 人民币国际化正面效应

人民币国际化是指人民币能够跨越国界在境外流通,成为国际上普遍认可的计价、结算及储备货币的过程。人民币国际化正面影响主要体现在四个方面:

一是提升中国国际地位。增强中国对世界经济的影响力。人民币实现国际化后,中国就拥有了一种世界货币的发行和调节权,对全球经济活动的影响和发言权也将随之增加。同时,人民币在国际货币体系中占有一席之地,可以改变目前被支配的地位,降低国际货币体制对中国的不利影响。

二是减少汇价风险。人民币国际化后,对外贸易和投资可以使用本国货币计价和结算,企业所面临的汇率风险也将随之减小,这可以进一步促进中国对外贸易和投资的发展。同时,也会促进人民币计价的债券等金融市场的发展。

三是节约外汇储备。人民币国际化后,由于贸易结算都使用本国货币,不需要过多的外汇储备,而且货币政策、财政政策都是本国制定,进一步减少了需要应对贸易赤字、货币投机所需要的外汇储备。

四是获得国际铸币税收入。实现人民币国际化后最直接、最大的收益就是获得国际铸币税收入。铸币税是指发行者凭借发行货币的特权所获得的纸币发行面额与纸币发行成本之间的差额。在本国发行纸币,取之于本国、用之于本国;而发行世界货币则相当于从别国征收铸币税,这种收益基本上是无成本的。

2. 人民币国际化内在要求

人民币国际化为上海国际金融中心建设提供了重要的机遇,从成熟的国际金融中心发展历程来看,本币国际化进程极大地促进了本国金融中心地位和影响力的提升。本币以及以本币计价的资产的国际交易与跨境流通是国际金融中心运行的基本内容,本币国际化会产生大规模本币资产跨境交易的需求,正是综合性金融中心形成的起点和基础。

货币的国际化为此提供了必不可少的货币枢纽,本币国际化程度越高,就会有越多的国际金融机构和投资者在本国金融中心集聚开展业务。本币国际化对金融中心的市场建设和开放提出了更高的要求，不仅要求本国的金融市场高度开放，而且要求具有很强的广度和深度，满足持有本币资产的投资者进行投资、保值、套利、避险的不同需求，投资者的广泛参与会促进金融业不断发展。上海国际金融中心建设，一方面要加快对外开放步伐，为人民币跨境投资提供更便利高效的市场平台，以便吸引境外投资者和发行主体参与上海金融市场的交易，分享中国的经济成长，增强持有人民币意愿，实现人民币的良性循环，为人民币的国际化提供坚实有力的市场支撑；另一方面，要有强有力的政策制度保障，而税收作为影响人民币国际结算、融资、投资、保险的重要政策因素，也要顺应人民币国际化要求，对跨境金融服务提供相应税收政策支持。

3. 人民币国际化税收障碍

由于我国对金融业征收增值税、贷款利息增值税不能作进项税抵扣、跨境金融服务没有享受免税和零税率政策，因此可能发生重复征税，加重税收负担，不利于上海作为国际金融中心吸引境外投资者和发行主体参与上海金融市场的交易、增强持有人民币意愿、实现人民币的良性循环。

（1）企业注册地选择的税收障碍。

首先，在中国境内注册金融机构，从事跨境金融服务，除为境外单位之间的货币资金融通及其他金融业务提供的直接收费金融服务免征增值税外，其余均要缴纳增值税。而中国境外注册金融机构，除为境外单位之间的货币资金融通及其他金融业务提供的直接收费金融服务不属于增值税征税范围外，为境外单位与境内单位之间货币资金融通及其他金融业务提供的直接收费金融服务也不属于征税范围，从而在客观上鼓励从事人民币跨境金融服务的金融机构在境外注册而不是在中国境内注册，对吸引金融机构落户上海形成税收障碍。

其次，在中国境内注册非金融企业，无论是境内还是境外金融机构为其从事跨境贸易、投资、服务提供账户、结算、融资、托管、清算、保证、保险等金融服务，均被认定为境内属于增值税征收范围；而在中国境外注册非金融机构，境外金融机构为其提供与境内单位之间跨境贸易、投资、服务提供账户、结算、融资、托管、清算、保证、保险等金融服务，不属于增值税征收范围。由此，在客观上鼓励从事跨境贸易、投资、服务的企业在中国境外注册而不是在中国境内注册，对吸引跨国公司地区总部注册上海形成了税收障碍。

（2）跨境同业往来税收障碍。

按现行增值税政策，金融业机构提供贷款利息收入和提供金融服务收费征收增值税,但同业往来可享受免征增值税政策。

同业往来主要有:金融机构与人民银行所发生的资金往来业务;银行联行往来业务;金融机构间的资金往来业务;转贴现(2018年1月1日起不再适用同业往来免税政策);质押式买入返售金融商品;持有政策性金融债券;同业存款;同业借款;同业代付;买断式买入返售金融商品;持有金融债券;同业存单。

其中,银行联行往来业务是指同一银行系统内部不同行、处之间所发生的资金账务往来业务,境内银行与其境外的总机构、母公司之间,以及境内银行与其境外的分支机构、全资子公司之间的资金往来业务;金融机构间的资金往来业务是指经人民银行批准,进入全国银行间同业拆借市场的金融机构之间通过全国统一的同业拆借网络进行的短期(一年以下,含一年)无担保资金融通行为,从而将跨境短期无担保资金融通,以及跨境转贴现、同业存款、同业借款、同业代付、同业存单等同业往来排除在外,不利于跨境金融机构之间同业往来业务的发展。

(3)跨境双向人民币资金池税收障碍。

跨境双向人民币资金池是指跨国企业根据自身经营和管理需要,由主办企业在中国境内设立主账户,在境内外非金融成员企业之间开展的跨境人民币资金余缺调剂和归集业务,该业务开展的目的是满足企业集团内部经营性融资活动的需要。

为便利跨国企业集团开展跨境人民币资金调剂,推动资本项下可兑换有序开放,中国人民银行于2015年11月下发《中国人民银行关于进一步便利跨国企业集团开展跨境双向人民币资金池业务的通知》,明确跨国企业集团可以根据自身经营和管理需要,在境内外非金融成员企业间开展跨境人民币资金余缺调剂和归集业务。

我国现行增值税法规定,由于集团公司资金池成员为独立法人,因此相互之间提供资金余缺调剂发生的利息或服务费应缴纳增值税。由于贷款利息不能开具增值税发票,所以当资金池内成员企业既发生借款,又将借款用于贷款来调剂成员企业之间资金余缺时,可能发生成员企业既在借款支付利息时不得抵扣进项,又在用于贷款时取得利息征税,从而导致重复征税,不利于人民币双向资金池业务的有序发展。

2.2.4 跨境金融服务制度缺陷问题

跨境金融服务除了存在上述税收制度性缺陷外,在所得税(企业和个人)、金融

商品(包括衍生品)交易增值税、税收立法、税收征管等方面还存在以下制度性缺陷,从而制约和影响了跨境金融业发展:

1. 呆账处理

金融企业呆、坏账准备金提取缺乏行业特点,计提不能反映贷款资产质量,存在过度征税和提前缴税问题,从而加重企业所得税负担。

一是认定和核销过于严格。目前,银行业呆账认定和核销的标准与程序过于烦琐。呆账核销须先向当地财政监察专员办事处报批,再经税务机关审核,否则不给予税前扣除。且银行在实际申报与核销时,需要提供破产证明、法院判决书、借款人营业执照吊销证明、贷款人死亡或失踪证明、审计材料、遭受重大自然灾害或意外事故等证明材料。由于报批程序和材料获取的复杂性加大了呆账损失获批的困难,因此导致一些事实上的呆账因不符合条件而被排除在外,既增加了征纳双方的成本,也增加了银行的税负。

二是呆账准备金计提标准过严。目前,不仅对准备金的计提限制较为严格,而且允许税前扣除的准备金比例也相对较低,不能涵盖我国商业银行实际发生的不良贷款。金融业所得税政策完善相对滞后,降成本、促消费仍存在较大空间。

2. 利息支出

企业所得税对利息列支方面较为严格,一般不得高于金融机构同类贷款利息,但社会融资成本较高、金融机构融资较难,导致许多企业不得不采取社会融资而支付较高的利息,超金融机构同类贷款利率不允许列支使企业应税所得虚增,加重了企业税收负担。而企业以管理咨询费等名义予以代替,也给税务机关的后续管理带来较多的征管风险。

3. 属地征税

2017年,美国政府实施自里根政府以来最大规模的税制改革,其中最为重要的是将企业所得税由最高边际税率35%的累进税制改为统一税率21%的比例税制,并将境外投资所得由属人原则下的抵免制改为属地原则下的免税制,不仅优化了税制,而且极大地提升了美国税收竞争力。而中国对于境外投资依然实施属人原则下的抵免制。

4. 差别待遇

不同主体开展同样的跨境金融业务,税收待遇不同。比如在跨境投资ODI中,企业投资者境外投资的税收抵免层级为5层,而个人投资者虽然也可以进行税收抵免,但对税收抵免层级等具体实施问题规定不明确。又如在跨境投资中,FDI投资者设立企业法人对内地居民企业开展投资,获取的股息红利符合条件可以免征企业所得税,如果设立合伙企业对内地居民企业展开投资,则不属于直接投资,不能享受股息、红利企业所得税的免税待遇。再如,内地与香港资金双向流动制度安排中,香港投资者不分企业和个人,从内地获得的股息、利息、红利均适用同样的预提所得税率,而内地个人和企业投资者则分别适用不同的预提税率;对于香港投资者,不分企业与个人,取得的处置差价均免征所得税与增值税,而对内地投资者个人则免征个人所得税、增值税,企业投资者需要缴纳企业所得税与增值税。

5. 政策支持

对资本"走出去"的支持力度不足。通过对 FDI 与 ODI、QFII/RQFII 与 QDII/RQDII、香港投资者与内地投资者跨境金融业务的税收征免对比,不难发现,我国对引进境外投资者资金的税收支持力度远超过对境内资本"走出去"的税收支持力度。这固然有缺乏走出经验、支持国内经济发展、防止转移资产等多方面因素的考虑,但也不利于我国输出过剩产能、寻找低成本红利、布局世界市场等目标的实现。

6. 衍生工具

随着我国金融衍生品市场的逐步发展,金融衍生产品的应用越来越广泛、种类越来越多、交易量越来越大。跨境金融衍生品大多具有投资属性,而且结构十分复杂,不宜征收增值税,而我国将其纳入增值税征收范围,既征收增值税,又征收所得税,不仅加重了金融衍生品税负,而且使增值税征收管理更加复杂。现行税收政策制度滞后于金融衍生产品市场的发展,阻碍了金融衍生工具的创新和金融衍生工具市场的健康发展,已不适应金融衍生工具发展的需要。

7. 税收立法

现行跨境金融业务税法体系,除存在个别税收法律与行政法规外,绝大多数是财政部、国家税务总局等联合或分别制定的规定、通知、批复等规范性文件,立法层次较低。尽管这种模式可为跨境金融业务税收立法保持一定的灵活性和适应性,但不仅与"税收法定"的基本原则背道而驰,而且难以确保跨境金融税制的稳定性与可预测性,不利于"使纳税人在知道纳税结果的前提下作出相应的经济决策"目标的实现。

8. 征收管理

跨境金融税收征免规定体系庞杂、内容碎片化,跨境金融业务涉及的各个税种的政策规定散见于《企业所得税法》及实施条例、《个人所得税法》及实施条例以及各份规范性文件中。在"碎片化"税收征免模式下,不仅大大缩减了跨境金融税法规则的普适性，还使得跨境金融业务相关税法规则日益复杂化，加大了适用上的困难；也不利于从事跨境金融业务纳税人的纳税遵从与税务机关的税收征管，税收管理的公开、透明、可预见性较差，地区之间在执行上存在一定的差异。

2.2.5 跨境重组税收政策问题

一方面，企业为满足特殊重组条件门槛，须大量耗时耗资但仍心存犹疑，加重了两难抉择困境。处于准备阶段的企业不仅需要支付较高的费用，而且要花费较长的时间（企业往往须提前进行股权活动以满足上述条件中的年限和持股比例要求，相关准备活动阶段长达 1~3 年）。因此，企业在重组活动准备阶段往往陷入两难，若放弃特殊重组认定，则直接面临高额所得税费；若考虑申请特殊重组，则须面临严苛的条件及漫长而昂贵的具有诸多不确定性的准备阶段。部分企业因而放弃重组。这使得特殊重组税收递延政策惠及企业的力度受到了较大影响。

另一方面，特殊重组实行的"年度清缴申报＋后续管理"制度，实质上即企业自行判断是否符合特殊重组并直接于当年按照自己的判定选择使用特殊性税务处理进行税务申报，但此后要受到税收稽查单位的检查和监督。由于此前所述特殊重组条款认定可能存在高不确定性、依赖主观判断的情况（如条件 1 "具有合理的商业目的，且不以减少、免除或者推迟缴纳税款为主要目的"、条件 3 "企业重组后的连续 12 个月内不改变重组资产原来的实质性经营活动"等，无确定标准，主要依靠主观判断），如果税收稽查人员的判断与企业方的判断不一致，企业极容易事后被追认为不符合特殊重组而产生很高的税收合规性风险，并易遭受税收处罚。

2.3 规范跨境金融业务的国际经验

2.3.1 跨境金融税制比较

经过长时间的金融发展，各国在金融税制上已经相对完善。从国际情况来看，对金融业务的征税主要集中在交易环节的流转税和收益环节的所得税两个方面。

1. 交易环节的流转税

目前，大多数国家对货物和劳务课征增值税，这些国家一般也将金融服务纳入增值税的征税范围。然而，由于金融服务的特殊性，所以要按照通行的税额抵扣办法对金融服务全面课征增值税是比较困难的。目前，国际上对金融服务的增值税征收管理主要有以下几种做法：

一是以欧盟为代表的大部分国家对金融业核心业务免税，但对一些直接收费的金融服务则按正常方法征收增值税。核心业务指的是金融中介服务和间接收费的金融服务，包括存贷款、货币结算、贴现、投资管理、股票、债券和其他有价证券交易、保险和外汇业务等。

直接收费的金融服务主要包括咨询服务、安全保管、金融保安等服务，这些服务的销项和进项容易确定且可独立计算。此外，对金融出口业务或与商品劳务出口有关的金融服务，一般实行零税率，以鼓励出口，提高本国金融业的竞争力。在一些欧盟国家，如法国、德国和比利时，对一些增值税免税业务，企业也可以申请按正常方法缴纳增值税。

二是由于对金融核心业务免税的做法破坏了增值税的抵扣链条，存在着重复征税的弊端，因此，近年来一些国家尝试改进征税方法，以弥补这一缺陷。阿根廷对金融机构收取的贷款毛利息、借记卡毛利息和贷记卡毛利息分别按 21%、16% 和 18% 的税率课征增值税。另外，有一些商业贷款适用 10.5% 的税率，且注册企业因向银行贷款而承担的进项税额可以得到抵扣。一些利息，如住房抵押贷款的利息是免税的。南非原来采用欧盟的做法，但从 1996 年起改为对几乎所有收费的金融服务都课征增值税，与这些服务相关的进项税额可以进项抵扣。

新西兰对金融机构提供给注册企业的金融服务实行零税率，对金融机构购买其他金融机构服务所支付的增值税则允许作为进项税抵扣。澳大利亚则采取了一种更为复杂的方法：收费的金融服务属于课税范围，其他金融服务是免税的，但是提供免税金融服务的金融机构如果在一定的门槛标准之下，则可以抵扣其与提供免税金融服务相关的购进货物与劳务的进项税。

三是在前述对金融核心业务免税的国家里，有部分国家和地区另外对金融机构课征名称不一的补偿性税收。例如，丹麦和法国对金融机构课征了补偿性的薪资税，即对金融机构支付的一定比例的工资征税，该比例相当于全部工资收入和需缴纳增值税或零税率的工资直接的差额。

以色列对金融机构的工资和利润总额课税，但是银行的进项税不得抵扣，该做法实际上相当于一种改进的增值税课征办法。加拿大的魁北克同样对金融机构的薪金及利润之和课征一道特别税。西班牙、葡萄牙对金融机构进行的各种经营活动征收不同税率的印花税。

2. 收益环节的所得税

从金融机构的具体情况来看,所得税制度与其他行业没有大的区别,但有以下一些特殊的规定:

一是税基和税率与其他行业相比有一定差别。国外金融机构与其他行业一样要缴纳企业所得税,但在税基和税率上有一些特殊的规定。以美国为例,其联邦和各州都有自己的所得税法。从联邦所得税来看,金融机构和非金融机构的差别不大;但是各州的情况有所不同。在州所得税法中,银行与非银行企业区别很大,许多州制定专门的税收条款,针对金融机构规定了专门的税率、最小纳税额、税基等。例如,在新泽西州,银行要缴纳最小金额为200美元的9%经营特许税,非银行企业须缴纳7.25%的所得税;在弗吉尼亚州,缴纳州特许税的州和国家银行免缴所得税。

二是以金融业的特点来确定收入和支出。课征所得税最主要的是确定应税所得额。参照各国税法,主要有两种确定方式:权责发生制和收付实现制。美国税法规定金融机构一般采用权责发生制,但在有些情况下可以使用收付实现制。例如,美国银行在截至前一纳税年度的连续3年中平均毛收入等于或少于500万美元,且前一纳税年度开始于1985年12月31日之后,则可以选择使用收付实现制。美国税务局还允许金融机构可以对各个独立的业务使用不同的会计处理方法。

三是呆坏账准备金的扣除问题。作为税收上的一大难点,欧洲国家一般对银行准备金的扣除标准较宽,其他一些国家诸如加拿大和澳大利亚则对银行准备金的扣除进行逐笔审核。金融机构发生经济损失时,给予相应的税收减免,以防止过度征税,从而减轻金融机构的税收负担。

从各发达国家的实际情况来看,主要有三种税收减免方法:特殊准备法、冲销法和普通准备金法。英国、加拿大和德国采用的特殊准备法就是对银行在提取特殊准备金时给予该项准备金全部或部分的税收减免;美国和澳大利亚采用的冲销法是在银行提取准备金时,不予以税收减免,待到实际冲销时才予以减免;普通准备金法是指不允许特殊准备金抵税的方法,但允许普通准备金抵税。

总体而言,各国或地区在对金融行业的税收处理上,一般以课征所得税为主要做法。在流转税上,国际上的总体趋势是对金融交易施以较低的税负,这一方面是源于金融交易在课征流转税上的难题,另一方面是为了鼓励金融业的发展。

2.3.2 跨境金融税制经验

国际上对于跨境金融在税收政策上主要是通过实施地域管辖权征税,来消除国际重复征税,并通过风险准备金、减税免税、延期纳税、饶让抵免和亏损结转等方式鼓励投资。

1. 尽量消除国际双重征税

为保护税收收入,各国都同时行使来源地管辖权和居民管辖权对企业跨境所得进行征税,但不同国家税收管辖权有时会产生重叠,即不同国家依据自身的税收管辖权认为,对同一笔跨国所得都有权征税时,就会引发国际双重征税。国际双重征税既不公平,也没有效率,严重阻碍了企业跨境投资。目前,流行的消除国际双重征税方法主要有抵免法、免税法和扣除法。由于各国采用不同方法来消除国际双重征税,因此可以把主要资本输出国家分为两大阵营:

一些国家如美国和韩国,追求国际资本流动中的资本输出中性,让税收因素不会对企业选择是投资于国内还是国外产生影响,采用抵免法来消除国际双重征税。但为了保证本国税收收入,在实行抵免法时一般规定了抵免限额,即对于企业来自国外所得中包含的已纳外国税款,最多只能抵免不高于依照本国税法计算出的应纳税额部分,超过限额部分在当期不能享受抵免,需要向后结转。

另外一些国家则追求国际资本流动中的资本输入中性,对在本国境内投资的纳税人征收相同负担的税收,以实现在本国内部的税负公平,因此通过对境外收入免税(免税法)来消除国际双重征税,又因为要求企业持有的境外企业股份必须达到一定比例,所以被称为"参与免税"。免税法主要在法国、比利时等欧洲大陆国家中得到应用。同样地,为避免财政收入的流失和打击国际避税,这些国家对免税对象有着严格限制,这些限制一般是对境外企业的持股比例限制和不同性质所得在总所得中的比例限制。

虽然抵免法和免税法都得到了广泛应用,但相比抵免法,免税法具有计算简便、消除国际双重征税更彻底的优点。为鼓励企业积极向外投资,越来越多原本实行抵免的法国家在税法中引入了免税法。

2001年,德国开始对来自与本国签订税收协定的国家的所得免税。2002年,意大利开始对来源于欧盟国家的股息免税95%;对来源于非欧盟国家的股息免税60%。2009年,日本和英国在各自的抵免法制度中加入了免税法因素,其中日本对满足持股比例25%和持股时间6个月要求的日本企业海外子公司,就其股息免税95%;英国则是对来自境外分支机构的收入免税。就连始终坚持抵免法的美国,在2017年特朗普政府推出就业和税改法案中,也对跨境投资由抵免法改为免税法。

现有OECD组织35个成员国中,完全采用抵免法的国家,即在税收协定和国内税法中都规定执行抵免法的国家只有韩国、墨西哥、智利、爱尔兰和以色列。

2. 税收激励企业对外投资

(1)对外投资风险准备金。

为应对跨境投资中蕴含的风险,各国纷纷允许企业在向外投资的最初几年内税前计提风险准备金,专为弥补这一时期跨境投资发生的亏损,待企业度过这段风险最大的时期后,再将风险准备金余额与企业利润合并征税。这样,在国家与企业共同承担对外投资风险的同时,也保证了税收利益。

例如,法国税法允许企业在进行对外投资的同时,从营业收入中税前连续5年提取风险准备金,最高提取额度可与对外投资总额相等,当计提完成期满后,从第6年起再将剩余的风险准备金余额合并征税。日本高度重视企业对外投资问题,从20世纪60年代起就开始设立海外投资风险准备金制度,其现行具体要求是:只要企业的对外投资达到国内母公司持有海外子公司10%的股份标准,就可比照投资金额的相应比例(不同投资对象的比例不同,现有7%、10%、25%等几种相应比例)免税计提准备金,这部分资金将专门用于企业的亏损弥补,如果自投资起5年内未有亏损发生,则准备金将在此后5年内与当年利润合并征税。

除法国和日本外,德国和韩国也允许企业提取对外投资风险准备金,德国鼓励企业投资于发展水平较落后的国家,规定对发展中国家的投资可计提投资金额40%的准备金,对最不发达国家的投资可计提60%的准备金;韩国的对外投资风险准备金的提取带有普惠性和资源导向性的特点,规定一般海外投资可提取15%的准备金,而资源开发类的投资可提取20%的准备金。

(2)延迟纳税。

延迟纳税是指海外子公司营业利润在汇回本国之前,暂时免于缴纳母国税收,待汇回年度再就其履行纳税义务,这意味着母国政府为本国跨国企业提供了一笔无时间限制的无息贷款。

目前,在各国实行的延迟纳税制度中以美国最具有代表性。美国自1954年开始实行延迟纳税制度,在帮助美国跨国公司实现海外大发展的同时,也引发了企业利用延迟纳税来逃避(推延)美国纳税义务的争议。

到 1961 年,受到巨大财政支出压力影响的肯尼迪政府曾提出取消延迟纳税,但遭到美国企业界人士的强烈反对,认为延迟纳税是让美国公司与实行"参与免税"的欧洲公司和低税国家本土企业公平竞争的关键因素。

最终,延迟纳税得以保留,但美国也建立了受控外国公司(CFC)规则来对其进行修正。总的说来,由于美国实行限额抵免制,并且企业所得税税率较高(目前为 35%,2014 年世界公司所得税税率平均水平为 22.6%),延迟纳税增强了美国跨国企业的国际竞争力。

(3)税收饶让抵免。

税收饶让抵免是指在采用抵免法的国家中,将本国跨国企业在东道国享受的税收减免优惠视为已经纳税,该部分税款在回国申报纳税时同样享受抵免待遇。

目前,除美国认为税收饶让有违税收中性,因此从未签订过含有税收饶让条款的税收协定外,其他 OCED 国家均认可税收饶让在促进企业对外投资方面的积极意义,在这些国家与发展中国家签订的税收协定中都出现了税收饶让条款。

日本和韩国在这方面尤为典型。日本不仅对发展中国家积极实行税收饶让(仅有埃及等极少数国家例外),而且对多数亚洲国家单方面承担税收饶让抵免义务;韩国不但给予所有防止双重征税协定的缔约国饶让抵免待遇,而且对向特定资源国家的投资所享受的税收优惠也实行饶让抵免。

(4)税收减免优惠。

各国为鼓励企业积极向海外投资,实行了各种各样税收减免优惠政策。例如,美国为降低本国跨国公司生产经营成本,鼓励其在成本较低的发展中国家建立生产基地,对含有美国产品的飞机部件、内燃机部件、办公设备等零部件和照相器材等,在进入美国销售时可享受关税减免(按照美国零部件在境外的增加值征收关税)。韩国给予拥有境外业务的韩国企业 10 年期的免税待遇,不仅向投资于发展中国家的业务提供双重减税优惠,而且对来自境外的股息实行税率减半的优惠政策。德国对向发展中国家投资的企业免征 12~18 年的公司资产税,对于将德国国内固定资产转移到发展中国家产生的增值额给予无限期增值税缓交待遇。[②] 为吸引跨国公司总部入驻,法国税务部门对境内的总部型企业一般以该总部企业日常支出额的 8%为基础来制定纳税基数等。

(5)宽松亏损结转。

对于企业在境外发生的经营亏损,各国都允许境内外机构的盈亏相互抵消,其中比较有特点的是美国实行的"追补课税"制度,即允许企业的境内外营业机构在汇总申报纳税时,将相互之间的盈利和亏损进行抵消,但如果境外亏损机构在以后年度实现盈利,就需要将其以前用境内机构的盈利所抵消的亏损数额相等的那部分盈利,与境内机构的当年的盈利合并征税,并且不能再享受抵免待遇。这样,在保证企业竞争力的同时也保护了国家的税收利益。

此外,各国企业不仅可以向前结转经营中发生的亏损,也拥有长时间向后结转的权利,比如美国企业可将亏损向后结转20年,英、法、德等国家更是允许企业将亏损向后无限期结转。

2.3.3 跨境金融税制借鉴

通过中国内地与中国香港、新加坡银行和保险跨境金融业务税收政策制度比较,不难发现,无论是中国香港还是新加坡,都不约而同地对金融服务不征增值税、所得税采取属地征税,与我国内地相比存在较大反差,无疑能为改革和完善我国跨境金融税制提供借鉴。

1. 银行服务

通过简表形式,分别从企业和银行两个维度,分析企业跨境借贷活动以及银行相关资产、负债和中间业务在上海(包括自贸区、自贸港)、中国香港、新加坡三地的现行税收政策的异同。

(1)企业跨境金融活动。

①预提税。根据现行税收政策规定,如果企业从境外借款进行跨境融资,需要缴纳10%预提所得税、6.72%预提增值税及地方附加。而中国香港无预提所得税和预提增值税及地方附加。

②企业所得税。如果企业向海外进行放款,对境内企业收取的利息需要缴纳相应的25%企业所得税、6.72%增值税及地方附加、0.005%印花税。而中国香港和新加坡企业仅需缴纳利得税(税率16.5%/17%,或更低)。尤其是在对跨国公司/总部经济下的跨境资金流动方面(财资中心资金池项下),中国内地无特别优惠,而中国香港和新加坡有减半征收企业所得税政策优惠。因此,发生与境外主体的借款和放款时,中国香港具有明显的税收优势。

表 2—7　　　上海、中国香港、新加坡企业跨境金融活动税收政策比较　　　　单位：%

类　别		上　海	中国香港	新加坡
境内企业利息支出（境外企业收入）	预提所得税	10	无	0、15、17
	预提增值税及地方附加	6.72	无	无
境内企业利息收入（境外企业支付）	企业所得税	25	16.5	17
	增值税及地方附加	6.72	无	无
贷款合同	印花税	0.005	无	无
财资中心政策	企业所得税	无特别优惠	8.25	8

(2) 银行相关资产、负债和中间业务。

①银行负债类业务。我国对向境外支付利息支出分别征收 10% 预提所得税、6.72% 增值税及附加、0.005% 印花税。而中国香港和新加坡无预提所得税、增值税及附加和印花税。

②银行资产类业务。我国对来源于境内和境外的业务利息收入分别征收 25% 企业所得税、6.72% 增值税及附加、0.005% 印花税，同业拆借发生在境内免征，而发生跨境拆借征收 6.72% 增值税及附加。中国香港和新加坡仅对境内业务利息收入征收 16.5% 或 17% 企业所得税，对境外业务利息收入免征企业所得税，业务利息收入和跨境同业拆借没有增值税及附加和印花税。

③银行中间业务。我国对中间业务收入征收 25% 企业所得税、6.72% 增值税及附加（境外免征），对交易性金融类离岸业务收入、银行收入征收 6.72% 增值税及附加。而中国香港和新加坡仅对境内中间业务收入征收 16.5% 或 17% 企业所得税，无增值税及附加和印花税，金融离岸业务收入也无增值税及附加。

表 2—8　　　上海、中国香港、新加坡银行相关资产、负债和中间业务税收政策比较　　　　单位：%

类　别			上　海	中国香港	新加坡
银行负债类业务	业务利息支出（境外）	预提所得税	10	无	无
	业务利息支出：增值税及附加		6.72	无	无
	贷款合同金额：印花税		0.005	无	无

续表

类别			上海	中国香港	新加坡
银行资产类业务	业务利息收入:企业所得税	来源境内	25	16.5	17
		来源境外		无	无
	业务利息收入:增值税及附加	来源境内	6.72	无	无
		来源境外	无		
	贷款合同金额:印花税		0.005	无	无
	同业拆借:增值税及附加	境内	免	无	无
		跨境	6.72		
银行中间业务	中间业务收入(手续费):企业所得税	来源境内	25	16.5 或更低	17 或更低
		来源境外		无	无
	中间业务收入(手续费):增值税及附加	发生境内	6.72	无	无
		发生境外	无	无	无
	交易性金融类离岸业务收入、银行收入和支出差额缴纳增值税		6.72	无	无

2. 保险服务

境内保险企业从事跨境直保、再保、保险经纪、保险资金再投资,征收25%企业所得税、6.72%增值税及附加,其中,对出口信用保险、完全境外跨境再保免征增值税及附加。跨境财产险征收1%印花税。中国香港和新加坡分别对跨境直保收入征收16.5%、17%企业所得税,对跨境再保收入征收8.25%、10%企业所得税,无增值税及附加和印花税。

表 2—9　　　上海、中国香港、新加坡保险企业离岸业务税收政策比较　　　单位:%

类别		上海	中国香港	新加坡
企业所得税	手续费及佣金扣除比例	寿险10,产险15	不限制	不限制
	离岸/跨境直保	25	16.5	17
	离岸/跨境再保	25	8.25	10
增值税及附加	离岸/跨境直保	出口货物保险、出口信用保险免征,其他6.72	无	无
	离岸/跨境再保	完全境外免征,其他6.72	无	无
	离岸/跨境保险经纪	6.72	无	无
	保险资金再投资	6.72	无	无
印花税	离岸/跨境财保	1	无	无

2.4 规范跨境金融业务的政策建议

2.4.1 对跨境金融服务实施出口零税率

根据上文的分析可知,目前我国增值税制度下对跨境金融服务贸易征税,特别是金融科技业务的出口,其免税或零税率的范围非常小,这对于金融企业或者科技企业发展跨境金融科技业务十分不利。但由于上海本身不具有改革税制的权利,因此,我们建议:

短期内,使用财政支持的方式对跨境金融科技业务进行扶持,以跨境金融科技业务的合同金额和交易金额为基准,按照一定的比例进行财政补助,可以首先在新片区进行试点,之后逐步推广。

中期内,完善增值税制度,引入服务贸易进口征税、出口免税政策,来推动我国跨境金融服务贸易发展。需要注意的是,在出口跨境金融服务免税政策下,由于金融企业已支付的增值税进项税额无法抵扣,导致出口的跨境金融服务仍是以包含以前环节缴纳的增值税进入国际市场的,相对于货物劳务出口贸易的出口退免税而言仍然存在含税出口的问题,相当于出口贸易企业负担了部分税款,从而造成出口成本增加。

长期内,在基本实现跨境金融服务免税的基础上,可以考虑试行进出口贸易配套的跨境金融服务零税率政策。相对于免税,金融服务零税率政策是真正意义上的不含税政策,在出口金融服务时不仅免征出口环节的增值税,而且将金融企业之前已支付并负担的增值税税款予以退税,从而真正实现了金融服务不含增值税进入国际市场。

通过短期内财政扶持、中期内实行跨境金融服务免税、长期内实行跨境金融服务零税率,可以进一步吸引境外企业对于上海所提供的金融服务的需求,增强上海的国际市场竞争力。

2.4.2 扩大个人所得税差额补贴适用范围

中国目前45%的个人所得税最高边际税率高于大多数的发达国家,在国际上

位居前列,直接使得中国税制在高质量人才的竞争中处于劣势,不利于吸引国际上的高端金融人才到上海就业。对此,我们建议:

短期内,可以加大上海高端人才扶持力度、扩大目前的个税差额补贴范围,一方面从新片区扩大到整个自贸区乃至整个上海市,另一方面考虑对符合条件的境内高端人才适用个税补贴政策以防范人才流失。

长期内,上海可以努力向党中央、国务院申请在上海新片区降低高技术人才税收负担的政策,如降低上海新片区特定人才的个人所得税最高边际税率,从制度上减轻高端金融人才的税收负担。

此外,上海也可以通过购房、落户、教育等多项措施对高端金融人才所承担的高额税收负担在另外一种形式上进行补偿,进而增强上海对高端金融人才的吸引力。

2.4.3 对跨境融资租赁业务进行持续性扶持

根据上文的分析可知,目前在我国的融资租赁标的资产的折旧政策和抵免政策下,由于只能惠及承租人,或者出租人承租人双方都不能受益,因此不利于跨境融资租赁行业的发展。目前,上海一部分地区对于新迁入、新注册的融资租赁企业有一次性的落户补贴,但是之后在企业开展经营活动的年份并没有相关的基于经营规模和购进设备价款的补贴。对此,我们建议:

第一,对落户后的融资租赁企业每年进行持续性补贴,而不是一次性落户补贴,防止企业以注册为目的,对经营业务不重视。

第二,支持企业规模化发展,以融资租赁企业的融资租赁业务交易规模为基准进行补贴,鼓励企业积极发展业务,并且做大做强。

2.4.4 适当放宽金融企业跨境重组适用特殊重组的门槛

根据上文的分析可知,目前在我国的税收制度下,跨境重组适用特殊性税务处理要符合8个条件,并且仅限于百分百控股的母子公司之间的跨境重组,使得适用特殊性税务处理的门槛非常高,造成跨境重组的企业所得税负担比较重,不利于跨国金融机构进行跨境投资、集团重组。对此,我们建议:

短期内,支持大型跨国金融机构开展境内外非关联的并购重组,若并购标的符合临港新片区重点规划产业，可对重组产生的税负进行一定程度的财政补贴，从而减轻跨境重组的税负。

长期内，考虑对跨境重组放宽适用特殊重组的限制条件，具体来说，可将特殊性税务处理的适用范围从百分百控股的母子公司之间扩大到百分百控股的母子孙公司之间。

2.4.5 增加政策透明度，更好地落实政策红利

在对上海配套的财政政策进行整理的过程中，我们发现，上海的政策存在不够清晰透明的问题：一是缺乏具体的实施细则，或者虽有具体的实施细则，但是从公开渠道很难查询到；二是政策层次太多，影响政策效果的充分发挥。对此，我们建议：

第一，提升财政政策的透明度，建议设置专门的金融中心政策公开渠道，或者充分利用现有的渠道资源（如上海市人民政府官网）、设置金融中心扶持政策的专门板块。

第二，梳理目前已制定的促进国际金融中心建设财政政策，对重复的措施进行简化、对更新的措施进行说明、对矛盾的措施进行解释。

― 第三章 ―

促进上海跨境资本流动的税收政策研究

跨境资本流动有利于促进产业结构升级和优化，带来先进的技术和管理模式，提高企业的生产效率和产品质量，增强产业竞争力，助力上海"五个中心"建设。本章将按照资本流动方向——跨境资本流入、跨境资本流出以及跨境资金结算——对跨境资本流动的税收政策展开研究。

3.1　我国跨境资本流动的现行税制

3.1.1　跨境资本流入的现行税制

跨境资本流入是指资金从我国境外进入我国境内的情形。参照国家外汇管理局的归类方式，流入我国的跨境资本又可以进一步分为直接投资、证券投资和其他投资，下文将分别梳理三种投资形式各自适用的税收制度。

1. 直接投资

通过直接投资形式流入我国境内的跨境资本，大致可以划分为境外企业来华股权投资和吸收关联企业贷款两大类。其中，境外企业来华股权投资又可以做进一步细分。按照投资资本的形态，可以分为货币性资产投资和非货币性资产投资；按照投资标的类型，可以分为购买非上市企业股权、购置有形动产、购置房屋、受让土地使用权、购买无形资产等。至于吸收关联企业贷款，顾名思义，是指境内企业从境外关联企业获得借款。其中,境外关联企业是指与境内企业在利益上联系紧密的境外企业,它们通常同属于一个企业集团,或者有相同或关系密切的实际控制人或股东,或者在资金、经营、购销等方面存在直接或间接的控制关系。

按照我国现行的增值税制度,跨境资本通过直接投资的方式进入我国境内,可能在入境时和入境后的多个环节被征收增值税。在流入我国境内时,需要区分货币性资产投资和非货币性资产投资。其中,货币性资产投资不属于增值税应税行为,不需要缴纳增值税。但是,非货币性资产投资在我国增值税制度下属于视同销售行为,应当采用合理的方式确认销售额,计算缴纳增值税。因此,境外投资者通过非货币性资产投资的方式投资境内企业,应当视为货物进口,缴纳进口环节增值税。跨境资本通过直接投资方式进入我国境内后,在境内发生的各类经营行为应当按照适用税率或征收率,计算缴纳增值税。

除了一般性制度安排外,我国针对直接投资流入我国的跨境资本出台了特定的增值税优惠政策。依据相关规定[①],自2018年7月25日起,境外教育机构与境内从事学历教育的学校开展中外合作办学,提供学历教育服务取得的收入免征增值税。

表3—1　　　通过直接投资形式流入我国的跨境资本适用的税制

税种	制度类型	入境时	入境后
增值税	一般制度	货币性资产不征税;非货币性资产视为进口,征收进口环节增值税	发生应税行为,按照适用税率或征收率计征增值税
	特殊政策	无	中外合作办学免征增值税
企业所得税	一般制度	不征税	按照经营成果计征企业所得税,分配至境外的股息红利征收预提税
	特殊政策	无	境外投资者以分配利润直接投资,暂不征收预提所得税

资料来源:根据公开资料整理得到。

企业所得税方面,在一般情况下,跨境资本直接投资流入我国境内时,不征收企业所得税。等到相关投资产生投资收益(如被投资企业取得利润)时,需要就其经营成果按照相应的税率缴纳企业所得税。分配给境外投资者的股息红利,应按

---

① 《国家税务总局关于明确中外合作办学等若干增值税征管问题的公告》(2018年第42号)第一条。

照税率征收预提所得税。特殊性税收优惠政策方面,根据相关文件规定[1],自2018年1月1日起,境外投资者从中国境内居民企业分配的利润用于境内直接投资,符合规定条件的,暂不征收预提所得税。

值得一提的是,我国企业所得税制度对于境内企业支付给境外关联方的利息支出税前扣除标准做出了严格规定。根据《关于企业关联方利息支出税前扣除标准有关税收政策问题的通知》(财税〔2008〕121号),规定企业接受关联方债权性投资与其权益性投资比例上限为金融企业5∶1、其他企业2∶1。根据《国家税务总局关于印发〈特别纳税调整实施办法(试行)〉的通知》(国税发〔2009〕2号),超过规定比例不得在计算应纳税所得额时扣除的利息支出,不得结转到以后纳税年度;应按照实际支付给各关联方利息占关联方利息总额的比例,在各关联方之间进行分配,直接或间接实际支付给境外关联方的利息应视同分配的股息,按照股息和利息分别适用的所得税税率差补征企业所得税,如果已扣缴的所得税税款多于按股息计算应征所得税税款的,多出的部分不予退税。

2. 证券投资

通过证券投资形式流入我国境内的跨境资本,主要包括境外投资者在境内进行的股权投资和债券投资。其中,股权投资主要有"沪股通"和"深股通"渠道投资、合格境外投资者(QFII/RQFII)渠道投资,债券投资主要有"债券通"和银行间债券市场直接入市等。金融衍生工具投资[2]也并入证券投资予以讨论。总体而言,在诸多跨境资本流动形式中,证券投资是我国出台税收优惠政策最多的领域。

证券投资包括取得、持有、处置等不同环节,在我国取得和持有证券均不征收增值税和企业所得税[3],但在收益和处置环节可能涉及相关的税收。增值税方面,在一般性制度下,境外投资者在我国境内取得股息不征增值税;取得的利息按照"贷款服务",适用6%的税率全额计征增值税。在我国境内转让股权、债券等各类金融商品,按照"金融商品转让"适用6%的税率差额计征[4]增值税。

---

[1] 《财政部 税务总局 国家发展改革委 商务部关于扩大境外投资者以分配利润直接投资暂不征收预提所得税政策适用范围的通知》(财税〔2018〕102号)和《国家税务总局关于扩大境外投资者以分配利润直接投资暂不征收预提所得税政策适用范围有关问题的公告》(2018年第53号)。

[2] 在国家外汇管理局的分类口径中,金融衍生工具被作为单独的跨境资本类型。由于我国税收制度在证券投资和金融衍生工具投资方面未见本质区别,因此本书将两者合并讨论。

[3] 由于取得证券投资的环节可能涉及印花税,因此本书不做具体讨论。

[4] 差额征税是指计算增值税应税销售额时,允许扣除一部分成本费用,按照扣除后的差额计算缴纳税款。

证券投资领域存在大量的增值税税收优惠政策。在持有环节,现行政策①规定2018年11月7日至2025年12月31日期间,对境外机构投资境内债券市场取得的债券利息收入暂免征收增值税。在处置环节,主要有3项与合格境外投资者(QFII/RQFII)和中国香港投资者相关的增值税优惠政策,以及2项特定领域的优惠政策。具体包括:(1)QFII和RQFII委托境内公司在我国从事证券买卖业务,免征增值税;②(2)QFII和RQFII取得创新企业CDR转让差价收入,暂免征收增值税;③(3)中国香港市场投资者通过沪港通、深港通投资A股转让差价收入,免征增值税;④(4)中国香港市场投资者(包括单位和个人)通过基金互认买卖内地基金份额取得的转让差价收入,暂免征收增值税;⑤(5)境外机构投资银行间本币市场取得的金融商品转让收入,免征增值税。⑥

表3—2　　　　　通过证券投资形式流入我国的跨境资本适用的税制

税种	制度类型	持有环节	处置环节
增值税	一般制度	股息不征增值税;利息按6%全额征税	金融商品转让按6%税率差额征税
	特殊政策	境外机构投资境内债券利息收入,暂免征收增值税	1. QFII和RQFII委托境内公司在我国从事证券买卖业务,免征增值税 2. QFII和RQFII取得创新企业CDR转让差价收入,暂免征收增值税 3. 沪港通、深港通股票转让差价收入,免征增值税 4. 中国香港市场投资者买卖内地基金份额取得的转让差价收入,免征增值税 5. 境外机构投资银行间本币市场取得的金融商品转让收入,免征增值税

---

① 《财政部 税务总局关于境外机构投资境内债券市场企业所得税 增值税政策的通知》(财税〔2018〕108号)和《财政部 税务总局关于延续境外机构投资境内债券市场企业所得税、增值税政策的公告》(2021年第34号)。

② 《财政部 国家税务总局关于全面推开营业税改征增值税试点的通知》(财税〔2016〕36号)附件3《营业税改征增值税试点过渡政策的规定》第一条第二十二项和《财政部 国家税务总局关于金融机构同业往来等增值税政策的补充通知》(财税〔2016〕70号)第四条。

③ 《财政部 税务总局 证监会关于创新企业境内发行存托凭证试点阶段有关税收政策的公告》(2019年第52号)第三条第4项。

④ 《财政部 国家税务总局关于全面推开营业税改征增值税试点的通知》(财税〔2016〕36号)附件3《营业税改征增值税试点过渡政策的规定》第一条第二十二项和《财政部 国家税务总局 证监会关于深港股票市场交易互联互通机制试点有关税收政策的通知》(财税〔2016〕127号)第三条第一项。

⑤ 《财政部 国家税务总局关于全面推开营业税改征增值税试点的通知》(财税〔2016〕36号)附件3《营业税改征增值税试点过渡政策的规定》第一条第二十二项。

⑥ 《财政部 国家税务总局关于金融机构同业往来等增值税政策的补充通知》(财税〔2016〕70号)第四条。

续表

税种	制度类型	持有环节	处置环节
企业所得税	一般制度	股息红利、利息按全额征收10%预提税	权益性资产转让所得按差额征收10%预提税
	特殊政策	1. QFII和RQFII取得创新企业CDR股息红利所得，免征企业所得税 2. 境外机构投资境内债券利息收入，暂免征收企业所得税	1. QFII和RQFII取得中国境内的股票等权益性投资资产转让所得，暂免征收企业所得税 2. QFII和RQFII取得创新企业CDR转让差价所得，免征企业所得税 3. 沪港通、深港通股票转让差价所得，暂免征收企业所得税 4. 香港市场投资者买卖内地基金份额取得的转让差价所得，暂免征所得税 5. 境外机构投资者从事中国境内原油期货交易所得，暂不征收企业所得税

资料来源：根据公开资料整理得到。

企业所得税方面，在一般性制度下，境外投资者取得股息红利、利息，均按照全额征收10%的预提所得税；权益性资产转让所得按照差额征收10%的预提所得税。与增值税类似，我国在证券投资领域也出台了大量企业所得税优惠政策，同样可以大致分为与合格境外投资者(QFII/RQFII)、中国香港投资者相关的优惠政策，以及特定领域的优惠政策。在持有环节，具体政策有：(1)QFII和RQFII取得创新企业CDR股息红利所得，视同取得境外创新企业股息红利，据此免征企业所得税；[①] (2)2018年11月7日至2025年12月31日，对境外机构投资境内债券市场取得的债券利息收入暂免征收企业所得税。[②] 在处置环节，具体政策有：(1)从2014年11月17日起，对QFII、RQFII取得来源于中国境内的股票等权益性投资资产转让所得，暂免征收企业所得税；[③] (2)QFII和RQFII取得创新企业CDR转让差价所得，视同转让境外创新企业股票，据此免征企业所得税；[④] (3)香港市场投资者通过沪港

[①] 《财政部 税务总局 证监会关于创新企业境内发行存托凭证试点阶段有关税收政策的公告》(2019年第52号)第二条第三项。

[②] 《财政部 税务总局关于境外机构投资境内债券市场企业所得税 增值税政策的通知》(财税〔2018〕108号)和《财政部 税务总局关于延续境外机构投资境内债券市场企业所得税、增值税政策的公告》(2021年第34号)。

[③] 《财政部 国家税务总局 证监会关于QFII和RQFII取得中国境内的股票等权益性投资资产转让所得暂免征收企业所得税问题的通知》(财税〔2014〕79号)。

[④] 《财政部 税务总局 证监会关于创新企业境内发行存托凭证试点阶段有关税收政策的公告》(2019年第52号)第二条第三项。

通、深港通投资 A 股取得的转让差价所得,暂免征收企业所得税;①(4)香港市场投资者通过基金互认买卖内地基金份额取得的转让差价所得,暂免征收所得税;②(5)境外机构投资者从事中国境内原油期货交易所得,暂不征收企业所得税。③

3. 其他投资

跨境资本流入我国境内的其他投资形式主要包括非居民存款流入、获得境外贷款、进口应付贸易信贷等。针对这些投资行为,我国现行税制中未见特殊的优惠制度安排。增值税方面,境外贷款、进口贸易信贷产生的利息需要按照 6% 的税率被代扣代缴增值税,而存款利息不需要缴纳增值税。企业所得税方面,存款利息需要按照 10% 的税率征收预提所得税,适用税收协定优惠税率的,按照优惠税率执行。

值得注意的是,对于境外非关联方提供的贷款,其利息费用在我国企业所得税税前扣除时也存在一定限制。根据《企业所得税法实施条例》(国务院令第 512 号)第三十八条第二款规定:"非金融企业向非金融企业借款的利息支出,不超过按照金融企业同期同类贷款利率计算的数额的部分,准予扣除。"

3.1.2　跨境资本流出的现行税制

跨境资本流出与跨境资本流入的方向相反,是指资本从我国境内向境外流动的情形,理论上同样可以划分为直接投资、证券投资、其他投资等流出形式。但是,我国税制对于三类投资形式的处理方式差异并不大,尤其是在企业所得税中三者的计税方式的基本相同,故此处不再做进一步细分,而是将各类跨境资本流出的形式放在一起予以讨论。

跨境资本流出在我国适用的税收制度,与跨境资本流入的税制有较大差异。由于增值税的征税对象是纳税人在我国境内发生的应税行为,因此大部分跨境资本流出并不需要缴纳增值税。但对于其中几类特定的业务而言,仍有可能涉及增

---

① 《财政部 国家税务总局 证监会关于沪港股票市场交易互联互通机制试点有关税收政策的通知》(财税〔2014〕81 号)第二条第一项和《财政部 国家税务总局 证监会关于深港股票市场交易互联互通机制试点有关税收政策的通知》(财税〔2016〕127 号)第二条第一项。
② 《财政部 国家税务总局 证监会关于内地与香港基金互认有关税收政策的通知》(财税〔2015〕125 号)第二条第一项。
③ 《财政部 税务总局 证监会关于支持原油等货物期货市场对外开放税收政策的通知》(财税〔2018〕21 号)第一条。

值税问题,需要引起特别关注。一方面是境内向境外发起非货币性资产投资。根据我国增值税制度,非货币性资产投资应视同销售,因此境内企业以非货币性资产作为标的对境外企业进行投资,应当视为境内企业出口相关商品。如果境内企业有相关资质,还应当享受出口退税。另一方面是跨境金融服务。理论上,涉及跨境资本流出的跨境金融服务可以分为两类:第一类是境内金融机构向境外企业提供金融服务,包括进口贸易信贷和其他在境外使用的贷款;第二类是境外金融机构向境内企业提供金融服务,包括出口贸易信贷和其他在境内使用的贷款。其中,第二类属于发生在境外的服务,与绝大多数跨境资本流出活动类似,不征收增值税。但第一类属于发生在境内的服务,需要按"贷款服务"适用6%的税率缴纳增值税。

表3—3　　　　　　　　　我国跨境金融服务增值税制度

	境内企业		境外企业	
	进口	出口	进口	境外交易
境内金融机构	不属于跨境流动;6%税率	不属于跨境流动;6%税率	资本流出;适用6%税率	资本流出;对发生在境外的服务不征税
境外金融机构	资本流入;6%税率代扣代缴	资本流入;6%税率代扣代缴	不属于跨境流动;对发生在境外的服务不征税	不属于资本流动;对发生在境外的服务不征税

资料来源:根据公开资料整理得到。

我国跨境资本流出相关的企业所得税制度较为统一,对于境内企业向境外发起的所有类型,通常需要就其投资相关收益按照国内税率计算缴纳企业所得税。对于相关投资已经在境外缴纳过其他国家或地区的所得税的,可以按照有关规定享受税额抵免。跨境资本流出方面的企业所得税优惠政策较少,比较典型的是对于内地居民企业连续持有H股满12个月取得的股息红利所得免征企业所得税的优惠政策。[①] 此外,对于符合条件的跨境重组业务,可以适用特殊性税务处理,暂不确认股权投资收益,享受递延纳税。[②]

离岸信托作为一种非常特殊的跨境资本流出形式,在我国税制中的相关规定还很不完善,缺乏系统性。所谓离岸信托,通常是指依据离岸国家或地区的法律设

[①]《财政部 国家税务总局 证监会关于沪港股票市场交易互联互通机制试点有关税收政策的通知》(财税〔2014〕81号)第一条第四项和《财政部 国家税务总局 证监会关于深港股票市场交易互联互通机制试点有关税收政策的通知》(财税〔2016〕127号)。

[②]《财政部 国家税务总局关于企业重组业务企业所得税处理若干问题的通知》(财税〔2009〕59号)。

立在境外的一种信托。参照国内信托适用的税收制度,本书分别梳理了信托不同环节适用的税收制度。首先,在离岸信托的设立环节,若委托财产属于货币性资产,则委托人无须缴纳增值税或所得税;受托人应当按照接受捐赠缴纳所得税。若委托财产属于非货币性资产,还应当在增值税和企业所得税制度下视同销售,缴纳税款。其次,在离岸信托的存续环节,受益人应当就其信托收益缴纳所得税,受托人应当就其受到的佣金或手续费收入缴纳所得税。最后,在离岸信托的终止环节,相关规则与信托设立环节类似。对于信托财产为非货币性资产的,视同委托人发生进口行为,缴纳进口环节增值税。在所得税方面,委托人视同接受捐赠,缴纳所得税。终止环节境外受托人不征税。

表 3—4　　　　离岸信托在我国适用税制(根据在岸信托税制推测)

信托环节	参与方	增值税	企业所得税	个人所得税
设立环节	委托人	对货币性资产不征税;对于非货币性资产,视同出口	对货币性资产不征税;对于非货币性资产,视同销售,缴纳企业所得税	不征税
	受托人	不征税	视为接受捐赠,缴纳预提税	按"偶然所得"适用20%税率征税
存续环节	受益人	不征税	对收到的信托收益缴纳企业所得税	按"利息、股息、红利"所得或按照"偶然所得"适用20%税率征税
	受托人	境外受托人不征税	取得佣金或手续费需要缴纳预提税	取得佣金或手续费需要代扣代缴所得税
终止环节	委托人	对货币性资产不征税;对于非货币性资产,视同进口,缴纳进口环节增值税	视为接受捐赠,缴纳企业所得税	按照"偶然所得"适用20%税率征税
	受托人	境外受托人不征税	非居民销售行为,不征税	不征税

注:在一般的以避税为目的的离岸信托中,信托受益人通常是信托委托人或者其关联方。

3.1.3　跨境资金结算的现行税制

这部分主要关注我国金融机构为境内外企业提供跨境结算服务时适用的税收制度,包括增值税制度和企业所得税制度。

增值税方面,根据《财政部 国家税务总局关于全面推开营业税改征增值税试点的通知》(财税〔2016〕36号)附件1所附《销售服务、无形资产、不动产注释》,金融服务包括贷款服务、直接收费金融服务、保险服务和金融商品转让。其中,直接收费金融服务是指为货币资金融通及其他金融业务提供相关服务并且收取费用的业务活动,包括提供货币兑换、账户管理、电子银行、信用卡、信用证、财务担保、资产管理、信托管理、基金管理、金融交易场所(平台)管理、资金结算、资金清算、金融支付等服务。因此,跨境资金结算业务属于直接收费金融服务。

财税〔2016〕36号文附件1规定,在我国境内销售服务、无形资产或者不动产(以下简称应税行为)的单位和个人,为增值税纳税人,应当按照本办法缴纳增值税。境外单位或者个人在境内发生应税行为,在境内未设有经营机构的,以购买方为增值税扣缴义务人。财税〔2016〕36号文附件4规定,境外单位之间的货币资金融通及其他金融业务提供的直接收费金融服务,且该服务与境内的货物、无形资产和不动产无关的,免征增值税。结合财税〔2016〕36号文规定,跨境结算服务手续费收入的增值税征免如表3—5所示。

表3—5　跨境资金结算业务在我国适用的增值税制度

	跨境结算服务销售方在境内	跨境结算服务销售方在境外
跨境结算服务购买方在境内	缴纳增值税	代扣代缴增值税
跨境结算服务购买方在境外	缴纳增值税特殊:为境外单位之间货币资金融通及其他金融业务提供的直接收费金融服务,且该服务与境内的货物、无形资产和不动产无关的,免征增值税	不属于征税范围

企业所得税方面,主要根据提供跨境资金结算服务的纳税人的类别,适用不同的征税规则。对于居民企业,无论其跨境资金结算服务发生在境内还是境外,都应就其跨境资金结算业务所得缴纳企业所得税。对于非居民企业,需要进一步判断其所得来源地。对于来源自境内,或来源自境外但与境内机构场所有实际联系的跨境资金结算业务所得,应当缴纳企业所得税(或代扣代缴预提所得税);对于源自境外且与境内机构场所无实际联系的跨境资金结算业务所得,则不属于征税范围。

表3—6　跨境资金结算业务在我国适用的企业所得税制度

纳税人类别	结算服务发生在境内	结算服务发生在境外
居民企业	缴纳企业所得税	

续表

纳税人类别	结算服务发生在境内	结算服务发生在境外
在中国境内设立了机构、场所的非居民企业	缴纳企业所得税	与其所设机构、场所有实际联系的所得,缴纳企业所得税
在中国境内未设立机构、场所的非居民企业	缴纳企业所得税(预提税,税率10%)	不属于征税范围,无纳税义务

3.2 我国跨境资本流动的税收问题

基于前文对我国跨境资本流动现行税制的梳理,本书将从防范跨境资本流动税收风险和支持跨境资本流动健康发展两个方面分析我国税收制度的主要问题,为国际经验和政策建议部分提供锚定点。

3.2.1 税收制度防范跨境资本流动税收风险的能力有限

由于资本具有明显的逐利特征,资本所有者常常有意识地规避纳税义务,因此跨境资本流动很容易产生税收方面的风险。本书将重点围绕跨境资本流动中可能存在的转让定价、资本弱化和架构重组问题开展分析,并额外关注离岸信托、外资企业境外投资等特殊业务引起的税收风险问题。

1. 转让定价

所谓转让定价,是指公司集团内部机构之间或关联企业之间相互提供产品、劳务或财产而进行的内部交易作价。转让定价问题既可以发生在一国之内,也可以发生在国家之间,后一种被称为国际转让定价。转让定价是跨国企业集团常用的国际避税手段,其基本原理是:高税国企业向其低税国关联企业销售货物、提供劳务、转让无形资产、提供贷款时制定低价;低税国企业向其高税国关联企业销售货物、提供劳务、转让无形资产、提供贷款时制定高价。通过此类内部定价策略,跨国企业可以实现将利润从高税负国家或地区转移到低税负国家或地区,甚至将大量利润囤积到避税天堂,进而实现企业整体税负最小化。

转让定价行为通常没有任何合理的商业目的,而是纯粹以逃避缴纳税款为唯一目标,这类行为会引发严重的税基侵蚀问题,极大地侵害了市场国的税收权利,给市场国的经济发展造成不利影响。因此,在税制设计和税收征管过程中,积极预防和应对转让定价避税问题是十分重要的。

我国现行的企业所得税制度中已经有部分针对转让定价问题的规则设计,以此来打击转让定价等国际避税行为。例如,我国制定了《特别纳税调整实施办法(试行)》(国税发〔2009〕2号)、《国家税务总局关于完善关联申报和同期资料管理有关事项的公告》(国家税务总局公告2016年第42号)、《特别纳税调查调整及相互协商程序管理办法》(国家税务总局公告2017年第6号)等一系列规制转让定价的法律规范,这些法律规范为我国应对转让定价税收问题做出了巨大的贡献。但在营销型无形资产转让定价、数据资产转让定价等问题上,我国税制应对税收风险的能力仍然有限。

营销型无形资产是产生于营销活动中价值不确定且形式独特的无形资产,其转让定价的确认及税收管理成为各国税务当局面临的重大挑战。虽然我国针对营销型无形资产的定义最早出现在2010年的国家税务总局的反避税工作中,但在2017年的《特别纳税调查调整及相互协商程序管理办法》中才以法律文件的形式对营销型无形资产的概念进行定义,并逐步制定了相关税收制度,但营销型无形资产存在归属权不清、转让定价调整存在缺陷、配套管理有效性低等问题。在所有权归属认定方面,2015年我国在《特别纳税调整实施办法》中仅提出法律所有权和经济所有权的概念,但并未制定相关的认定标准,导致实际征管工作难以开展。在转让定价调整方面,我国针对营销型无形资产主要采用可比非受控价格法确定合理价格,但由于所有权归属认定标准不清晰,因此导致市场中可对比的独立价格较少。在配套管理方面,我国设置了预约定价安排、避税处罚以及信息披露三项举措,但存在预约定价制度不成熟且申请门槛过高、税收处罚力度过低、强制信息披露要求过于宽松等问题,导致配套管理措施未能发挥理想的作用。

数据资产转让定价问题是数字经济时代背景下诞生的新事物。因为数据资产属于无形资产,故对数据资产转让定价进行调整时,应适用无形资产转让定价规则。但现行无形资产转让定价规则是建立在传统无形资产基础之上的,难以有效应对数据资产转让定价税收问题,具体表现在以下几个方面:第一,无形资产的定义难以涵盖数据资产。数据资产在无形资产定义中的缺失会导致立法、监管力不从心。第二,数据资产的所有权尚未明确。数据资产产权界定不明将导致转让定价调整针对的主体难以确定,使得传统转让定价调整方法失去形式起点。第三,数据资产估值存在困难。如何对数据资产的价值进行合理评估,这是传统转让定价调整方法难以绕开的难题。

因此,我国税制在应对转让定价问题方面的能力还有待提高,相关税收制度设计与征管办法还有待完善和细化。

2. 资本弱化

一般来说,企业主要通过两种方式来融通资金:一种是股权融资;另一种是债权融资。两种融资方式对企业所得税的影响不尽相同。由于债务人支付给债权人的利息可以在所得税前扣除,而企业支付给股东的股息不可以在所得税前扣除,因此从税收角度来说,选择债权融资方式比股权融资方式更具优势。如果债权人和债务人同属于一个利益集团,就有动机通过操作融资方式来降低集团整体的税收负担,这就是所谓的"资本弱化"。

资本弱化一般是用来通过超额贷款来隐蔽资本。贷款可能按照市场利率提供,但贷款数量根据正常的信用等级评定的商业运作则是不合理的。超额利息就构成隐藏股息分配,因为它本来应该作为股息处理。资本弱化的主要结果是在增加利息扣除的同时减少对股息的课税。防止通过资本弱化进行避税的重点自然在于对利息扣除进行界定,或者将名义上由债权产生而实际上由股权产生的所得推定为股息加以课税,或者两者并用。

我国的资本弱化相关税收制度主要收录在《企业所得税法》《企业所得税法实施条例》以及《财政部 国家税务总局关于企业关联方利息支出税前扣除标准有关税收政策问题的通知》(财税〔2008〕121号)、《特别纳税调整实施办法(试行)》(国税发〔2009〕2号)、《国家税务总局关于完善关联申报和同期资料管理有关事项的公告》(国家税务总局公告2016年第42号)等法律法规文件中。这五部法律法规文件主要是以《OECD税收协定范本》对资本弱化制度的定义为基础,以"安全港"模式为主规定了我国的资本弱化制度,限制了债务的利率水平和关联债资比例,体现了独立交易原则,力求与国际标准接轨,保障我国的税收利益。

总体而言,我国现行税制中的资本弱化制度较为严格,能够较好地限制资本弱化问题的严重程度,但也存在一些税收风险隐患。例如,现有研究表明,随着母子公司实际税率的差异增大,集团内采用资本弱化手段的程度也趋于提高。我国现行企业所得税制度中,存在部分区域性税收优惠政策,以及高新技术企业、科技型中小企业等资质类税收优惠政策,这类优惠可能激励企业通过具备相应资质的关联方避税,催生税收风险。

3. 架构重组

架构重组是又一种常见的避税手段,其中与我国相关的主要是红筹企业的架构重组问题。红筹股架构是中资企业为了进入境外证券市场而创造的股权架构模式,其主要目的是实现境外上市,进而从境外资本市场获得融资。中资企业境外上市大致可以分为直接上市和红筹上市,其中,直接上市是境内注册企业经中国证监会许可在境外证券交易所公开发行股票、公司债券,主要集中在中国香港即 H 股。红筹上市又可以进一步细分为股权控制和协议控制两种模式,其中,股权控制是传统红筹上市模式,协议控制又称为红筹股 VIE 架构模式。

股权控制模式相对简单:第一步,境内运营实体或实际控制人在境外设立特殊目的公司(SPV),一般选择英属维尔京群岛等手续方便、信息披露要求少、保密程度高的地区;第二步,SPV 设立拟境外上市主体企业,一般选择在各国证券市场接受程度高的开曼群岛;第三步,拟境外上市主体企业在中国香港设立壳公司作为境外红筹架构的最底层公司,这一步主要是为了享受分红派息优惠税率;[①]第四步,中国香港壳公司通过返程并购或增资来持有境内运营实体全部或绝大部分股权(见图 3—1)。

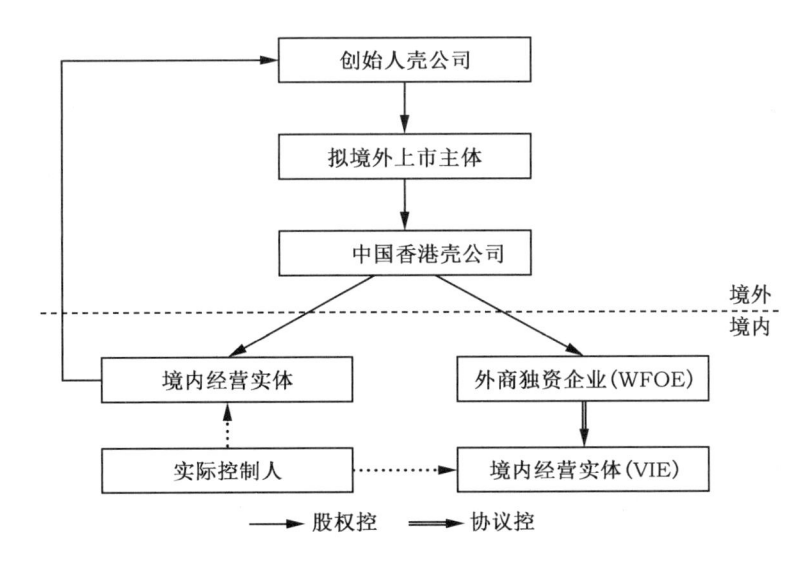

图 3—1 红筹企业境外上市架构示意图

[①] 根据《内地和香港特别行政区关于对所得避免双重征税和防止偷漏税的安排》第十条第二款的规定,如果中国香港母公司持有境内子公司股权比例超过 25%,取得境内子公司分配的股息适用 5% 优惠税率征收预提所得税。

协议控制模式是为了规避国内对外资产业准入限制而形成的一个灰色地带，又称 VIE 架构。与股权控制模式相比，两者境外架构基本一致，主要区别在于：协议控制架构下，中国香港壳公司返程投资设立的是外商独资企业（WFOE），一般无实际经营，设立目的是通过与境内经营实体（VIE）签订一系列协议以取得 VIE 的实质控制权，从而实现境内资产在境外资本市场融资（见图 3—1）。

对于境内企业投资人而言，红筹股架构模式主要能带来以下两个方面的优势：

第一，股权与资本运作的便捷性和低成本。其一，红筹上市的主体一般为在开曼群岛等离岸地注册的海外控股公司，股权运作全部在海外控股公司层面完成，而海外控股公司股权的运作实行授权资本制，包括发行普通股股票和各类由公司自行确定权利义务的优先股股票、转增股本、股权转让、股份交换等大量股权运作事宜均可由公司自行处理，并可授权海外控股公司董事或董事会决定，因而具有极强的灵活性和自主性，可以满足包括股东和私募投资人在内的各方的要求。同时，股票可以全流通，方便大股东套现。其二，红筹上市的主体是海外控股公司，适用法律属英美法系，更容易被国际投资人、美国监管机构和交易所理解和接受。其三，海外控股公司所在的离岸地政府对海外控股公司除收取有关注册、年检等费用外，不征收任何税费，使上市主体将来进行各类灵活的资本运作的成本大大降低。

第二，企业上市的标准门槛降低。以盈利指标为例，境内上市对盈利指标的要求比较严格：主板上市要求最近三年净利润累计不低于 1.5 亿元，最近一年净利润不低于 6 000 万元；科创板上市要求最近两年净利润均为正且累计净利润不低于 5 000 万元。中国香港主板上市的盈利要求为最近三年净利润累计不低于 8 000 万港元（约合人民币 7 500 万元），明显低于境内标准。此外，境内上市还需要经过证监会的严格审批，时间、人力、财力成本较高。

虽然对于境内实体的投资人而言，红筹股架构带来了资本运作的便捷与低成本，但从税务部门的视角来看，红筹股架构也带来了较大的税收风险。除了报告前文提到的转让定价和资本弱化问题外，红筹股架构还可能逃避缴纳财产转让（如股权转让）以及股息相关税收。一般情况下，境外投资人转让境内企业股权，应当确认投资收益并缴纳预提所得税。但在红筹股架构下，境外股权转让交易前后，境内企业股权的持有主体并未发生变更（始终为中国香港壳公司），如果税务部门无法及时识别该红筹股架构并及时发现相关交易行为，那么相关的税收很可能流失。类似地，境内企业的实际控制人可以在境外注册公司用于囤积股息红利，避免缴纳境内所得税。

我国现行税制中已有部分规定用于应对红筹股架构引起的股权转让避税问题，但在执行层面上存在难度。根据《国家税务总局关于非居民企业间接转让财产企业所得税若干问题的公告》（国家税务总局公告 2015 年第 7 号），非居民企业没有合理商业目的间接转让持有中国境内应税财产的境外企业股权，转让方应按照《企业所得税法》规定确认所得，在境内履行企业所得税纳税义务。按照该公告的要求，间接财产转让事项的报告与材料应由交易双方、筹划方、被间接股权转让的中国居民企业向主管税务机关提供。但实际情况是，由于交易双方均为非居民企业，所以税务部门获取转让信息的渠道有限，信息获取依赖于企业自行申报和主动报告。而交易双方有很强的动机隐瞒相关信息，以逃避缴纳税款。因此，还需要有相应的配套措施来应对红筹股架构导致的税收流失风险。

4. 特殊业务

除了转让定价、资本弱化和架构重组等避税问题外，还有两类较为特殊的业务模式在实践中也会带来较高的避税风险和严重的税收流失问题：

第一类是离岸信托业务产生的逃避税问题。据了解，离岸家族信托已经成为高净值人群重要的逃税手段。离岸信托能够实现避税目的，主要是因为其具备两大特征：一方面，离岸信托具备极强的隐蔽性。大多数大陆法系国家具有登记信托财产的具体法规，使其税务机关可以清晰地界定财产的所有权归属，明确财产的所有权人及财产的转移过程，因此信托的保密性也自然而然地降低。但在英美法系国家，信托的受托人在管理财产时，对于委托人的信息和机密都有着严格的保密机制，这给税收监管造成了极大的不便。另一方面，离岸信托往往设立在各类避税天堂。避税天堂的税制环境相对简单、税负较低，且为了吸引离岸信托的入驻而在法律上给予更多的便利。这一独特的税制与法律特点为离岸信托的避税创造了条件。因此，很多高净值人士倾向于在避税天堂设立信托，以躲避繁重的税负，尤其是规避遗产税。

从避税的实现形式来看，离岸信托主要通过四种方式实现避税目的：一是延期纳税。对离岸信托存续期间的收益征税，通常需要信托进行收益分配，但部分离岸信托的累积期极长，通过不分配收益的方式延迟缴纳税款。二是隐藏公司架构。一些跨国集团将控股公司与离岸信托相结合，使离岸信托机构成为关联公司的名义股东，隐藏真实的所有权结构，从而规避税法对关联交易的限制。三是绕过关税壁垒。许多企业选择在避税天堂设立离岸信托之后，与该离岸地有国际税收协议的国家或地区进行贸易往来，以减免关税。四是利用双边税收协定。通过设立离岸信托，利用离岸国与其他国家或地区签订的税收协定，从而达到避税目的。

第二类特殊业务主要发生在外资企业中。相关调研发现，外资企业普遍通过境外投资的形式转移利润，以实现避税目的。理论上，境外投资者在我国投资设立外资企业，企业在我国境内经营形成利润后，会通过股息红利或利息的形式将收益回馈给投资者，在这一过程中需要缴纳股息红利或与利息相关的预提所得税。但若外资企业通过实施境外投资的方式将资金汇到境外企业，则无须缴纳相关税费。值得注意的是，如果外资企业发生的境外投资具有合理的商业目的，那么相关投资应当在未来期间形成相应的投资收益，此时仍需要就其投资收益缴纳企业所得税，不会造成过于严重的税款流失问题。但事实上，以避税为目的的外资企业可能通过将这笔资金投向境外关联方，再通过转让定价等手法使被投资企业长期亏损，从而使境内外资企业的投资收益始终为负，以此避免缴纳税款。一旦该资金链条被建立，将会严重侵蚀我国税基，损害我国的税收利益。

总体而言，我国现行税制在应对上述两类特殊业务所引发的避税问题时显得有些力不从心，但两者的痛点不尽相同。对于离岸信托问题，更多的是要填补政策空白。我国现行税制中与之相关的规定整体呈现模糊、间接、零散的特点，主要出现在所得税法的实施条例和其他界定范围较宽的文件中，缺少指向明确的、成体系的法规文件，导致各方对于离岸信托究竟适用何种征税办法尚未能达成一致意见，在税务实践中更是不知所措，容易引发争议甚至争端。对于外资企业境外投资避税问题，更多的是要修补制度漏洞。我国现行税制中已有与股息、境外投资收益相关的制度设计，但在设计上存在漏洞，导致存在避税空间。

3.2.2　税收政策支持跨境资本流动健康发展的力度不足

有序的跨境资本流动能够为企业成长、地区发展提供资金支持，有必要在税收政策上给予适当优惠。但从跨境资本流动的现行税制来看，我国税收制度和政策还有进一步优化完善的空间。本书将围绕跨境金融服务和跨境投资等具体方面开展分析。

1. 跨境金融服务方面

在跨境金融服务方面，我国现行税制表现出以下问题，可能对跨境金融服务发展产生不利影响：

一是跨境金融服务税负过重，并且存在重复征税问题。世界上大部分实行增值税的国家,对金融业贷款利息等主营业务实施免税,仅以辅助服务业务征税。由于免税,所以金融业外购发生的进项税增值税不能抵扣,也不能开具增值税专用发票作为下游增值税企业抵扣。但我国金融业绝大多数业务需要缴纳增值税,因此与国外其他国家相比形成明显的税负反差,不利于跨境金融业国际竞争。此外,营改增后银行贷款和金融商品转让不能开具增值税发票,相关主体仍面临重复征税问题,融资成本未能实现明显下降,增值税抵扣链功能和作用无法有效发挥。

二是跨境金融服务出口征税问题。现行增值税制度规定,对出口货物贸易实行免税和退税,而对出口服务贸易在免税和退税上则有较多限制,出口金融服务基本上不享受免税和零税率,削弱了我国银行业的国际竞争力,不利于"走出去"战略的实施和跨境金融服务贸易的发展,尤其是在人民币国际化后,跨境贸易、投资、融资、保险可以用人民币结算,极大地提升了人民币国际影响力和竞争力,但由于跨境金融出口服务征收增值税,不但加重了出口金融服务的税收负担,而且不利于国际资本流入我国境内开展业务。

三是跨境同业往来存在税收障碍。按照我国现行增值税制度,金融业机构提供贷款利息收入和提供金融服务收费征收增值税,金融同业往来利息收入可享受免征增值税政策。但现行政策将跨境短期无担保资金融通以及跨境转贴现、同业存款、同业借款、同业代付、同业存单等同业往来排除在外,不利于跨境金融机构之间同业往来业务的发展。

四是不同主体开展同样的跨境金融业务,税收待遇不同。例如,中国内地与香港资金双向流动制度安排中,香港投资者不分企业和个人,从内地获得的股息、利息、红利均适用同样的预提所得税率,而内地个人和企业投资者则分别适用不同的预提税率;对于香港投资者不分企业与个人,取得的处置差价均免征所得税和增值税,而对内地投资者个人免征个人所得税和增值税,企业投资者则需要缴纳企业所得税和增值税。

2. 跨境投资方面

在跨境投资方面,我国现行税制也存在一定的不足之处:

一是对资本"走出去"支持力度不足。我国对于境外投资者投资境内企业的分配利润,直接再投资于境内的,可以暂免征收所得税;而境内投资者的境外投资收益无论是否汇回境内,都需要缴纳企业所得税。对于香港投资者参与内地证券市场,设置了大量增值税和企业所得税优惠政策;但对于内地投资者进入香港证券市场,优惠政策明显更少。通过对引进投资与对外投资、香港投资者与内地投资者税收征免对比,不难发现我国对引进境外投资者资金的税收支持力度远超过对境内资本"走出去"的税收支持力度。这固然有对缺乏走出经验、支持国内经济发展、防止转移资产等多方面因素的考虑,但不利于我国输出过剩产能、寻找低成本红利、布局世界市场等目标的实现。

二是与跨境金融业务类似,同样存在税收差别待遇问题。例如,跨境投资中 FDI 投资者设立企业法人对境内居民企业开展投资,对获取的股息红利符合条件可以免征企业所得税,如果设立合伙企业对居民企业展开投资,则不属于直接投资,不能享受股息、红利企业所得税的免税待遇。

三是我国现行税制会对红筹股回归造成一定的阻碍。一方面,许多 VIE 架构企业在境内会同时存在多家子公司,架构解除时,由于不同子公司的价值不同,且由不同辖区的税务机关征管,因此企业在进行税款分割的同时须到各自的主管税务机关进行完税,大大增加了纳税人的遵从成本。另一方面,VIE 架构解除时,企业可能面临较高的税收负担,而解除后企业仍需要大量资金用于境内业务重组以及新上市架构的搭建,企业不一定有充足的资金可以及时缴纳该笔税款。

3.3 规范跨境资本流动的国际经验

3.3.1 美国

美国作为世界第一大经济体,是跨境资本流动极为重要的节点。美国是同时行使居民管辖权和地域管辖权的国家,但在 2018 年改为只行使地域管辖权,将美国公司境外实现利润汇回缴纳 35% 企业所得税,允许汇回利润境外已纳所得税抵免,改为美国公司取得来自其境外 10% 及以上持股比例子公司股息可享受 100% 所得税豁免,原则上美国跨国公司在境外向税源国政府纳税后,无须再向美国政府纳税。与此同时,取消递延制,受控海外子公司自 1987 年初到 2017 年底 30 年间在海外累积的所有利润由汇回美国缴税改为即使没有汇回也要缴税。美国由同时行使居民管辖权和地域管辖权改为只行使地域管辖权,这一举措对世界各国产生了重要影响。

在应对跨境资本流动引起的税收风险方面,美国税制设计中以下内容可能对我国税制的进一步完善具有借鉴意义。

1. 关于营销型无形资产转让定价问题

美国作为最发达的国家,对营销型无形资产转让定价税收制度的研究较早,针对营销型无形资产的认定起源于1968年的《国内收入法典》,在之后的几十年发展中,不仅对该法典进行修订完善,而且出台《国内税务局对无形资产收入的分配和扣除以及管理费用分摊的处理》等法规,逐步构建了较为完善的税收制度。

在所有权归属认定方面,美国最早对营销型无形资产的判定采用超常规费用支出检验法,当企业支出的营销费用超出常规标准且并不拥有商标或品牌的所有权时,判定为营销型无形资产。2009年,美国国家税务局制定了增量营销活动判断标准,当企业开展的营销活动在数量上高于可比非受控企业时,则认定为营销型无形资产。美国国家税务局规定,按照"法律、合同、事实"的顺序对营销型无形资产的所有权归属开展认定,首先根据法律文件认定所有权归属;若根据法律文件无法认定所有权归属时,则根据合同条款判断;若依然无法认定时,则根据审查的交易事实认定,具体依据交易双方在收益中享有的份额高低进行认定。

在转让定价调整方面,美国营销型无形资产的收益分配最初采用贡献者规则,根据各参与方的贡献程度分配收益。之后,美国增加了特定情况下的收益分配规则,主要针对不具备营销型无形资产法律所有权但通过营销活动来提升其价值或产生新营销型无形资产价值的情况。在上述特定情况下,若交易双方未在合同协议中对营销活动的增值和新价值产生制定条款,税务机关有权根据交易双方的商业行为和交易经济性质判断交易双方的贡献程度并推定收益分配。

在配套管理方面,美国主要通过预约定价安排、强化信息披露义务和税务稽查三项举措来进行营销型无形资产转让定价问题的配套管理。美国的预约定价安排制度的一大特点是:简化预约定价安排程序,降低申请费用,减少申请材料数量。同时,美国规定交易双方必须对营销型无形资产的关联交易信息进行披露。在税务稽查方面,美国针对营销型无形资产的税务稽查成立了专业的团队,并开展严格的税务稽查和惩处。

2. 以家族信托作为"管道实体"的所得税制

美国信托一般情形的纳税主体是由信托和受益人承担,但是,当出现委托信托时,即委托人依然保有对信托财产的相应权利时,信托将被忽略,委托人将承担主要纳税义务,而家族信托则很少出现委托信托。美国对信托所得税的课征与个人所得税保持一致,在进行一系列允许项目扣除后,采用累进税率的方式计算纳税额。家族信托由于设立额度普遍较大,故一般情况适用最高税率,使得避税变得更加困难。

美国信托所得税与个人所得税最重要的区别在于,可以将信托作为一个管道实体进行"分配扣除"。信托如果仅承担了一部分纳税,那么另一部分收益则由一个或多个受益人承担所得税纳税义务。这样做的目的是,使整个税制可操作性更强,在应纳税所得中以分配减免的方式确定受益人应纳税所得额,避免烦琐的返还机制,并确立了简单信托及带有等级制度的复杂信托可分配净收入的序列体系,有效平衡了重复纳税和避税之间的矛盾,避免造成纳税主体混乱。那么,在信托设立阶段,任何一方主体都不缴纳所得税,在信托存续阶段,按照实体课税和管道实体理论,由受托人和受益人按照规则分别缴纳所得税。

美国家族信托所得税的直接抵扣额并不明显,目前主要体现在特别慈善和遗产税两个方面。在一个纳税年度,支付慈善事业或是永久性留出用于慈善目的的捐赠可以在应纳税所得额中进行扣除,这也意味着当家族信托中融入慈善信托后,可以进行一定程度的合理避税。而针对遗产税部分,只有受托人放弃计算遗产税时,才可以在计算家族信托所得时进行抵扣,所以只是在不同税种之间进行抵扣转换,并非实质上的避税。美国将慈善信托分为营利性信托和非营利性信托,前者在实体分类纳税时将提供税务便利,后者将根据捐赠资产免于缴纳企业所得税或个人所得税,同时对信托目的、责任都加以限制。因此,无论是通过营利性还是非营利性慈善信托实现税收优惠,都需要满足负责条件。

3. 弃籍税

弃籍税制度又称退籍税、离境税、移民税,是应对纳税人利用自身的跨国移动进行避税的法律措施之一。根据美国《国内收入法典》第 877 节、第 877A 节以及美国《就业机会创造法案》,因逃避联邦税收目的而放弃美国公民身份或终止永久居民身份的,又拥有较高资产或纳税记录存在瑕疵,则会被认定为"相关弃籍人士"(covered expatriates),对其征收个人弃籍税。不同于世界绝大多数国家(包括中国)兼用地域管辖权与居民管辖权的做法,美国同时实行地域管辖权、居民管辖权与公民管辖权三种管辖权,长期居住在国外的公民同样具备向美国纳税申报的遵从义务,公民管辖权的单独采用体现出美国政府十分重视本国征税权,并在立法上予以强调。

在 2008 年 6 月 17 日或以后放弃美国国籍或长期居民身份,符合三条判断标准之一的,将被征收弃籍税。例如,5 年间的年平均净所得税达到美国税务局当年的规定门槛①的;或者在放弃美国国籍当日的名下全球净资产(包括不动产)市值超过200万美元阈值的;或者无法提交用于证明在弃籍前的5个纳税年度内均合规报税且完税的初始弃籍报告8854表格,被认定为发生非合规报税或漏税行为的。

根据美国《国内收入法典》第1节,征税对象包括美国公民来源于全球范围内的全部收入。税收法律意义上的美国公民个人只要符合以下三个条件之一,即可满足美国的"绿卡标准":(1)成为美国的合法永久居民(lawful permanent residence,LPR)的;(2)符合"实际停留天数标准"的;(3)在"第一年选择"(first-year choice election)规定下自主选择在前一年度的一段时间内成为美国税收居民的。美国联邦最高法院在1924年的Cook v. Tait诉讼案件中进一步明确公民管辖权在税收领域的实施,裁决理由为美国国籍的影响力已经扩展到境外,只要是美国公民都应向美国政府缴纳税收。税收居民身份的认定标准包括住所地、经济利益中心地、居住时间等,其中,长期居住地和所得来源的考量标准为纳税人的公民身份,即公民身份的具备与否是税籍的直接判断标准。

根据美国《国内收入法典》第877节和877A节对弃籍税制度的规定,已放弃其公民身份的美国公民和已结束联邦税法认定的美国居民身份的永久居民是本制度的税收对象。《国内收入法典》第877节e条针对永久居民的定义,在放弃美国国籍前的15个报税年度里,至少有8年时长为美国永久居民的任何个人(美国公民除外),同时排除了在纳税年度内根据税收协定被认定为相对方国家的税收居民,其在法律意义上被拟制非美国永久居民。需要注意的是,第一年中任何一天持有绿卡的,就会被算作8年中的一年,从理论上计算最快在6年零2天之后,绿卡身份人士就满足美国长期居民测试。然而,弃籍税的目的在于避免美国公民利用税收制度避税,出于对放弃国籍者的主观情况考虑,对适用对象做出了例外规定,放弃美国国籍时年龄未满18岁零6个月的个人,同时具备双重国籍的,或者东道国是本人、其配偶、其父或母方的出生国的,可不适用弃籍税制度。

美国弃籍税制度以按市值计价的方式对纳税人所有的财产视同转让,具体操作为:将认定的相关弃籍人士的全部财产视为已经转让,放弃美国公民身份或者永久居民身份的前一日的公允市场价值减去法定扣除项目的差额为视同所得的计算标准,以此为基准按照相应税率缴纳个人所得税。由于弃籍税制度将全部财产视

---

① 根据通货膨胀调整后的近5年年平均净所得税标准如下:2017年纳税年度年平均净所得税额为16.2万美元,2018年为15.5万美元,2019年为16.8万美元,2020年为17.1万美元。

同转让,其中包含未实现所得的部分,存在纳税人的实际现金不足以支付弃籍税税额的可能性,因此纳税人被允许递交 8854 表格向美国国税局申请递延纳税,此选择可将缴纳弃籍税税额的时间延期至财产实际处置的纳税年度。

递延纳税税额并非以纳税人的全部财产为依据得出的总价格,而是需要就每份资产逐项独立申请递延纳税,这较打包整体处理更加复杂,因为需要对每项财产跟踪评估,并且增加了合规成本。

此外,纳税人需要抵押与应纳税额相应的财产作为担保,并且支付相应的利息。弃籍税制度的纳税人申请递延纳税并获得批准的,不得享有美国与他国双边或多边税收协定项下的税收优惠。如果相关弃籍人士死亡的,被视为递延时间到期,并缴纳弃籍税数额。如果放弃国籍人士选择延迟缴纳弃籍税的,除了放弃国籍当年需要提交初始弃籍报告外,在之后的每个纳税年度内也负有提交年度弃籍报告 8854 表格的义务。

弃籍税制度除了由《国内收入法典》第 877 节和 877A 节规定外,相关弃籍人士同样受到赠与税和遗产税的限制。根据 2107 法令,美国税务局可以向弃籍税制度的税收主体追溯 10 年征收其遗产税和赠与税。与第 877 节和 877A 节规定相对,该追溯征税方式属于广义的弃籍税制度,即扩大了的无限纳税义务。

3.3.2 英国

英国在进行非居民企业间接股权转让反避税时,在很长一段时间内采用的是依据判例对其合理商业目的进行判定,主要依据的是拉姆齐案例来进行确定。

2013 年,英国引入了一般反避税条款,但是拉姆齐案例依然是其反避税司法实践的重要依据,因为其确定了"实质重于形式的原则",该原则对合理商业目的的判断极具参考价值。

在拉姆齐案的法院判决中,法官认为,法院可以根据实质重于形式的原则对该交易的合理商业目的进行判断。法官认为,如果某项交易并非由一项单独的交易构成,而是由多项交易共同构成,并且经过一系列繁杂的操作之后,在实质上不会给企业带来经济利益或者损失,那么法官有理由相信该交易对企业的存续和发展也不存在实质上的意义。也就是说,即使在该交易中,每项单独交易都具有其合理性和合法性,法官也有理由相信其整项交易不具有商业实质,无法证明其交易活动具有合理商业目的,存在较大的避税的嫌疑。

该案例是一个极具典型的案例,通过该案例确定了"拉姆齐原则",即实质重于形式原则。该原则规定,税务机关在对具体问题进行判断分析时,如果发现单个股权交易行为在内容和形式上均合法,则要对其整体的经济实质进行判断,按照双方的交易实质进行相应的征税。

在家族信托所得课税方面,英国采用了以家族信托作为独立纳税主体的实质课税制度,信托收益由信托本体概括承担纳税义务,受益人对重复纳税部分享有返还请求权。在英国个人所得税制度中,信托被视为一个独立的纳税主体,就其来源于英国境内的所得纳税。针对累积信托和全权信托,当信托收入超过1 000英镑时,其股息所得收入税率是38.1%左右,其他收入个人所得税率是45%。

针对权益信托,受托人应按照7.5%的税率缴纳股息所得收入税,其他收入个人所得税率是20%。英国公司所得税是对公司的利润进行征税,在每次进行利润分配时,需要将20%的利润作为预防公司税交付国库,再根据应付税额进行折抵,确定最终纳税额。英国资本利得税主要是对信托委托人和受托人在处理资产时产生的利润进行征收,家族信托作为高净值群体主要适用28%的单一税率。

当资产移转到信托中时,其纳税义务人是资产移转方;当移出信托时,纳税义务人一般是受托人。虽然在实际税负上英国家族信托所得税并不低,但是纳税主体、征税框架都十分清晰,同时辅以相应的反避税和降低重复征税的手段,形成完整的税务管理体系。

针对离岸信托隐蔽性极强的特点,英国出台并持续完善离岸信托涉税信息的登记和报告制度,形成了对离岸信托的有利监管。英国于2017年6月通过了欧盟第四项反洗钱指令,认为信托的隐蔽性阻碍了税务机关对洗钱或非法融资等犯罪活动的调查,因此为了增强信托登记的透明度,规定英国信托须向英国税收海关总署及时履行信托登记的义务。然而,此项规定的出台主要针对的是英国税收居民信托。随着2020年欧盟第五项反洗钱指令的通过,英国将登记主体拓宽至非居民信托,即只要非居民信托满足以下任意两个条件:一是在英国获得土地、财产,二是其中任意一个受托人属于英国税收居民并且在英国境内建立"业务关系",那么非居民信托都需要履行信托涉税信息登记和报告的义务。

非居民信托需要向英国税收海关总署登记的信息主要分为两个部分:一是信托相关情况,包括信托名称、成立日期、账目报表、描述信托资产即其结算日价值、管理地点、税收居民国、处理税务事项的顾问的名称;二是受益人及潜在受益人信息,包括全名、出生日期、在信托中的角色、国民保险号码(如果有)、通信地址、护照号码等。

3.3.3 加拿大

与美国类似,加拿大同样有与弃籍税相关的税收制度。在加拿大的所得税制度中,个人的所得税责任取决于居住状况,居民个人就全球来源所得承担无限纳税义务,非居民个人对加拿大来源所得承担有限纳税义务。当加拿大居民成为他国居民时,一般弃籍税制度对其适用。在终止加拿大的税收居民身份、切断与加拿大之间的主要联系时,对该纳税人的大部分财产进行视同转让处理,位于加拿大的不动产、资源财产与树木财产、加拿大常设机构经营的商业财产(包括库存)等由于仍然处于加拿大的税收管辖范围之内,因此不对其进行视同转让处理。位于加拿大境内的财产作为弃籍税制度的扣除部分,即便是在居民转化为非居民后,根据税收属地管辖原则,该部分仍属于加拿大税务部门的课税对象。

纳税人需要告知加拿大税务局其变更居民身份的日期。此外,现金(包括银行存款)外的所有财产的公允市场价值超过2.5万美元的,需要填报T1161表(移民财产清单),报告全球来源所得。如果未在报税截止日期前提交T1161表的,以25美元/天的标准缴纳罚款,最高不超过2500美元。

弃籍税的缴纳期限为居民出国的次年4月30日。不过,相关弃籍人士可以选择递延纳税至财产被实际转让时,但该选择不适用于员工福利计划。递延纳税选择截止日期与弃籍税的缴纳日期相同。当被视同转让的财产的所得税额超过1.65万美元时,需要为递延纳税提供足额担保,但选择递延纳税不需要支付利息。

有时,弃籍税的评估税基可能偏高,需要对财产视同转让后的差异进行调整。如果该财产位于加拿大税收管辖境内,且该财产在移民时的实际处置价值低于视同转让价值,纳税人可以选择根据损失金额调整移民报表中的收益。若该财产位于加拿大税收管辖区之外,则对损失不进行调整。

在避免国际双重征税方面,加拿大通过境外税收抵免形式提供了有限的税额减免,以纳税人身为加拿大税收居民期间已经向其他国家或地区缴纳了的相关税款作为境外税收抵免额限。

3.3.4 日本

日本的信托税制是以受益人为主要纳税实体的所得税制。日本信托所得税制较为成熟，但是推动立法的不是以家族信托为代表的民事信托，而是将信托作为一种财务制度的商业信托，因此，受托人大多为信托银行等商业实体。

日本关于信托所得税法中，反避税规则较少，税务筹划灵活性较低。因为日本的信托业务主要由信托银行提供，同时信托业呈现高度垄断格局，集中于头部信托银行，且处于财政部的严格管控之下，所以通过信托进行避税的空间被压缩，相对于英国、美国的反避税措施要少得多。

日本的《所得税法》以专门规定的方式免除财产形式移转产生的税负，以解决因基础信托法律关系冲突带来的重复征税问题。日本也非常鼓励通过公益信托发展慈善事业，配套给予大量税收优惠。

日本在《民法》中始终坚持所有权的绝对性和一元性，因此在信托税制部分主要采用导管原则，即将信托视为所得流动的导管，由受益人负有最终纳税义务。在受益人享有财产绝对收益权的情况下，各种信托纳税义务由受益人承担；而在委托人对财产拥有一定控制权的情况下，则由委托人承担纳税义务，这与美国信托税制中的"委托人信托"规定相类似。

日本家族信托在设立环节，委托人和受托人都是自然人，通常双方都不缴纳所得税。在存续环节，信托业务收入应当视为受益人的收入，受托人收到的信托收益也应当视同受益人所得，缴纳所得税。如果受托人负有代付代缴所得税的义务，那么受益人作为最终纳税义务人可以抵扣代扣的所得税款。

日本个人所得税依旧采取累进税率，在 900 万日元到 1 800 万日元之间的高税率是 33%，超过部分的税率为 40%。同时，在《所得税法》中规定了实质所得者征税原则，在日本法律中财产的形式归属和实质归属分离的典型例子就是信托。

《所得税法》第十三条规定："信托的受益人应当被视为拥有属于信托财产的资产和负债，实际有权变更信托的人和应该获得信托财产利益的人也应该被视为受益人。"因此，在家族信托中实质课税将被彻底贯彻始终。

在境外投资方面，日本于 1964 年出台海外投资损失准备金制度，对于企业的海外投资与承包工程，允许将投资额的一定比例纳入投资损失准备金，免缴企业所得税。当投资受损时，企业可获得准备金的补偿；当投资顺利时，投资损失准备金将在接下来的五年均分并逐年纳入企业的应纳税款。

根据海外投资保险支持制度的规定,日本企业向政治、经济方面不稳定的欠发达国家或地区投资时,若发生损失,"海外投资损失准备金制度"将给予企业累计投融资总额12%的补贴。

日本分别于1970年、1971年设立"石油开发投资亏损准备金"制度和"资源开发投资损失准备金"制度,1973年将这两种损失准备金制度合并设立"海外投资等亏损准备金制度",并统一制定有关政策,只要日本企业投资出资达到10%,就可以将其对发达国家、发展中国家直接投资总额的10%、50%从企业收入中以亏损方式进行抵扣。

3.3.5 新加坡

在家族信托课税方面,新加坡税制主要有两个特征:

一是合理制定境内外流动资产课税模式,以避免重复征税。新加坡个人所得税以累进结构为基础的,最高税率是22%,同时要遵循属地原则,其征税对象是源自新加坡的收入以及在新加坡境内收到的境外收入。那么,如果家族信托收益来自境内,所得税征收将按规定进行。对于涉外收入,如果家族信托控制的资金从境外回流到新加坡境内,一般认定为企业收入,需要缴纳企业所得税;但是,该部分收入已经在境外纳税且整体税率至少在15%以上的,可以免税。

新加坡还与全球70多个国家或地区建立了广泛的避免双重征税网络,可以为拥有大量国际商业利益的客户创造税收筹划机会。其中,对合格的外国信托,即委托人和受益人都不是新加坡居民、公民的信托,对其多项投资免征所得税。这为世界各地的离岸高净值收入人群提供诸多便利。家族信托在税制部分还拥有众多优惠,新加坡没有资本利得税和遗产税,同时没有外汇管制,资金可以自由进出新加坡,那么在信托资产形成后,没有任何管制措施阻碍信托资产的增加。

二是不断修改信托配套法律,以吸引国际信托业务。新加坡信托法是以英国信托原则为立法基础,包括《信托公司法》《商业信托法》和《受托人法》等。新加坡的信托法有两个重要特点:一方面,允许委托人保留一定投资决策权;另一方面,受托人应当履行较高的注意义务。这是在偏向保守主义的英国信托法基础上的改良,目的是通过减少法律限制来促进信托业的发展。受托人义务被法律所确认,而且将其提升到一个非常高的标准,法律认定为他人利益而牺牲自己利益是一种义务。在纳税过程中要求受托人承担主要责任,帮助受益人或委托人更加从容地应对财产管理。

3.3.6 俄罗斯

2002年,俄罗斯引入资本弱化制度,相关规定均收录在《俄罗斯联邦税法典》(以下简称《税法典》)第269条中,并采用固定比例法作为判断资本弱化是否存在的标准。经过二十多年的发展,该制度已趋于完善,主要适用于俄罗斯企业来自关联方或由关联方担保或以其他方式保障偿还的债务(以下简称"受控债务")。制度中关联方的界定是通过援引《税法典》第105.1条转让定价规则中因持股关系而构成关联方的情形来实现的,分为第一关联方和第二关联方。其中,第一关联方是指与俄罗斯企业直接建立关联关系的外国企业和个人;第二关联方没有国籍限制,是通过第一关联方而非俄罗斯企业建立关联关系的企业和个人。

如果俄罗斯企业在会计或纳税期间的最后一日,其所有受控债务数额与所有者权益的比值超过3∶1(银行或从事租赁服务企业为超过12.5∶1),则可以对其实施资本弱化制度,并按以下步骤执行:

第一步,确定每笔受控债务的具体数额。俄罗斯企业对来自某个第一关联方和与该第一关联方相关联的第二关联方的债务或者由两者担保的债务,均视为单笔债务并进行汇总。与不同第一关联方相关的受控债务需要分开进行计算。

第二步,得到每笔受控债务数额后,计算每笔债务的资本弱化指数:

$$资本弱化指数 = \frac{单笔债务数额}{第一关联方持股份额} \times 法定关联债资比例$$

第三步,每笔受控债务中,允许扣除的利息支出不得高于下列公式结算的结果,也不得高于实际发生的利息支出,并在俄罗斯企业所允许扣除的利息支出总额中进行累加:

$$允许扣除利息支出 = \frac{单笔债务实际发生利息}{资本弱化指数}$$

3.4 规范跨境资本流动的政策建议

基于本书分析的我国跨境资本流动税制问题,结合我国国情税情,借鉴国际上相关税制设计与实践的有益经验,分别从防范税收风险和支持有序流动两个方面提出规范跨境资本流动的政策建议。

3.4.1 防范跨境资本流动税收风险的税收政策

针对转让定价、资本弱化等税收风险问题,可以考虑从以下几个方面强化我国税制应对风险的能力:

第一,加强反避税信息网络系统基础建设,建立关联交易涉税情况交流与反避税信息共享机制。增强税务部门反避税信息网络系统功能建设,使我国涉外企业能够通过税务反避税网络系统,及时收集和分析境外同行业商品价格信息变动趋势,拓宽境内企业掌握和了解关联交易可比信息来源,增强防范、控制与化解转让定价转移利润避税风险能力。建立各行业涉外经济监管部门横向联系机制,互通相关外资企业主营业务产品种类、产销规模、公允价格,以及在国际市场上的商品购销、劳务提供、技术转让等方面的经营活动信息,为防范并化解转让定价避税风险提供有针对性的先决条件。

第二,进一步完善高风险领域的制度规则,细化执行标准。在面对传统形式的转让定价等避税手段时,我国税收制度已经具备一定的反制能力。然而,对于特定的细分领域或者新的避税问题,我国现行税制的应对效果仍然有待改善。一是对于营销型无形资产问题,应当进一步明确其概念以及法律所有权和经济所有权的认定标准,并尝试引入可比非受控价格法以外的其他方法。二是针对数据资产转让定价问题,应当积极组织开展相关研究,进一步明确数据资产定义、产权归属认定标准、估值方法等,为立法和执法创造条件。三是针对离岸信托避税问题,首要任务应当是建立和完善离岸信托税制的实体法律框架,建议遵循税收公平、受益人课税、征管便利、消除重复征税和加强反避税的基本原则,完善离岸信托税制的实体框架,构建贯穿信托设立、存续和终止三个阶段的信托税制的基本框架和具体安排。

第三,完善强制披露规则,获取必要的涉税信息,为监管工作提供更有力的支撑。首先,红筹股 VIE 架构的信息披露问题。建议对 VIE 架构企业试行税收信息强制披露政策,要求我国管辖范围内的 VIE 架构企业主动向税务机关披露其税收筹划安排,包括安排的目的、搭建的架构以及最终实现的节税效果等。同时,还应加强对 VIE 架构企业关联申报、国别报告和同期资料的审核管理,明确境内实际运营实体为国别报告报送企业,并要求其在规定期限内向税务机关报送,每年对 VIE 架构企业报送的关联业务往来报告表、同期资料进行定期审核,并综合评估其反避税风险。其次,离岸信托的申报审查和强制披露制度。要求在离岸信托成立、存续和终止阶段,离岸信托中的委托人、受托人和受益人都应当披露相关涉税信息,包括信托类型与期限、信托参与各方的基本信息、信托财产信息等,并提供证据证明在设立离岸信托时存在合理的商业目的。最后,针对关联交易较多、实施境外投资的外资企业,也可以考虑要求它们定期提供关联申报、国别报告等材料,帮助税务机关甄别相关业务是否具有合理的商业目的、是否导致国家税收利益受损,以更好地应对税收风险。

第四,对区域性、地方性和资质类税收优惠政策持更加谨慎的态度。当前,我国企业所得税制度中存在部分区域性、地方性优惠政策,以及高新技术企业、科技型中小企业等资质类优惠政策,容易形成税收洼地,激励企业通过转让定价、资本弱化等手段来转移利润、减轻税负。建议适时研究清理不必要的优惠政策,尽可能保持税收中性,以减少税收带来的扭曲效应,尤其是对企业避税行为形成激励的效应。

第五,研究我国开征弃籍税的必要性和可行性。本书认为,在我国开征弃籍税至少需要以下几方面的配套措施:一是完善财产申报登记与评估制度。若以纳税人未实现的财产增值为弃籍税课税对象,则全方位掌握纳税人财产状况,合理评估各类财产的价值增值,是准确课征弃籍税的前提条件。在价值评估方面,可用弃籍当日特定资产的市场价格(如上市公司股票收盘价)作为弃籍环节该资产的公允价值。对于无法取得市场价格和原值的,可聘请具有法定资质的中介机构出具的资产评估报告,在此基础上由税务部门进行核定。二是建立税源信息共享制度,获取纳税人弃籍的相关信息,尤其是那些定居外国、取得外国国籍的纳税人。三是完善避免国际双重征税制度。纳税人弃籍后通常成为其他国家或地区的税收居民,应当避免纳税人同一所得或财产被双重征税。可以考虑在与其他国家或地区签订的税收协定中增加有关弃籍税抵免或税基减除的条款。

3.4.2 支持跨境资本流动健康发展的税收政策

除了应对税收风险之外,我国现行税制在支持跨境资本流动健康发展方面也存在不足之处,需要进一步改进。对此,本书提出以下几方面税收政策建议:

第一,完善预约定价安排制度。预约定价安排制度不仅能够提升税务等监管部门反避税能力和监控水平,而且有利于企业稳定未来经营预期,规避税收合规方面的风险和麻烦。因此,税务部门和遵纪守法的跨国企业都有预约定价的需求。然而,我国现行的预约定价安排制度仍处于起步阶段,存在一些亟须解决的问题:一方面,在我国申请预约定价安排的企业需要满足年度交易额超过4 000万元的条件,导致申请门槛过高;另一方面,由于预约定价谈判可能无法达成一致意见,这就要求税务部门与企业都严格执行保密协议,尤其是税务部门不应将谈判过程中取得的资料用于未来针对该企业的税收征管工作中。因此,可以通过放宽申请限制、制定更为明确的保密规定等措施,让企业有资格且更放心地申请预约定价安排。

第二,修订资本弱化制度调整方法。俄罗斯现行资本弱化制度规定首先以债务人企业整体为单位计算关联债资比例,旨在防止投资人通过分散债权而规避制度适用。随后要求按单笔债务下的关联债资比例(即资本弱化指数)计算利息支出税前扣除的限额,保护未利用资本弱化避税的债权人。相比之下,我国《特别纳税调整实施办法(试行)》要求以债务人企业整体为单位计算关联债资比例,用于判定是否满足资本弱化制度适用条件。但在计算不可扣除利息支出时,仍然使用企业整体关联债资比例,对所有关联债权人的利息进行调整,侵害了未利用资本弱化避税的关联债权人的合法权益。建议修改我国资本弱化制度的调整方法,将计算利息扣除限额时的关联债资比例改为单笔债务下的关联债资比例。

第三,针对红筹股VIE架构解除问题,研究出台相应的过渡性政策措施,为境外红筹股企业的资本回流提供便利。由于美国等境外市场投资者对中概股的诚信产生疑虑,同时港交所、A股上市制度调整为境外红筹股企业创造机会,因此近年来红筹股展现出较强的回归意愿。本书建议:一方面,采用"全国一盘棋"的方法,对VIE架构采用税务总局统筹、各地税务局协助的形式开展合并申报工作,纳税人只需与税务总局达成一致即可确定最终的应纳税额,而无须分别与各地税务机关开展协商;另一方面,推出递延纳税政策,只要企业变更前后最终控股股东持股比例及份额未发生改变,就可在三年或多年内分期缴纳税款,有效缓解企业资金流压力,减轻企业纳税成本。

第四,完善跨境金融服务税收制度,强化我国国际金融中心功能。一是消除金融服务重复征税。对金融业中的银行和金融商品转让,允许开具增值税专用发票,以形成完整的金融服务增值税抵扣链,消除金融业重复征税,减轻金融业税收负担。由于银行贷款和金融商品转让不能开具增值税专用发票用于下游企业抵扣主要是从稳定财政收入出发,因此,消除金融业重复征税需要在减少重复课税带来的经济扭曲、保证财政收入以及降低征管和遵从成本等方面取得平衡的前提下逐步推进。二是实施金融服务出口免税。参照货物进口征税、出口免税或退税政策，在对金融业征收增值税的前提下，将金融服务贸易分为三类，分别实施征税、免税或退税、不纳入征税范围三种税收政策制度。三是对跨境同业往来利息收入免征增值税。我国现行税制对于金融领域"同业往来"的免税范围过窄，可以考虑对境内金融机构将资金拆借给境外金融机构产生的利息收入免征增值税。

第五，完善境外投资税收制度，加大对"走出去"企业的支持力度。一是推行属地征税。在实施用"综合限额抵免法"取代"分国不分项限额抵免法"的基础上，进一步用"免税制"取代"抵免制"。境内企业从境外取得投资收益，在境外已经缴纳所得税的，不再按中国税法计算补税，从而彻底消除对外投资利润国际重复征税，降低遵从成本和征管成本。二是建立延迟纳税制度。对于境外投资实现收益在汇回本国前，暂不征收企业所得税，待汇回国后征税，且可抵免已在国外缴纳的企业所得税税款，以缓解企业资金压力。三是调整完善饶让制度。对我国投资者在境外享受的税收优惠，允许其在计算境内企业所得税时享受饶让抵免。

第四章

促进上海离岸贸易发展的税收政策研究

4.1 大力发展离岸贸易的战略意义

随着全球价值链结构性变化和我国海外投资贸易网络日益拓展,上海迫切需要加快离岸业务发展。近几年,新冠疫情给全球价值链和世界经济带来新的冲击,这些新变量与原有变量相互交织,对我国离岸业务发展产生重要影响。在全球疫情冲击、贸易保护主义加剧、跨国公司"近岸生产"兴起的背景下,未来全球价值链的收缩化、区域化将进一步加速,我国与东亚的价值链分工合作将更加紧密,由此对离岸贸易尤其是东亚区域离岸贸易产生更大的需求,离岸贸易在协调价值链运行中的优势将进一步凸显。一是"两头在外"纯离岸贸易有望快速增长。随着东亚价值链分工的深化,我国部分加工制造环节将逐步向东南亚转移,国内总部作为供应链管控枢纽,趋于承担境外子公司的全球采购、资金结算、订单管理等离岸贸易功能。二是"一头在内、一头在外"的准离岸贸易将不断增多。随着我国本土企业"走出去"日益增多,不少企业将其总部设在上海,而将生产基地设在外省市或东南亚地区,产生了大量在外省市和东南亚国家之间的中间品流动,也衍生出日益增长的准离岸贸易需求。随着我国新一轮高水平开放不断加速,加快发展离岸贸易和离岸金融业务的需求将越来越迫切。但是,目前受诸多因素限制,绝大部分离岸业务只能取道中国香港和新加坡,这与我国作为全球超大经济体的开放要求不相适应。上海作为国际金融和贸易中心,应充分发挥自身优势,在我国离岸业务布局中发挥核心枢纽的作用。

第一,上海"五个中心"和"四大功能"建设正处于关键时期,依托浦东新区、临港新片区发展离岸业务是重要突破口。

"十四五"规划是上海在 2020 年基本建成国际经济、金融、贸易、航运中心和形成科创中心基本框架的基础上,向全面建成"五个中心"和具有世界影响力的社会主义现代化国际大都市目标迈进的第一个五年规划。按照中央的要求,上海要进一步强化全球资源配置、科技创新策源、高端产业引领、开放枢纽门户四大功能。但是,由于离岸金融和离岸贸易发展滞后,所以在很大程度上制约了"五个中心"国际化程度和全球资源配置、开放枢纽门户功能的提升,这不利于提升上海城市国际竞争力,急待突破。上海国际贸易中心在贸易规模上位居全球前列,但离岸贸易薄弱极大地制约了枢纽管控能力的提升。立足庞大的中国市场,上海货物贸易规模稳居全球前列,作为世界级口岸城市的地位持续巩固。但是,对照全球一流国际贸易中心,上海在枢纽管控能力上仍有不小的差距,尤其是离岸贸易发展十分滞后,发展差距较为明显,缺乏国际竞争力。

第二,离岸业务发达是国际一流自由贸易港的重要特征,上海亟待在离岸业务上取得明显突破。

受各种因素影响,世界经济增长明显放缓,新片区发展面临的外部挑战空前加大,离岸业务作为未来重要增长点和突破口的重要性开始凸显。一方面,从全球最新趋势分析,离岸业务发达是国际一流自由贸易港的共同特征。从全球来看,自由贸易港可分为两类:一类是传统的以货物贸易和加工制造为主、免于海关惯常监管的狭义自由贸易港;另一类是实行高度宽松自由的金融、贸易监管制度的开放经济体,也称为广义自由贸易港。随着新产业革命背景下数字经济、服务经济的迅猛发展和区域内贸易壁垒的减少,当前发达国家以货物贸易和加工制造为主、免于海关惯常监管的传统自由贸易港逐渐衰落,而基于发达的离岸业务、宽松的监管方式和强大的枢纽管控能力的新型自由贸易港发展空间日益广阔。从我国来看,面对全球贸易保护主义的加剧、制造业巩固升级的要求,当前发展海关围网层面的自由贸易港仍具有重要的现实意义;与此同时,应把前瞻性打造新型自由贸易港放在更加突出的战略位置。从上海来看,要明确自由贸易港的多重内涵和目标至关重要,既要加快发展海关围网意义上的自由贸易港,更要顺应 21 世纪全球自由贸易港的发展趋势,大力发展离岸经济、创新经济和数字经济,尤其是把离岸金融和离岸贸易作为重要突破口,前瞻性打造新产业革命背景下的新型自由贸易港,代表国家占据全球自由贸易港竞争的制高点。

4.2 我国离岸贸易税收政策局限性

近年来,尽管上海正加快推进离岸贸易发展,但仍相对滞后,离习近平总书记提出的统筹发展在岸业务和离岸业务的重要枢纽要求存在相当差距。当前,税收制度已经成为制约上海离岸贸易业务发展的重要因素。

离岸贸易与在岸贸易的主要区别在于:在岸境内贸易是交易双方均在境内,交易行为在境内发生;在岸跨境贸易是交易双方有一方在境内,另一方在境外,通过交易形成进口贸易和出口贸易;离岸贸易是交易双方均在境外,交易行为在境外发生,但与境外交易双方有关、为境外交易双方提供服务的第三方在境内,也就是货物流、资金流、订单由在岸贸易时合一转为离岸贸易时分离,货物流在境外交易双方之间发生,资金流与订单在境外交易双方与境内离岸公司之间发生。

由于离岸贸易交易行为发生在境外,因此我国对境外发生的交易额不征收增值税,对境外企业境外所得额不征收企业所得税,而是由交易行为发生地及取得所得企业所在地政府行使征税权。但由于为境外交易双方提供交易服务的第三方离岸公司在我国境内,因此须视不同服务类型征收相关税收。我国增值税对境外的货物购销、委外加工业务实施免税,对支付给境外交易方的技术服务和特许权使用费支出按6%征税。我国企业所得税对离岸公司向境外支付的货款、委托加工费用、技术服务费不征收预提所得税,但向境外支付的特许权使用费须根据特许权使用费金额按10%代为缴纳预提所得税。同时,离岸公司为境外交易提供服务取得应税所得额按25%计算缴纳企业所得税。我国印花税对离岸公司为境外货物交易、委托加工、技术服务和特许权转让与授权,与境外交易方签订货物交易、委托加工、技术服务和特许权转让与授权合同,须按合同额的万分之三由合同各方计算缴纳。[①]

---

① 虽然按照《财政部 税务总局关于在中国(上海)自由贸易试验区及临港新片区试点离岸贸易印花税优惠政策的通知》规定,对注册登记在中国(上海)自由贸易试验区及临港新片区的企业开展离岸转手买卖业务书立的买卖合同免征印花税,但该项政策试点时间仅为一年,且仅针对离岸转手买卖业务实施。因此,并未完全解决离岸贸易中的印花税重复征税问题。

当前，我国对离岸贸易征收的增值税、企业所得税、印花税客观上存在实质性重复征税，反映了离岸贸易税收政策制度的局限性。就增值税而言，我国对离岸公司向境外支付技术服务费、特许权使用费征收增值税，境外公司对同一笔交易也会行使征税，从而导致两国或两地政府对同一笔交易重复征税。虽然我国对离岸技术服务、特许权使用征收增值税可由离岸公司做增值税进项税抵扣，从而避免境内增值税重复征税，但在离岸公司境内业务有限的情况下，往往离岸贸易发生的增值税很难在在岸贸易增值税中得到抵扣，形成增值税留抵税。就离岸贸易预提所得税而言，按国际惯例，我国有权对向境外支付特许权使用费征税，境外交易企业所在地政府在征收企业所得税时，允许以我国支付的预提所得税作抵扣，以避免重复征税。但在芯片领域，由于境外交易企业处于强势地位，往往我国征收的预提所得税无法在交易价格中得到认可消化，因此最终仍由我国境内离岸公司承担，从而加重了我国境内离岸公司的负担。就离岸贸易印花税而言，许多国家或地区不征收印花税，而我国印花税须按合同金额由合同各方缴纳。由于离岸贸易相对于在岸贸易由在岸贸易双方直接签订合同改为交易双方分别与离岸公司签订合同，从而使境外双方直接交易的一份合同变为间接交易两份甚至多份合同，重复征税导致印花税负加重。尤其是对于芯片企业来说，多环节加工使印花税负明显加重。

当前，我国没有单独针对离岸贸易税收政策，具体离岸贸易业务须征收何种税、税率为多少、纳税主体有哪些均按现行税制实施。除印花税之外，临港新片区没有针对离岸贸易业务出台专门性政策，也未依据自贸试验区的特殊性进行相应调整。与中国香港和新加坡相比较，我国离岸贸易存在税种多、税率高、优惠少、税负重等制度性缺陷。我国从事离岸贸易业务一般要征收25%的企业所得税，技术服务、特许权使用费要征收6%的增值税，特许权使用费还要征收10%的预提所得税。而中国香港离岸贸易无上述相关税收；新加坡离岸贸易除适用5%～10%的企业所得税外，无增值税。中国香港和新加坡针对离岸贸易均有针对性税收优惠。如中国香港一般贸易所得税根据利润大小，分别适用8.25%和16.5%的企业所得税，而离岸贸易免征企业所得税。新加坡一般贸易按17%征收企业所得税，而离岸贸易适用5%～10%的企业所得税。另外，新加坡对离岸贸易企业可以通过一对一谈判来设定企业适用税率，并要求企业保密，这反映了在税收政策上具有较大的灵活性。

4.3 离岸贸易税收制度的主要类型

目前,根据实行的税收优惠政策程度不同,可将全球离岸业务中心分为以下四种类型:

一是税收优惠程度最低的分离型市场税制模式,适用于比较发达的国家或地区,以美国和日本最为典型。这些国家或地区的在岸市场条件良好,它们开展离岸业务的主要目的不是吸引外资、促进经济发展,而是为了回流本币和维持国际收支平衡,因此这种模式下的税收优惠相对较少。美国自贸区的优惠政策主要是以促进内销和增加美国就业机会为目标,且美国法律没有明确定义什么是"离岸",因此其税收政策主要集中在关税方面,而对包括离岸贸易在内的其他业务的税收优惠政策非常有限。日本对离岸市场的类似公司所得税、印花税等性质的直接税不予任何减免,仅对利息预提税给予少量税收优惠。

二是比分离型离岸市场税收优惠更为宽松的渗透性离岸市场模式,适用于发展中国家或地区。这些国家或地区开展离岸业务主要是为了吸引资金从事实际业务。亚太地区发展最为成熟的该类型市场非新加坡莫属。新加坡是属地征税国家,仅就来源于新加坡的收入征税。2001年6月,新加坡出台了促进离岸贸易发展的"全球贸易商计划"(Global Trader Program,GTP)。申请并获得GTP资格的企业将享受为期5年期的优惠税率,到第5年时可以申请续期。为了吸引更多的跨国公司总部入驻该国,新加坡经济发展局于2003年推出了"国际总部计划""区域总部计划"等各项奖励计划,跨国公司在新加坡设立区域总部或国际总部,可适用较低的企业所得税税率。具体为:区域总部优惠税率为15%,享受期限为3～5年;国际总部优惠税率为10%或更低,享受期限为5～20年。在这些计划的推动下,大批具有全球领先水平的跨国公司被吸引落户至新加坡。

三是比渗透型离岸市场优惠更为宽松的混合型离岸市场,通常这些市场所在的国家或地区具备成熟完备的监管体系和金融法制,希望借助税收优惠吸引更多的离岸业务和离岸资金。这类市场以中国香港和伦敦为代表。中国香港的法律对在岸业务和离岸业务有着严格的区分,其中,在岸业务按税法征税,离岸业务则免于征收相关税收,仅收取少量的报关费等固定费用。中国香港法律对于海外利得完全免税,但其对海外利得的界定非常严格(如没有营运办事处设在香港、没有员工在香港工作、合同不在香港谈签、除转运外货物未进出香港等)。此外,与离岸业务相关的税收优惠政策还包括免征外币存款在香港境内缴纳的利息预扣税、资本利得税和股息预扣税等。英国得益于优越的制度环境保障,拥有诸多较大规模的自由贸易港,如伦敦、利物浦等,这为其发展离岸贸易打下了良好的基础,其中,伦敦是英国最大规模的离岸贸易中心。英国没有针对离岸贸易特殊的所得税优惠政策,但英国公司所得税税率在欧洲一直处于较低水平。

四是税收优惠程度最高的避税型离岸市场模式,主要适用于那些交通便利但本国金融基础比较薄弱的岛国,如"避税天堂"巴哈马、百慕大、英属维尔京群岛等。这些地区实体经济薄弱,主要依靠全面税收优惠的方式来吸引离岸公司,以带动本国第三产业的发展,增加就业机会,获得财政收入。这种税制模式豁免了大部分直接税,只有极少数地区象征性地按极低的税率征收少量印花税。例如,瓦努阿图对离岸和在岸公司均不征收所得税和资本受益税,没有预提税和遗产税。离岸公司还可享受至少20年的免税待遇。百慕大对离岸公司取得的收入和利润均不征任何税。开曼群岛同样没有所得税和资本利得税,而且免征遗产税。

通过对不同类型离岸市场税制模式的梳理,以及各国或地区离岸贸易税收政策的对比(见表4—1),本书发现以税收优惠政策促进离岸贸易的发展是世界各国或地区采取的通行政策。世界上主要的离岸贸易中心都存在适度的税收优惠措施。中国香港、新加坡等小型经济体,由于实体经济规模较小,作为离岸地几乎无须考虑税收流失问题,是发展离岸贸易的绝对受益者,因此一直采取全力支持离岸贸易发展的税收政策,免税政策较多。英国、美国等大型经济体则要兼顾离岸贸易发展与税收流失问题,主要通过国内自由贸易区的制度环境建设,适用统一的所得税制度和灵活的关税制度,为贸易提供一系列的便利通关和商品管理等服务措施,来提升国际贸易的市场竞争力。因此,各国或地区需根据经济发展的形势和需要来制定不同时期的离岸贸易政策。与上述主要国家相比,我国现行离岸贸易业务税收制度没有竞争优势,在一定程度上限制了离岸贸易业务的发展。

表4—1　　　国内外主要国家或地区离岸贸易税收政策对比

税种 国家或地区	企业所得税	增值税	印花税
上海	25%;离岸委托加工征收10%预提所得税	一般业务13%;离岸委托加工6%	合同金额的0.3‰

续表

税种 国家或地区	企业所得税	增值税	印花税
中国香港	16.50%（利润 200 万元以内 8.25%）；离岸业务免税	无	无
新加坡	17%（落户自贸区内企业税率为 5%～10%，免征资本利得税）； 离岸贸易税率 15%，离岸银行 10%，岸外公司红利收入免税	无	无
美国	21%；离岸贸易无明确所得税税收优惠	无	无贸易类印花税
日本	法人税（类似企业所得税）：800 万日元以下 15%，超过 800 万日元 23.4%；离岸贸易无减免	无	无优惠
英国	17%；离岸贸易无明确所得税税收优惠	无	无贸易类印花税

4.4　我国离岸贸易税收政策的设想

大力发展离岸贸易，更好地发挥上海在岸业务和离岸业务的重要枢纽功能，既要进一步扩大开放，更要推进制度创新，税收制度优化便是其中的重要一环。深化离岸贸易税制问题研究，是上海高水平改革开放重点探索的一项核心税制改革事项，对于上海做大国际贸易增量、推动贸易价值链中高端提升、增强全球资源配置能力，以及提升全球贸易市场话语权、定价权和规则制定权具有重要意义。

对企业所得税而言，鉴于当前我国离岸贸易业务税负相对较重，业务发展在一定程度上受到税收制度因素制约，前期相关研究大致形成 4 个税收优惠政策方案构想，以期借此支持离岸贸易业务发展：一是对离岸贸易业务收入达到总收入一定比例（如 35% 以上）的企业，其年度所得减按 15% 的优惠税率征收企业所得税；二是对本地含量占商品价值一定比例（如 50% 以上）的离岸贸易业务收入减按 15% 的优惠税率征收企业所得税；三是采取灵活标准确定离岸贸易收入来源地；四是对离岸贸易业务收入减按一定比例（如 90%）计征企业所得税。其中，离岸贸易业务限定为《涉外收支交易分类与代码（2014 版）》中的国际收支代码 122010 统计口径所对应的"离岸转手买卖"业务。

调研发现,临港离岸贸易企业对减免预提所得税和代扣代缴增值税的需求远远大于争取15%企业所得税优惠政策,这是因为企业所得税可以通过调节利润总额的方式来调节,且具有一定的灵活性,但预提所得税和代扣代缴增值税是在流转环节征税,每发生一笔业务就需要缴纳一笔税,这是影响离岸贸易业务运营成本的主要因素。根据国际惯例,特许权使用费预提所得税可在对方交易企业征收所得税时给予抵扣,但企业反映在芯片等领域由于境外企业处于强势地位,故预提所得税很难在交易定价中得到消化,实际上由离岸贸易企业负担,成为影响特许权使用费离岸贸易业务运营成本和企业税负的最主要因素。因此,本书建议对离岸业务减半征收预提所得税和代扣代缴的增值税。实施离岸贸易特许权使用费免征预提所得税,将有利于离岸贸易中的特许权使用业务回流,提升我国离岸贸易国际竞争力,促进我国离岸贸易业务发展和离岸贸易平台建设。

对印花税而言,建议对离岸贸易业务实施印花税减免政策。通过对离岸贸易企业的调研发现,离岸贸易相对在岸贸易由于单一交易合同变为双重或多重交易合同,所以印花税重复矛盾十分突出,企业对印花税加重负担问题尤为敏感,希望政府部门给予印花税减免。因此,参考国际通行惯例和企业诉求,我们建议扩大临港新片区离岸贸易中印花税减免的业务范围,将更多的离岸贸易类型囊括在内,并延长印花税减免政策的实施时间,使离岸贸易印花税负与在岸贸易印花税负持平或略低于在岸贸易印花税负。

但在为离岸贸易研究设计创新性的税收优惠政策安排的同时,需要兼顾OECD关于税基侵蚀和利润转移(BEPS)项目的相关要求,力求形成既符合我国实际又契合国际规则的制度性研究成果。广义的税基侵蚀(base erosion)是指由于设置特别的减免税项目,导致税基的缩小。广义的利润转移(profit shifting)是指在整个行业所属企业的利润总和持续稳定或不断增长的条件下,利润在产业内不同环节之间分布的变化、利润在相同环节下不同经营模式企业之间分布的变化以及利润在同一环节和同一经营模式下不同企业之间分布的变化等情形的总称。但当我们讨论税基侵蚀和利润转移的危害性时,通常不对两者进行区分,而是采用OECD给出的相对狭义的BEPS概念,即跨国企业利用不同地区间税制的差异或不匹配问题,实现减轻或逃避缴纳税款的税收筹划行为。因此,本书在梳理BEPS项目成果的基础上,分析了离岸贸易税收优惠政策引发或加剧BEPS风险,从而与BEPS项目成果相抵触的可能性,其中重点关注了BEPS行动计划中与有害税收实践相关的内容并做专门的探讨。

4.5 离岸贸易税收优惠政策与 BEPS 风险

在 BEPS 行动计划的 15 项成果中,包含 4 项最低标准,分别是第 5 项成果"考虑透明度和实质性因素有效打击有害税收实践"、第 6 项成果"防止税收协定优惠的不当授予"、第 12 项成果"强制披露规则",以及第 14 项成果"使争议解决机制更有效",所有 BEPS 参与国(地区)必须予以实施,且实施情况要受到 G20 和 OECD 的审议和监督。至于其余 11 项成果,虽然还没有形成强制性的最低标准,但国际社会仍在努力达成更广泛的共识,共同构建和谐有序的国际税收制度环境,因此也有必要分析离岸贸易税收优惠政策是否可能引起或加剧 BEPS 其余项目成果所讨论的 BEPS 风险。

4.5.1 第 2 项成果:消除混合错配安排的影响

混合错配安排引起的 BEPS 风险,主要表现为交易所涉国家或地区间在所得性质认定、实体性质认定、交易性质认定等方面存在税制差异,对同一实体、金融工具或交易进行不同税务处理,从而产生双重扣除或者一方扣除、一方不计收入的错配结果。

从国际税收实践来看,混合错配安排引起的 BEPS 风险集中于金融业,与利息或股息联系紧密;在商品贸易领域则较少谈及。对于离岸贸易业务而言,考察其是否可能存在第 2 项成果所涉及的 BEPS 风险,关键在于识别其中可能存在的各国对于离岸贸易所得性质认定、实体性质认定和交易性质认定等方面的税制差异,以及由此引发的双重扣除、双重不征税,或者一方扣除、另一方不征税的结果。[①]

按照上述思路分析,离岸贸易业务不存在明显的混合错配问题。

首先,离岸贸易业务涉及的企业通常实体性质认定清晰。开展离岸贸易业务的企业主体通常是跨国企业集团的采购与销售平台,依照当地法律设立并且属于当地居民企业。

---

① 这在很大程度上也是 BEPS 第 6 项、第 7 项成果所关注的问题。

其次，离岸贸易业务中的所得性质认定清楚。由离岸贸易业务取得的收入最终形成企业的营业利润，不同于所得性质难以清晰认定的金融工具相关收入，因而很难出现一方扣除、另一方不征税或者双重不征税的情况。

再次，本书所探讨的离岸贸易业务模式[①]较为简单，通常不涉及构成常设机构的问题[②]，因此，居民国与来源国对企业营业利润的征税权的划分较为清晰明确。

最后，离岸贸易业务很难利用混合体企业实现双重扣除避税。在利用混合体企业实现双重扣除避税的典型案例中，混合体企业只负担成本但不取得收入，从而可以通过与其他企业合并计税的方式，实现成本费用的双重扣除。然而，即便离岸贸易公司构成了混合体企业或税收透明体，离岸贸易的收入仍然与该公司绑定，在实现成本双重扣除的同时，也无法避免收入的重复计税。

上述分析过程也表明，离岸贸易业务与 BEPS 第 6 项成果"防止税收协定优惠的不当授予"以及第 7 项成果"防止人为规避构成常设机构"的关联性不强。BEPS 第 6 项成果所指出的 BEPS 风险，实际上也源自对收入的双重不征税问题，只不过这种双重不征税是由税收协定的滥用引起的。而离岸贸易业务的企业主体性质认定、所得性质认定是清楚的，征税权划分是相对明晰的，很难出现双重不征税的情况。

至于 BEPS 第 7 项成果，主要关注企业通过特殊的业务安排（如佣金代理人），避免在某国构成常设机构，从而逃避在该国的纳税义务的 BEPS 风险。而离岸贸易企业通常为跨国企业集团的采购和销售平台，与集团内其他境外企业的信息交换相对通畅，通常无须在境外设立常设机构或专门的代理人；离岸贸易业务货物流、资金流、单据流分离的特点也意味着企业无须在境外安排物流仓储相关的"准备性辅助性活动"。因此，离岸贸易业务与常设机构问题的关联性也不强。

由此可见，离岸贸易业务与 BEPS 行动计划第 2 项、第 6 项以及第 7 项成果的关联性都不强，基本上不存在上述 3 项成果所关注的 BEPS 风险。由此可以合理推断，实施降低离岸贸易业务所得税税率的优惠政策，不会改变离岸贸易业务的相关税收认定，因而并不会凭空催生出与上述 3 项 BEPS 成果相关的 BEPS 风险。

---

① 关于离岸贸易业务的范围，有多种不同的说法。本书探讨的离岸贸易业务局限于国家外汇管理局印发的《涉外交易分类与代码（2014 版）》中代码为 122010 的"离岸转手买卖"业务。

② 因此，离岸贸易业务与 BEPS 第 7 项成果"防止人为规避构成常设机构"之间的关联性也不强，不再专门安排新的章节对第 7 项成果做单独讨论。

4.5.2 第3项成果：强化受控外国公司规则

为了应对企业将利润转移或留存于避税港(tax haven)的行为,许多国家制定了受控外国公司规则(controlled foreign company rule)。对于从事离岸贸易业务的企业而言,如果离岸贸易税收优惠政策引起或加剧了企业利用受控外国公司的架构安排进行避税的行为,则有两种可能的情形:

第一种是离岸贸易企业的受控外国公司恰好是该企业的离岸贸易业务伙伴(无论是上游供应商还是下游客户)。此时,离岸贸易过程中可能存在的BEPS风险实际上是一个转让定价的问题,由第10项成果(其他高风险交易的转让定价问题)予以规范,此处不做过多讨论。

第二种是离岸贸易企业的受控外国公司并非其离岸贸易业务伙伴,此时可能存在与第3项成果相关的BEPS风险。但值得注意的是,无论从事何种业务的跨国企业,都可能涉及这种BEPS风险,因此该风险与离岸贸易业务本身没有必然联系,不应归罪于离岸贸易业务。况且,对离岸贸易企业实施降低企业所得税税率的优惠政策,将会缩小离岸贸易企业在我国与避税港之间的税率差异,减少企业利用受控外国公司的架构安排进行避税的动机。从这一视角来看,离岸贸易税收优惠政策不但不会加剧,反而有利于降低我国面临的受控外国公司相关的BEPS风险。

对于其他国家而言,我国实施离岸贸易税收优惠政策也不会明显加剧他们所面临的BEPS风险。一方面,政策是否加剧受控外国企业相关的BEPS风险,很大程度上取决于政策规定的所得税优惠税率。受控外国公司规则通常包括豁免条款或门槛要求(BEPS第3项成果建议的最佳税收实践方案是税率豁免),我国若采取税收优惠政策方案一,将离岸贸易企业的企业所得税优惠税率设置为15%,则恰好等于国际税收最新规则中"支柱二"(pillar two)方案所规定的全球最低税率,处于合理的税率区间内。其余三个方案的优惠力度不及方案一,风险则相对更低。另一方面,在各国受控外国企业规则日趋完备的情况下,只要我国税务部门积极参与涉税信息的交换,跨国企业利用这一政策进行避税的企图就难以实现,政策可能引发的BEPS风险也十分有限。

综上所述,我国若实施离岸贸易税收优惠政策,其中可能存在的BEPS风险或是由其他BEPS成果加以控制,或是在现有受控外国公司规则框架下已经能够有效解决,因此,BEPS 第 3 项成果所关注的 BEPS 风险在该情景下是轻微的或可控的。

4.5.3　第 5 项成果：考虑透明度和实质性因素有效打击有害税收实践

BEPS 第 5 项成果"考虑透明度和实质性因素有效打击有害税收实践"可能是我国实施离岸贸易税收优惠政策的最大忧虑之所在。该项行动计划以及此前的《有害税收竞争：一个正在出现的全球性问题》报告对国际避税港和有害税收实践(harmful tax practices)做出了界定,描述了相关制度通常具备的有害特征(harmful features),为 OECD 有害税收实践论坛(Forum of Harmful Tax Practice,FHTP)的同行审议工作(peer review)确定了基本原则。

毫无疑问的是,我国实施离岸贸易税收优惠政策将对国际贸易和投资格局产生一定影响,这种影响在我国周边地区将更加明显。无论是优惠政策对投资格局的影响(可能吸引跨国企业的贸易平台),还是其对贸易格局或者利润分配格局的影响(可能激励企业将更多的离岸贸易利润放在中国),都可能使离岸贸易税收优惠政策被纳入 FHTP 的同行审议工作。如果政策设计与配套措施表现出有害税制特征,还可能被认定为是潜在有害(potentially harmful)甚至是实际有害(actually harmful)的。

FHTP 在开展有害税收实践的同行审议工作时,主要评估一项税收制度是否表现出明显的有害税制特征：一是零税率或者极低税率;二是环形篱笆(ring-fencing)制度,也就是税收优惠政策专门适用于非居民企业,或者不允许相关企业进入国内市场;三是缺乏透明度;四是缺乏有效的情报交换机制;五是没有实质性活动要求。一项税收制度若表现出上述特征中的一项或多项,就可能被认定为"潜在有害"的,并进一步分析其对经济活动的实际影响,从而评定其是不是"实际有害"的。

因此,为使我国拟实施的离岸贸易税收优惠政策能够通过 FHTP 的同行审议,应当重点关注上述关键有害税制特征,合理开展制度设计,并辅之以配套的制度建设和征管举措,后续章节中将会对其中涉及的主要审议风险与可能的应对方法做更深入的探讨。

4.5.4 第 8~10 项成果：确保转让定价结果与价值创造相匹配

由于开展离岸贸易业务的企业通常是跨国企业集团下属的采购和销售平台，离岸贸易业务常常涉及关联方交易，不可避免地存在转让定价合理性的问题，因此，离岸贸易业务本身就可能存在与转让定价相关的 BEPS 风险。在此基础上，我国若实施离岸贸易税收优惠政策，降低离岸贸易业务在我国的税收负担，将使相关跨国企业集团更有动机通过调整转让定价策略进行集团利润的重新分配，这可能在一定程度上加剧转让定价相关的 BEPS 风险。

BEPS 行动计划的第 8~10 项成果重点关注了转让定价可能引发的 BEPS 问题，其中，离岸贸易业务主要由第 10 项成果"确保转让定价结果与价值创造相匹配——其他高风险交易"予以规制，相关成果对 OECD 转让定价指南进行了修订，帮助各国更有效、更准确地运用独立交易原则（Arm's Length Principle）。修订后的 OECD 转让定价指南重点关注在一项关联方交易中，各方对相关价值创造的贡献或所承担的风险水平，要求利润在各关联方之间的分配比例与各自所承担的功能相匹配。

在此背景下，实施离岸贸易税收优惠政策的正当性在很大程度上来源于离岸贸易业务的商业实质性。毫无疑问，离岸贸易业务本身是有价值的；或者说，它是能够创造价值的，其中，强有力的理由源自著名经济学家科斯所提出的"交易费用"的思想与经济学中的"规模经济"（scale economy）效应。由于国际市场上存在信息传递不畅、各国制度环境差异等因素，所以国际贸易活动遭遇各种各样的阻力。大型跨国企业集团的出现实现了不同功能在集团层面上的整合，大大减少了国际贸易活动中的阻力，节省了交易费用。与此同时，集团内部专业化的分工协作也在不断强化，由集团内特定的企业主体来集中承担专门的职能，这进一步实现了规模经济，减少企业运作的成本，改善企业经营效益。从事离岸贸易业务的企业往往在跨国企业集团中扮演采购和销售平台的角色，它负责连接国际市场上的上游供应商和下游客户，推动国际贸易活动高效、有序地进行，从这个意义上讲，离岸贸易企业在经济活动中发挥了重要作用，其本身也创造了价值。因此，离岸贸易企业参与贸易活动中的利润分配是合情合理的。

剩下的问题便是合理分配比例的确定，而这一点似乎无须过分担心。一方面，OECD 的转让定价指南为各国提供了详细可行的转让定价实践方法，如可比非受控价格法（comparable uncontrolled price method）、成本加成法（cost plus method）、利润分割法（profit split method）等，这些方法帮助各国更有效地确定转让定价的合理区间，维护自身税收利益。另一方面，各国税务部门之间的情报交换和协商机制也能进一步确保跨国企业集团利润在各关联方之间的合理划分。

除了上述保障之外，BEPS第12项成果"强制披露规则"以及第13项成果"转让定价文档与国别报告"有利于各国构建企业主体的信息披露责任制度。一方面，这有利于税务部门及时获取关于企业经营状况的信息，其中的转让定价文档更是详细描述了企业确定关联方交易价格的方法和依据，便于税务部门开展后续的税收征管工作；另一方面，这种强制性的信息披露本身就会对企业产生震慑作用，进一步遏制了企业通过转让定价手段逃避税的行为。如此来看，我国实施离岸贸易税收优惠政策可能引发的转让定价相关BEPS风险是完全可控的。

4.5.5 其他BEPS项目成果

除了上述已经谈及的BEPS项目成果[①]之外，其余项目成果与离岸贸易税收优惠政策是否可能引起或加剧BEPS风险，双方之间的关联性并不强。具体而言，其余项目成果大致可分为以下两个类别：

第一类项目成果意在预防和减轻BEPS风险，但所涉及的经济活动领域与离岸贸易业务关联性不强。例如，BEPS项目第1项成果"数字经济面临的税收挑战"重点关注数字经济这一新兴经济领域，而离岸贸易业务主要是实体货物购销行为，与数字经济及其催生的BEPS风险没有明显的直接联系。况且，第1项成果并未单独提出明确的解决方案，未能形成有约束力的国际税收新秩序。[②] 我国对于离岸贸易业务实施更加优惠的税收政策，并不存在违反BEPS项目第1项成果的可能性。又如，第4项成果"对用利息扣除和其他款项支付实现的税基侵蚀予以限制"主要关注利息扣除可能引起的BEPS风险，而这在离岸贸易业务中并不突出。

第二类项目成果属于辅助性、程序性成果，其功能并非直接预防和减少BEPS问题。例如，第11项成果"税基侵蚀和利润转移的量化证据"主要关注如何使用数

[①] BEPS第6项、第7项成果在讨论第2项成果时已经涉及，第12项、第13项成果在讨论第8~10项成果时已经涉及，故此处不再重复讨论。

[②] 当前，OECD提出的"双支柱"方案在一定程度上取代了BEPS项目第1项成果，推动形成了具有较强约束力的国际税制新规则。后文专门针对"双支柱"方案对离岸贸易税收优惠政策的可能影响做了讨论。

据指标测度和评估各国面临的 BEPS 问题的规模,属于经济分析技术范畴;第 14 项成果"使争议解决机制更有效"主要关注国与国之间发生国际税收征管争议时的解决机制;第 15 项成果"开发用于修订双边税收协定的多边工具"主要关注如何更有效地对现有国际税收双边协定进行多边协调。由此可见,这几项成果更多的是辅助性和程序性的内容,其功能并非直接预防和减少 BEPS 问题,因而并不直接用于规范各国的税制安排和政策制定。从理论上讲,我国出台离岸贸易税收优惠政策是否引起或加剧 BEPS 风险,无法通过这一类成果加以研判。

4.5.6 "双支柱"方案

"双支柱"方案是国际社会应对 BEPS 问题的最新举措,已经有超过 135 个国家或地区就"双支柱"方案达成共识,同意针对国际税收体系进行改革。"双支柱"方案并不涉及 BEPS 风险的识别问题,更多的是一种解决方案或应对措施。在两个子方案中,"支柱一"将大型跨国企业部分征税权从企业注册地重新分配至企业经营与盈利地;"支柱二"旨在设立全球最低企业税率,结束各国企业税的逐底竞争。

一般而言,"双支柱"方案并不直接影响具体税收政策的法律效力,但可能在经济意义上影响政策的实际效果。对于离岸贸易税收优惠政策而言,"支柱一"方案可能要求离岸贸易企业的部分利润从我国被分配到市场国,导致这部分利润无法享受我国提供的优惠政策,在市场国承担相对更高的税收负担。但由于"支柱一"方案的实施门槛设定较高、涉及的企业数量较少,且"支柱一"方案仅对企业利润中的一小部分进行重新分配,因此,该方案对企业税负的影响有限,预期不会对离岸贸易税收优惠政策的效果产生明显影响。

相较之下,"支柱二"方案的影响可能更为深远。一方面,"支柱二"方案设定了全球最低所得税税率 15%,这就使得适用于跨国企业的所有税率低于 15% 的税收制度在一定程度上失去效果,新出台的政策也很难把税率设定为低于 15% 的水平。另一方面,在 15% 名义税率的基础上,叠加的其他任何优惠政策都无法生效。因此,"支柱二"方案在很大程度上压缩了我国的离岸贸易税收优惠政策空间,影响企业实际享受到的优惠力度。

4.5.7 有害税收实践及其审议

1. 有害税收实践的认定

OECD 于 1998 年发布了《有害税收竞争：一个正在出现的全球性问题》报告（以下简称"1998 年报告"），为此后的议程发展奠定了基础。该报告发现，避税天堂和有害税收优惠制度存在扭曲资本流动的风险。当时，人们认为避税港（或避税天堂）通过提供一个场所来持有消极投资和保留"账面"利润，并且有助于"规避"对纳税人商业活动的审查，从而促进了国际逃避税；有害税收优惠制度则被认为提供了一种与一般税制不同的"专有"制度，允许跨国公司收入在不同辖区间转移，从而导致了不公平。为了帮助各国或地区识别避税港和有害税收优惠制度，以便其采取"防御措施"，OECD 制定了一些关键的识别标准。

（1）避税港。

许多国家或地区利用税收和非税收激励措施来吸引金融及其他服务部门。这些国家或地区为外国投资者提供了一个不征税或只有名义上征税的制度环境（no or only nominal taxation），并且通常与减少监管力度或行政限制等措施配套使用。这些被激励措施引进的经济活动通常不受信息交换的影响（如该国家或地区有严格的银行保密规定）。这样的国家或地区就是我们常说的避税港。

1998 年报告中指出了避税港的常见特征，以帮助各国或地区以及国际组织更准确地定义和识别避税港：

①不征税或只有名义上存在的税收。对相关收入不征税，或者仅在名义上对其征税（税率极低或变相不征税），这是避税港的首要特征。如果一个国家或地区在实行零税率或极低税率的同时，还为非居民纳税人（non-residents）逃避居民国税收（tax in their country of residence）提供便利，那么该国家或地区基本上可以被认定为避税港。

②缺乏制度透明度和有效的信息交换（exchange of information，EOI）机制。避税港通常在立法、法律或行政法规的运作方面缺乏透明度（如有严格的保密规则），使得企业和个人可以免受税务机关审查，进而阻止避税港受益者的涉税信息在各国间的有效交换。这种不透明的制度环境不仅帮助外来投资者逃避税收，而且可能导致严重的税基侵蚀和洗黑钱的问题，因而极具危害性。

③无商业实质要求。避税港的又一个重要特征是缺少对于经济活动商业实质

的要求,这往往表明该国家或地区意在吸引一些纯粹出于避税目的的投资或交易。这种制度安排还可能意味着该国家或地区在法律制度、商业环境等方面并未表现出足够的竞争优势,一旦取消相应的税收优惠制度,便难以吸引具有商业实质的经济活动。

(2)有害税收优惠制度。

一项有害的税收优惠制度,通常以吸引流动性极高的经济活动(如金融以及其他服务性活动)为其主要目标。这种制度安排在吸引基地公司(base company)[①]、消极投资(passive investment)[②]方面尤为成功,但在吸引积极投资(active investment)方面相对表现不佳。有害税收优惠制度可能导致经济活动被重新布局到完全没有相关供求的市场国,因此,这样的制度实际上发挥了类似于导管的作用,在没有此类优惠制度的情况下,这些经济活动不太可能进入该国家或地区。

有害税收优惠制度往往具有特定的有害特征(harmful features),主要包括以下四种:

①对相关收入实行低税率或者零税率。税率水平是评价一项税收制度是否有害的基本出发点。低税率或者零税率可能有多种实现的方式:第一,直接设定较低的法定税率;第二,通过缩小税基,间接实现低税率或者零税率。

有害税收优惠制度除了实行低税率或者零税率之外,还通常同时表现出其他有害特征。

②"环形篱笆"(ring-fencing)制度。一些优惠的税收制度部分或完全与提供该制度的国家的国内市场隔绝。一个国家感到有必要通过"隔离制度"来保护自己的经济不受政权的影响,这一事实有力地表明,该项优惠制度有可能产生有害的溢出效应。由于该政权的"环形围栏"有效地保护了市场国免受其自身激励制度的有害影响,因此该制度只会对外国税基产生不利影响。

"环形篱笆"制度主要有两种形式:一种是明确地或含蓄地将居民纳税人排除在税收优惠制度适用范围之外;另一种是享受该税收优惠制度的纳税人明确地或含蓄地被禁止在国内市场开展经营业务。

③制度缺乏透明度。一项税收优惠制度的运作缺乏透明度,将使各国防范

---

① 基地公司是指在避税港设立,但全部或主要经营活动在避税港境外进行的公司。这类公司大多为外国股东控制,是跨国纳税人利用避税港进行国际避税的主要手段之一。
② 消极投资是指通过购买股票、债权、基金等方式,等待资产自动升值或产生利息的投资方式。与之相对的是积极投资(active investment)。

BEPS 风险的相关制度或机制难以有效运作。不透明可能源于制度的设计和管理方式。

一项透明的制度通常应该满足两个条件：一个是必须明确规定对纳税人的适用性条件，以便当局援引这些条件；另一个是必须明确制度的细节（包括制度如何适用于特殊的纳税人），并向其他国家提供这些信息。

不透明是一个广泛的概念，例如，税务部门可以对法律和法规进行对自身有利的解释、存在可商榷的税收制度条款，或者与税收制度相关的执法口径难以得到统一等。

④缺乏有效的信息交换机制。一个国家向其他国家提供信息的能力或意愿是决定该国运作的制度是否有可能造成有害影响的一个关键因素。如果关于一项税收优惠制度的受益人缺少有效的信息交换机制，那么其他国家税务主管部门将难以取得与这些受益人相关的涉税信息，这强烈表明，该国正在进行有害的税收竞争。

除了上述四个关键特征之外，还有其他特征可以帮助各国识别有害税收优惠制度：

第一，人为定义税基。大多数国家在国内税法中加入了缩小税基相关的条款，其中大部分是处于合理目的（如抵消通货膨胀对税基的影响、避免双重征税问题等），但也有一部分国家的相关条款过度地缩小了税基（如允许不征税收入相关成本费用的税前扣除、允许未实际发生费用的事先扣除等）。

第二，未能遵守国际转让定价原则。

第三，对税收居民的境外所得完全不征税。

第四，可协商的税率或税基，或者为来自不同国家的企业制定不同的税率。

第五，存在保密条款。

第六，与广泛的税收协定网络相关联。虽然 OECD 鼓励各国订立广泛的税收协定，以充分避免双重征税问题、增进各国税务部门之间的合作，但是，广泛的税收协定网络同时为有害的税收优惠制度提供了温床，尤其是当相关税收协定缺乏自我保护措施（self-protection measures）或者缺乏有效的信息交换机制时，这些制度的危害性更大。

第七，明确被宣传为避税工具的税收制度。有些政策或制度可能在对外宣传时，就以减轻企业税负作为核心卖点，实际上也主要被作为一种避税手段来使用。

第八，鼓励纯税收驱动（purely tax-driven）经营活动或经营安排的税收制度。

许多有害的税收优惠制度的设计方式,允许纳税人在从事纯粹由税收驱动、不涉及实质性活动的业务时,仍能从该制度中获益。

2.有害税收实践的审议

OECD有害税收实践论坛(FHTP)是当前国际上最具权威性的有害税收实践审议组织,该论坛由OECD牵头,在1998年报告的指导下成立,并通过同行审议(peer review)的方式对各国可能表现出有害特征的税收制度进行审查评估,以此规范各国的税收实践,防范BEPS问题,维护国际税收环境秩序。

FHTP对一项税收制度的审议工作大体上可分为三个步骤进行:

第一步,FHTP需要判断一项税收制度是否应当被审议。

具体而言,FHTP首先判断该项税收制度是否在FHTP审议工作的职责范围之内,其中涉及两个标准:

(1)待审议制度必须是适用于地域流动性较强的经济活动,如金融和其他服务性活动、无形资产的提供等,但不包括工厂、建筑、设备的投资活动。

(2)该项税收制度必须与上述经济活动的收入课税相关,也即商业税相关的制度;与消费税相关的制度不在审议范围内。

其次,FHTP需要判断该项税收制度是否属于税收优惠制度。判断的关键在于,该项制度与该国通常的税收制度相比,是否给予纳税人税收方面的利益,而与其他国家的税收制度无关。例如,若一国的企业所得税法定税率设定为10%,那么对流动性较强经济活动征收10%的所得税并不属于一项税收优惠制度,即便10%的税率与其他国家相比处于较低水平。

第二步,FHTP针对审议范围内的税收优惠制度,评估其是不是"潜在有害"(potentially harmful)的。

具体而言,FHTP需要评估该项制度是否表现出前文所述的4个关键特征(key factors)和8个其他特征,其中,第1个关键特征(零税率或低税率)是必要特征。如果一项税收优惠制度在符合第1个关键特征的基础上,还表现出其余11个特征(3个关键特征与8个其他特征)中的1个或多个,则该税收制度将被认定为"潜在有害"。

第三步,FHTP针对"潜在有害"的税收优惠制度,评估其是不是"实际有害"(actually harmful)的。

具体而言,FHTP通常从以下三个维度评估该项制度的经济影响(economic effects):(1)该项制度是否仅将经济活动从一个国家转移到提供税收优惠制度的国家,而不是产生新的活动?(2)此类经济活动在实施该制度的东道国国内的规模是否与其吸引的投资或相关收入的水平相匹配?(3)该项税收优惠制度是否构成相关经济活动发生地点的主要决定因素?

FHTP并不负责主动寻找可能有害的税收优惠制度,其审议的制度主要有两个来源渠道:一个是实施该项制度的国家主动申请审议;另一个是由制度实施方以外的其他国家提请FHTP审议该项制度。

FHTP会在年度报告中公布所有已受理的审议请求及其处理结果,处理结果大致包括超出审议范围(out of scope)、非有害税制(not harmful)、潜在有害(potentially harmful)、有害(harmful)、已废除(abolished)以及正在改进/废除(in the process of being amended/abolished)等。

对于"有害"的税收制度,FHTP会指出制度中所包含的有害特征,并建议实施该项制度的国家修改相关制度,以消除其中的有害特征。

3. BEPS第5项成果对审议的影响

有害税收实践是BEPS项目第5项行动计划,其主要内容是:"在考虑透明度和实质性因素的基础上,更有效地打击有害税收实践",即"进一步提升应对有害税收实践的工作,通过开展裁定类优惠的强制自发情报交换提高透明度,并要求有实质性活动才能享受优惠。对优惠税收制度的全方位评估将结合BEPS的内容进行,并在现有框架下让非OECD成员充分参与,同时考虑对现有框架进行改进和补充"。

BEPS项目下的优惠税制审议延续了1998年报告的审议标准,但在审议对象方面比1998年报告更少关注传统的"环形篱笆",而更多关注特定类型所得优惠。在审议标准方面,"实质性活动"标准被提升到重要位置(见表4—2),其目标与BEPS关于"利润与经济实质相匹配"的原则相一致,即避免跨国公司仅为享受免税或低税待遇而在税收优惠国做出缺乏实质性活动的投资安排,导致本该留在实质性活动发生国的税基被转移至税收优惠国,造成双重不征税或实际税负很低的结果。

表4—2   调整后的有害税收优惠制度审议标准

关键特征	其他特征
零税率或低税率	人为定义税基
"环形篱笆"制度	未能遵守国际转让定价原则
制度缺乏透明度	对税收居民的境外所得完全不征税
缺乏有效的信息交换机制	可协商的税率或税基

续表

关键特征	其他特征
没有"实质性活动"要求	存在保密条款

资料来源：OECD（2019），Harmful Tax Practices—2018 Progress Report on Preferential Regimes：Inclusive Framework on BEPS：Action 5，OECD/G20 Base Erosion and Profit Shifting Project，OECD Publishing，Paris. https://doi.org/10.1787/9789264311480-en。

"实质性活动"标准目前主要适用于对无形资产（IP）类优惠的审议。关于"实质性活动"标准的具体判断方法，存在价值创造法、转让定价法和关联法三种选择。虽然FHTP尚未最终确定采用何种方法，但大多数国家已表示支持关联法。该方法要求与IP有关的研发费用应与可享受优惠的所得成正比，其目的在于鼓励企业从事IP的实质性研发活动。

与此同时，提高透明度是BEPS行动计划重新审视有害税收实践工作的主要目的之一。为了提高税收管理透明度，FHTP提出对裁定类优惠（如预约定价安排、税收事先裁定等）开展强制性自发情报交换的要求。根据FHTP要求，基于国内优惠税制做出裁定的国家，在主管税务部门获得裁定信息之日起3个月内，有义务向获得裁定的纳税人所属居民国或其他利益相关国家，自发提供裁定所给予的税收优惠相关信息，以此提高透明度。该要求主要针对给予特定纳税人优惠的具体裁定，因为此类裁定信息往往不公开且他国税务部门不易获得，更易欠缺透明度。

4.6 离岸贸易税收优惠政策的审议风险及其应对

4.6.1 离岸贸易税收优惠政策的审议风险

近年来，国际社会对于BEPS问题的关注度越来越高，数字经济的发展更是进一步推动了BEPS行动计划相关工作的开展。在这一背景下，我国实施离岸贸易税收优惠政策可能引起国际社会的疑虑，面临着被OECD有害税收实践论坛（FHTP）认定为有害税收制度的风险，主要表现在以下几个方面：

第一，直接给予企业所得税方面的优惠（如对离岸贸易企业或离岸贸易业务收入实施降低企业所得税税率或减计收入的优惠政策），优惠力度较大时存在被认定为"低税率"税收制度的风险，而低税率或者零税率是一项有害税收优惠制度的必要特征。

第二，专门针对离岸贸易业务的税收优惠政策，可能存在被认定为"环形篱笆"制度的风险。例如，税收优惠政策虽然在名义上既适用于外商投资企业也适用于本土企业，但由于白名单等管理制度的限制，导致政策实际上只适用于外商投资企业，可能构成"环形篱笆"制度。又如，税收优惠政策的受益人被禁止在我国境内而只能在特定区域或境外开展经营业务，则该项政策也可能被认定为具有"环形篱笆"制度的特征。

第三，离岸贸易税收优惠政策可能被认为是单纯出于吸引投资和贸易利润，缺乏"实质性活动"要求。例如，跨国企业集团可能仅仅出于减轻自身税负的考量，通过特殊的股权架构设计，将离岸贸易业务的相关利润转移到我国境内适用更低税率，而不开展实质性的经营活动。

第四，离岸贸易税收优惠政策相关的制度透明度与信息交换机制，也是有害税收优惠制度审议过程中的重要考量因素。若我国在实施税收优惠政策后，无法保证白名单审核标准等管理制度的透明度，或者没有能力或意愿收集、整理离岸贸易企业的涉税信息，并将其共享给相关的境外税务主管部门，那么离岸贸易税收优惠政策可能被认定为"潜在有害"的。

因此，如何在FHTP的审议过程中解决包括上述问题在内的各种审议风险，可能直接影响我国离岸贸易税收优惠政策是否能够顺利推行。

4.6.2 政策方案合理性分析与风险的应对

根据FHTP对有害税收优惠制度的审议标准，我国应当主要着眼于有害税收优惠制度的"零税率或低税率""环形篱笆""缺乏商业实质""制度缺乏透明度"以及"缺乏有效的信息交换机制"等关键特征，尽可能充分地论证离岸贸易税收优惠政策的合理性。前文提出的四个企业所得税优惠政策备选方案在细节上有所不同，下面将针对每一个方案的合理性及其面临的审议风险单独进行分析。

1. 方案一：基于业务规模的离岸贸易业务收入税率优惠

方案一提出给予离岸贸易企业或离岸贸易业务收入15%的企业所得税优惠税率。其中，若采用离岸贸易企业口径，需要企业的离岸贸易业务收入占其总收入的比例达到一定门槛（如35%）。

一方面，从政策的合理性来看，方案一能够明显降低离岸贸易企业在我国开展业务的税收负担,缩小企业在我国与新加坡、中国香港等地的税负差异,一定程度上改善我国离岸贸易业务发展的制度环境,能够实现离岸贸易税收优惠政策设想之初的目的,在经济效益上具有合理性。另一方面,从审议风险应对角度来看,该方案存在一定风险。

(1) 低税率方面的风险相对可控,应当指出,方案一拟采用的 15% 企业所得税优惠税率并不属于极低的税率。一方面,虽然这一税率水平低于新加坡(17%)、中国香港(16.5%)等地的法定税率,但不应忽视的是,这些地区也对离岸贸易业务实施额外的税收优惠政策,如中国香港对离岸贸易业务免税。从这一点来看,我国对离岸贸易业务或离岸贸易企业实行 15% 的优惠税率,相关企业的实际有效税率可能并不低于那些设立在中国香港等典型的离岸贸易中心的企业。另一方面,15% 的企业所得税税率与当前国际税制改革"双支柱"方案所划定的全球最低税率持平,仍处于国际社会认可的合理区间范围之内,并不属于"极低税率"。

(2) "环形篱笆"制度方面的审议风险需要引起足够重视。"环形篱笆"制度的根本特征在于对境外与境内经济活动的差异化对待,进而实现将有害税收制度的危害限制在境外经济活动的范围内,而基本不会对境内经济活动产生不利影响。从这一点来看,如果方案一的政策口径确定为离岸贸易业务收入口径,即仅对企业的离岸贸易业务收入减按 15% 优惠税率,但跨境贸易与在案贸易的收入无法享受同等的优惠,那么方案一将表现出极其明显的"环形篱笆"制度特征,被认定为"潜在有害"税制的可能性极高。

反之,选择离岸贸易企业口径将明显降低方案一被认定为"环形篱笆"制度的风险,但也并非完全消除该风险,取决于离岸贸易企业的认定标准。例如,方案一拟依据企业的"离岸贸易业务收入占总收入的比例"作为认定标准,则比例门槛的确定将影响该方案被认定为"潜在有害"的可能性。如果离岸贸易业务收入占比的要求较高(如 70% 甚至 90% 以上),那么享受优惠政策的企业实际上几乎无法参与境内经济活动,政策对于境内与境外经济活动的区别对待仍十分明显,仍可能被认定为"环形篱笆"制度。因此,离岸贸易业务收入占比要求越低,该方案面临的审议风险就越低。这其中存在政策效果(或政策针对性)与审议风险之间的权衡问题。

除此之外,若我国拟采取制定白名单的方式进行离岸贸易企业资质认定管理,还需要避免对本土投资者和境外投资者的差异化对待。例如,境内企业发展离岸贸易业务进入白名单的难度较大,而离岸贸易业务相对成熟的境外大型跨国企业进入白名单却相对简单,那么该制度也在一定程度上表现出"环形篱笆"制度特征。

这里部分涉及制度透明度问题,需要对白名单资质认定标准、管理办法做出合理且明确的规定,确保规则公平以及规则的有效执行。

(3)"实质性活动"可能成为最大的风险点,是方案一能否通过有害税制审议的关键。OECD的有害税制审议工作历时已久,但近年来随着BEPS行动计划的逐步推进,"实质性活动"要求越来越得到国际社会的重视,成为"避税港"与有害税制危害性的重要评判标准之一。方案一如果仅仅采用离岸贸易业务收入作为能否适用优惠政策的评判依据,很容易产生制度漏洞,被没有任何商业实质的空壳企业钻空子,从而引发税基侵蚀问题,滋生利润转移行为。

方案一面临的"实质性活动"风险并非理论上无法解决的问题,因为这一问题并非源自离岸贸易业务本身缺乏实质性。开展离岸贸易业务的企业虽然表现为仅有资金往来而没有实物交接,但毫无疑问的是,离岸贸易活动本身也是能够创造价值的。从事离岸贸易业务的企业往往在跨国企业集团中扮演采购和销售平台的角色,它负责连接国际市场上的上游供应商和下游客户,推动国际贸易活动高效、有序地进行,从这个意义上讲,离岸贸易企业在经济活动中发挥了重要作用,其本身也创造了价值。因此,离岸贸易业务应当被认为是具有商业实质的。

方案一面临的"实质性活动"风险其实是一个管理上的问题。离岸贸易业务在监管方面存在一定的难度,如何设计合理的资质认定标准和管理办法,确保税收优惠被授予跨国企业集团的区域贸易中心,而非没有任何商业实质、仅仅出于避税目的而设立的空壳企业,这将是方案一应对"实质性活动"审议风险的重中之重。

(4)制度透明度方面的风险完全可控。一方面,近年来我国稳步推进税种立法,做到税收工作有法可依,在税收法治领域取得显著成效;另一方面,我国税收征管日趋规范、纳税服务持续改善,税务部门的门户网站、自媒体平台等信息发布渠道越做越好,能够确保纳税人了解政策和制度实施标准,并提供详细的操作指引,进一步保障了税收制度的透明度。我国实施离岸贸易税收优惠政策后,应当着力进行相关制度、标准、工作流程的公开和宣传,完善相关配套措施,做好必要的信息披露工作。

(5)信息交换机制方面,我国也完全有能力并且有意愿与其他国家建立便捷有效的信息交换机制。可以通过信息公开和主动交换等方式,将离岸贸易企业白名单、离岸贸易业务规模等相关涉税信息提供给各国的税务主管部门,在充分沟通协作的基础上,确保离岸贸易税收优惠政策顺利实施。

2. 方案二:基于本地含量的离岸贸易业务收入税率优惠

同方案一相比,方案二通过追加"商品价值中本地含量占比达到50%及以上"的限制条件,确保适用优惠税率的纳税主体与上海浦东新区、临港新片区的经济关联度,在一定程度上化解了与"实质性活动"相关的审议风险,因此在通过有害税制审议方面具备一定优势。但本书认为,该方案最大的问题在于其经济效益方面的合理性(或政策效果)。

由于当前离岸贸易税收优惠政策的业务范围限定为"离岸转手买卖",其"两头在外"的业务模式特点决定了本地含量难以达到50%以上,因而即便该方案得以实施,离岸贸易企业也很难满足享受优惠政策的条件,从中获益的可能性较小。因此,方案二虽然在一定程度上解决了有害税制审议方面的问题,但似乎有些舍本逐末,难以实现助力离岸贸易业务发展的初衷。从这一点来说,本书不建议上海浦东新区和临港新片区采用方案二的设计。

3. 方案三:采取灵活标准确定离岸贸易业务收入来源地

与前两个方案相比,方案三并不直接给予离岸贸易企业任何税收优惠,仅仅是允许企业将其离岸转手买卖所得确认为境外所得,实现境外所得税在我国的抵免。因此,这样一项政策不属于FHTP审议职责范围内的"税收优惠制度"范畴,自然也不存在相关的审议风险。

但该方案预期也难以实现减轻离岸贸易企业税负、发展离岸贸易业务的政策初衷。一方面,该方案提出的背景是我国离岸贸易企业在境外被征收企业所得税,但在我国境内不能抵免,本书认为这样的情景在当前国际税收规则的制度框架下是不应存在的。由于离岸贸易业务所得属于企业经营所得,理论上应当由居民国(我国)实施税收管辖权,来源国(其他国家)仅能依据常设机构规则征税。当来源国依照常设机构规则对离岸贸易业务收入征税时,我国税法允许将这笔收入作为境外所得,其对应的境外所得税允许在我国抵免。如果出现境外征税境内不得抵免的情况,意味着两国税务部门就这笔收入的认定存在分歧,这涉及两国国内税法的严重分歧,以及至少其中一国对国际税收规则的违背,属于国际税收争议的调解与解决范畴,并不应该通过我国的一项税收优惠政策来解决。方案三实际上构成了我国税收管辖权的让渡,在理应由我国征税的领域有所退让,对于国际税收争议采取了妥协的态度。另一方面,即便通过实施方案三来减轻离岸贸易企业由于国际税收争议而额外承担的税负,最终也只能保证企业承担不超过25%的企业所得税,未能改变我国离岸贸易税制竞争力不足的现状,难以实现政策最根本的目的。

4. 方案四:离岸贸易业务收入减按一定比例计征所得税

方案四对离岸贸易业务收入减按一定比例（如90%）计征企业所得税，与这笔业务收入适用优惠税率的效果等同，因而与方案一没有根本上的区别。但值得一提的是，相较于方案一，方案四的扩展性或可塑性更差。方案一采用优惠税率的形式降低离岸贸易企业税负，存在企业口径与业务收入口径两种不同的实施口径。其中，以企业整体收入作为适用优惠税率的口径，能够大大降低离岸贸易税收优惠政策被识别为"环形篱笆"制度的风险。相较之下，方案四采用税基减免的形式来降低离岸贸易企业税负，这种做法只能适用于离岸贸易业务收入，很容易构成境内经济活动与境外经济活动的区别对待，审议风险明显更高。

4.6.3 优惠政策未能通过审议的可能后果

1. 从"潜在有害"到"实际有害"认定

根据FHTP的审议工作程序，我国的离岸贸易税收优惠政策如果表现出有害特征（尤其是"环形篱笆"制度和缺乏"实质性活动"要求），将可能被认定为"潜在有害"，但仍需要进一步评估该制度是不是"实际有害"，此时仍存在较大的沟通协商空间。

从"实际有害"的评判维度来看，我国的离岸贸易税收优惠政策完全可能避免产生有害税制的经济后果，存在一定的和解可能。

第一，离岸贸易税收优惠政策不仅是将离岸贸易业务从境外其他地区转移到我国，而且可能催生更大规模的离岸贸易业务。此前，我国25%的企业所得税税率与国际上典型的离岸贸易中心相比处于较高水平[①]，导致离岸贸易业务在我国的发展受到限制。跨国企业集团更多地将其采购和销售平台设立在中国香港等地，资源使用相对拥挤，由此带来的成本更多的是被税收上的利益所补偿。我国实施离岸贸易税收优惠政策后，一定程度上减少了税收对离岸贸易业务发展的限制，能够使我国诸多有利于离岸贸易业务发展的优势条件（如基础设施、人才储备、金融环境等）得到更充分的利用，也有助于催生更大规模的离岸贸易业务。

第二，离岸贸易税收优惠政策实施后，我国离岸贸易业务活动规模能够与相应的投资和收入增长相匹配。一方面，当前我国已有部分企业从事离岸贸易业务，并

---

① 例如，中国香港的企业所得税税率为16.5%，且对离岸贸易业务免税；新加坡的企业所得税税率为17%，部分离岸贸易企业可以享受10%甚至低至5%的优惠税率。

且我国离岸贸易业务规模正逐步增长。据统计,上海临港新片区2021年纳入中国人民银行上海总部与上海市商务委认定的离岸经贸白名单企业为83家,实际开展离岸转手买卖企业合计约40家,离岸转手买卖收支规模为26.5亿美元,初步呈现加速集聚的发展态势。另一方面,通过实施离岸贸易企业白名单等控制措施,结合离岸贸易业务的实质性特征,税收优惠政策实施后相关投资和收入的增长应当与离岸贸易业务活动相匹配,而非纯粹的利润转移。

第三,上海浦东新区、临港新片区等区域具备优异的条件,适合开展离岸贸易业务,税收优惠政策并非吸引离岸贸易业务的核心因素。当前,上海不少企业有开展离岸贸易业务的强烈诉求。例如,临港新片区打造的"东方芯港"已经成为国内集成电路产业生态最完整的地区之一,集聚集成电路产业项目超过150个,其中签约项目86个,涉及投资额2 063亿元,重点项目有中微、盛美、中芯国际、积塔、新晟、格科微、鼎泰匠芯、新微、芯源微、江波龙、寒武纪等。这些龙头企业从降本增效、赋能管理等角度出发,纷纷提出就地开展芯片离岸贸易的强烈诉求,但受制于税收制度的因素,仍依赖于设立在新加坡、中国香港等地的贸易平台。

实际上,我国的高新技术企业税收优惠政策在审议过程中也曾经历类似的情况。起初,我国高新技术企业税收优惠政策被认定为不符合"关联度规则"(nexus approach)[①],但通过后续的沟通协商,并且考虑到我国在信息交换方面表现出的诚恳态度,FHTP最终认可了高新技术企业认定标准等一系列政策配套措施能够保障该项优惠制度的"实质性活动"要求,政策得以顺利推行。因此,即便离岸贸易税收优惠政策在一开始被认定为"潜在有害",也仍然存在一定的沟通余地,使FHTP最终认可该制度的合理性。

2. "实际有害"税制的可能后果

一项税收优惠制度如果被FHTP认定为"实际有害",那么该国将被要求及时修订或废止该项税收优惠制度,以消除其表现出的有害特征。对于离岸贸易税收优惠政策这类"非知识产权相关制度"(non-IP regimes),通常需要在审议结果公布后立即采取必要措施,避免适用优惠政策的主体范围进一步扩大;并在不超过12个月的时间内完成相关制度的修订或者废止工作。制度修订完成前不能有新的纳税主体享受该项优惠制度。对于审议结果公布前已经适用该优惠制度的企业,允

---

① 关联度规则是BEPS第5项行动计划中提出的一种"实质性活动"认定方法,主要适用于知识产权相关经济活动(如无形资产授权与转让、研发活动)。关联度规则要求一个企业享受优惠政策与知识产权相关的利润,必须与该企业在这笔利润形成过程中的贡献度(关联度)相匹配。

许其在一定时期内继续享受相关优惠（grandfathering），例如，2017年FHTP审议工作报告中涉及的相关制度的继承时期（grandfathering period）截至2021年6月30日。

在修订或废止一项税收优惠制度的过程中，该国需要向FHTP提供一系列跨年度可比的相关信息，以便于FHTP确认该项税收优惠制度的修订或废止工作的执行情况，这些信息包括：

(1)该国如何通过特定机制来确保新增的享受优惠政策的纳税主体（或相关收入、利润）并非来自被继承的旧制度，而是通过适用修订后的新制度产生的；

(2)该国如何通过特定机制来确保优惠制度继承时期结束后，适用旧优惠制度的纳税主体不再继续享受原有的优惠；

(3)制度修订或废止工作完成当年与后续年份适用旧制度的纳税主体数量；

(4)制度修订或废止工作完成当年与后续年份适用旧制度的相关收入规模；

(5)审议结果公布日至制度修订或废止工作完成日期间，新增的享受优惠制度的纳税主体数量；

(6)审议结果公布日至制度修订或废止工作完成日期间，新增的享受优惠制度的资产规模或相关经济活动规模。

上述信息需要在每年FHTP审议会议开始前及时提供。若相关国家未能就制度的修订或废止工作提供充分的信息，或者相关信息表明该国正在执行的修订或废止工作存在问题，FHTP将会要求该国提供额外信息，必要时提出一定的应对建议供该国参考。如果该国未能及时执行或回应FHTP的要求与建议，FHTP可能将重新考虑对于该项优惠制度及其继承办法的态度，在其他国家共识的基础上，考虑应采取的后续措施，这其中可能包括某些制裁手段。

4.7 离岸贸易税收优惠制度有害税收审议的案例分析

4.7.1 FHTP审议结果概览

OECD会在有害税收实践同行审议的年度报告中，公布FHTP近期开展的有害税收制度审议工作以及相关制度的审议结果。根据OECD发布的最新消息[①],自BEPS行动计划开展以来,FHTP已经审议了309项税收制度,除去106项已废止的制度与3项未实施的制度后,其余200项制度现行有效(见图4—1)。其中,有63项制度为非有害税制,53项制度经修订后为非有害税制,另有38项制度超出审议范围,占被审议现行制度的77%。真正被认定为"潜在有害"的制度仅有12项,其中,9项被认定为非"实际有害"的,仅3项最终被认定为"实际有害"。还有19项税制可能表现出令人担忧的特征,正在废止或修订。总体而言,相当一部分制度能够通过审议,或者经调整后通过审议。

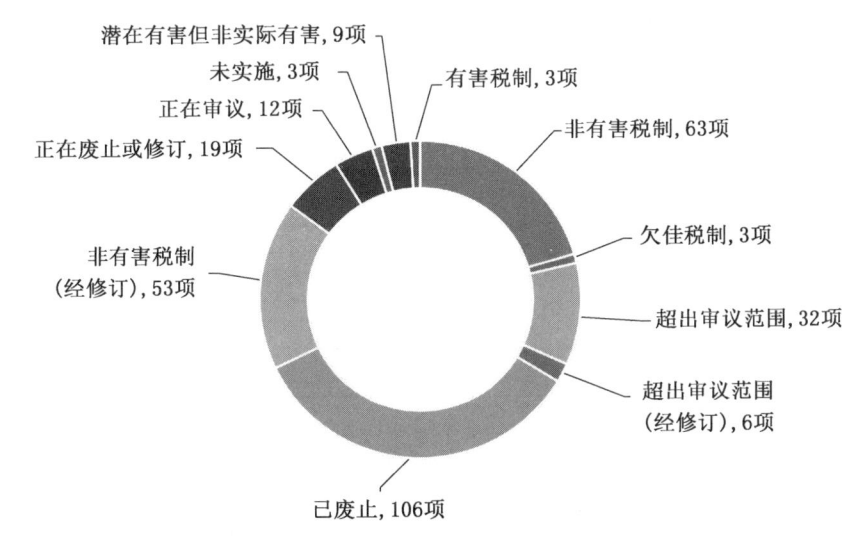

图4—1 FHTP审议工作成果

FHTP的审议工作涉及诸多不同的税收优惠制度,其中有两类制度与离岸贸易税收优惠政策有一定的相似性：一是地区总部相关制度(headquarters regimes),二是分销中心和服务中心相关制度(distribution centre and service centre regimes)。这两类制度都可能在一定程度上涉及"'环形篱笆'制度"风险与"缺乏'实质性活动'要求"风险。这两类制度的部分审议结果如表4—3和表4—4所示。

---

① https://www.oecd.org/tax/beps/progress-towards-a-fairer-global-tax-system-continues-as-additional-countries-bring-their-preferential-tax-regimes-in-line-with-international-standards.htm.

表4—3　　　　　　　　　　地区总部相关制度的审议结果

国家或地区	相关制度	当前状态	审议意见
巴巴多斯	国际商业公司	已废止	制度继承时期截至2021年6月30日
智利	商业平台制度	已废止	制度继承时期截至2021年12月31日
马来西亚	主枢纽制度	非有害(经修订)	"环形篱笆"制度已消除；"实质性"活动要求已就位；无制度继承
毛里求斯	全球营业执照	已废止	制度继承时期截至2021年6月30日
	全球总部管理制度	非有害	无有害特征
巴拿马	跨国总部制度	非有害(经修订)	"环形篱笆"制度已消除；"实质性活动"要求已就位；制度继承时期截至2021年6月30日
菲律宾	区域运营总部	潜在有害但非实际有害；2022年1月1日起废止	涉及"环形篱笆"制度与缺失"实质性活动"要求，但实践中未表现出有害的经济影响
新加坡	发展和扩张的激励措施——服务	非有害	无有害特征
	先进服务企业	非有害	无有害特征
泰国	国际商务中心	非有害	新制度，符合FHTP标准
	区域运营总部	已废止	制度继承时期截至2020年12月31日

资料来源：OECD(2022)：Harmful Tax Practices-Peer Review Results。

表4—4　　　　　　分销中心和服务中心相关制度的审议结果

国家或地区	相关制度	当前状态	审议意见
亚美尼亚	自由经济区	潜在有害	涉及"环形篱笆"制度以及缺乏"实质性活动"要求
阿鲁巴	自由贸易区	非有害(经修订)	"环形篱笆"制度已消除；"实质性活动"要求已就位；制度继承时期截至2021年6月30日
佛得角	迈奥经济特区	正在审议	该制度正在被FHTP审议
哥斯达黎加	自由贸易区	非有害(经修订)	"实质性活动"要求已就位；无制度继承
多米尼加	物流中心	正在被修订	潜在有害特征将得到解决
埃斯瓦蒂尼	经济特区	正在被修订	潜在有害特征将得到解决
格鲁吉亚	虚拟区域实体	潜在有害但非实际有害	涉及"环形篱笆"制度与缺失"实质性活动"要求，但实践中未表现出有害的经济影响；该制度正在接受年度定期审查

续表

国家或地区	相关制度	当前状态	审议意见
约旦	亚喀巴经济特区	正在被修订	潜在有害特征将得到解决
	开发区	非有害（经修订）	"环形篱笆"制度已消除；"实质性"要求已就位；无制度继承
哈萨克斯坦	经济特区	非有害（经修订）	"实质性活动"要求已就位；无制度继承
立陶宛	自由经济区	非有害	无有害特征
马来西亚	绿色技术服务	非有害	无有害特征
蒙古国	自由贸易区	已废止	无制度继承
巴基斯坦	IT出口制度	潜在有害	涉及"环形篱笆"制度以及缺乏"实质性活动"要求
巴拿马	巴拿马—太平洋经济特区	非有害（经修订）	"环形篱笆"制度已消除；"实质性活动"要求已就位；制度继承时期截至2021年6月30日
秘鲁	经济特区	非有害	无有害特征
新加坡	全球贸易商计划	非有害	无有害特征
泰国	国际贸易中心	已废止	无制度继承
特立尼达和多巴哥	自由贸易区	有害	涉及"环形篱笆"制度和信息交换机制问题
乌拉圭	自由贸易区	非有害（经修订）	"环形篱笆"制度已消除；"实质性活动"要求已就位；制度继承时期截至2021年6月30日

资料来源 OECD（2022）：Harmful Tax Practices-Peer Review Results。

从表4—3和表4—4可以看出：

第一，地区总部相关制度以及分销中心和服务中心相关制度很容易涉及"环形篱笆"制度和"实质性活动"要求相关的审议风险；其中，相当一部分制度能够通过审议，或者经修订后通过审议。极少数未能通过审议的制度通常还涉及更为严重的有害特征，如特立尼达和多巴哥的自由贸易区制度涉及信息交换机制问题。

第二，名称相近的制度在不同地区的制度设计细节存在差异，导致这些制度中的一部分能够顺利通过审议，而另外一部分则需要修订。例如，亚美尼亚的自由经济区制度需要进一步修订，而立陶宛的自由经济区制度则顺利通过审议。

4.7.2 新加坡全球贸易商计划

在诸多通过FHTP同行审议的税收实践中，不乏与离岸贸易联系紧密的优惠制度。其中较为典型的是新加坡的全球贸易商计划(Global Trader Programme, GTP)。自1989年以来,新加坡为离岸贸易的发展不断推行政府支持计划,其中主要包括"特许石油贸易商"(Approved Oil Trader,AOT;自1989年开始实施)和"特许国际贸易商"(Approved International Trader,AIT;自1990年开始实施),鼓励跨国贸易商以新加坡作为离岸贸易基地扩大全球贸易业务。2001年之后,这两项计划已合并为全球贸易商计划(GTP),GTP企业的离岸贸易业务可以适用10%甚至低至5%的企业所得税。政府的这些扶持计划成效非常显著,根据新加坡国际企业发展局(International Enterprise Singapore)的统计,新加坡离岸贸易额从1990年的120亿美元逐年递增到2015年的9 700亿美元,2000—2015年间离岸贸易额的年化增速为18%。当前,享受GTP税收优惠的企业数量已经超过270家。[①]

企业申请享受GTP提供的优惠政策需要满足以下3个基本条件：

(1)实质性离岸贸易业务销售额达到最低要求(如年销售额1亿美元);

(2)在新加坡境内发生的与贸易活动相关的商业支出水平达到最低要求(如每年300万新币);

(3)在新加坡聘请至少3名专业贸易人士(范围包括采购、销售、营销、风险管理相关人员)或高级管理人员。

除上述3个基本条件之外,有时可能还需要额外的考量,例如：

(1)企业总体商业计划以及企业对新加坡的经济贡献;

(2)企业使用新加坡银行金融服务与其他贸易辅助服务的程度;

(3)企业是否对新加坡人力资源培训、外贸人才培养做出贡献。

上述种种条件旨在保证申请GTP的企业是跨国企业集团的离岸贸易业务的区域总部。

根据FHTP的有害税收实践审议报告,新加坡的GTP制度被认定为"非有害税制",不具有明显的有害税制特征。这一结果在很大程度上要归功于GTP制度中与"实质性活动"相关的严格规定,包括人员聘请、经济贡献等。此外,GTP制度细节十分清晰,包括大量具有可操作性的标准也保证了制度的透明度。新加坡GTP制度在有害税收实践审议方面的成功经验表明,对离岸贸易业务实行适当水平的税率优惠是完全符合当前国际税收规则的。

---

① https://www.rikvin.com/taxation/singapore-global-trading-programme.

4.7.3 海南自贸港经验借鉴

将视角转回到国内,可以看到我国海南自贸港已经顺利实施了离岸贸易相关的税收优惠制度,即在海南从事离岸新型国际贸易的企业,若其相关业务收入达到收入总额的60%以上,便能够享受15%的企业所得税优惠税率。海南自贸港该项制度自实施以来,尚未发生其他国家提请FHTP对该项制度进行审议的情况,这对于上海浦东新区、临港新片区推行离岸贸易税收优惠政策而言具有重要的指导和借鉴意义。

1. 税收优惠制度的整体性特征

当前,海南自贸港税收优惠制度的一个重要特征是优惠制度的整体性。海南并非将离岸贸易税收优惠作为一项单独的制度予以实施,而是出台了一项"鼓励类产业企业"所得税税率优惠制度,并将"离岸新型国际贸易"作为数十个鼓励类产业中的一个,进而达到对离岸贸易企业适用15%优惠税率的政策效果。这一点对于上海顺利推行离岸贸易税收优惠政策很有启发意义。一方面,将企业离岸贸易业务收入占总收入的比重作为资质认定标准之一,进而确定优惠政策的适用主体范围,在实践上被证明是可行的。上海可以根据自身产业与企业特点,划定合适的比例标准,将其设定在60%以下能更有效地控制"环形篱笆"制度风险。另一方面,将离岸贸易税收优惠政策与其他相关政策进行整合,在一定程度上能使离岸贸易税收优惠政策更加隐蔽,不同政策叠加之后的经济效应也更为复杂,可能更难出现(至少更难捕捉到)有害的经济后果,有利于政策的推行。因此,上海可以考虑将离岸贸易税收优惠政策与此前临港新片区四大重点产业的若干支持措施整合推出,与此前优惠政策形成互补的同时,也增强了离岸贸易税收优惠政策的隐蔽性,降低其被单独提请审议的风险。

2. 税收优惠制度的实质性要求

海南自贸港相关政策的另一个重要特征是强调鼓励类产业企业的"实质性运营活动"。针对相关企业的"实质性活动"问题,海南税务局陆续发布了《关于海南自由贸易港鼓励类产业企业实质性运营有关问题的公告》(2021年第1号)、《国家税务总局海南省税务局 海南省财政厅 海南省市场监督管理局关于海南自由贸易港鼓励类产业企业实质性运营有关问题的补充公告》(简称《补充公告》)以及《关于〈补充公告〉的解读》,对"实质性运营"做了较为详细的界定。具体来说,海南主要

从以下四个方面来评判企业是否符合"实质性运营"要求(须同时满足):

(1)生产经营在自贸港。

生产经营在自贸港具体从两个层面进行标准细化,两个标准满足其中一项,即符合生产经营在自贸港。

一是业务层面标准,要求企业在自贸港拥有固定的生产经营场所和必要的生产经营设备设施等,且主要生产经营地点在自贸港。

二是管控层面标准,对生产经营实施实质性全面管理和控制的机构在自贸港,即生产经营决策(如计划、控制、考核、评价等)、财务决策(如借款、放款、融资、财务风险管理等)、人事决策(如任命、解聘、薪酬等)由设立在自贸港的机构做出或执行。企业集团采取财务共享中心模式,集中统筹开展资金管理和配置,自贸港的子公司具备借款、放款、融资、财务风险管理等职能中的一项或几项,即可视为财务决策由设立在自贸港的机构做出或执行。

(2)人员在自贸港。

企业作为独立的法人主体,在自贸港实质性运营,需要有能够支撑相关生产经营活动开展的从业人员在自贸港实际工作。考虑到无任何从业人员在自贸港实际工作是"空壳企业"最普遍的特征,如不加以限制,将容易造成税收优惠的滥用,因此从有利于海南自贸港提高就业、带动消费、促进高质量发展的角度出发,设定最低的常住从业人员比例和居住天数标准,即:

①企业一个纳税年度内至少需要有 3 名(含)至 30 名(含)从业人员在自贸港均居住累计满 183 天。其中,从业人数不满 10 人的,一个纳税年度内至少需要有 3 人(含)在自贸港均居住累计满 183 天;

②从业人数 10 人(含)以上不满 100 人的,一个纳税年度内至少需要有 30%(含)的人员在自贸港均居住累计满 183 天;

③从业人数 100 人(含)以上的,一个纳税年度内至少需要有 30 人(含)在自贸港均居住累计满 183 天。

上述标准根据自贸港经济社会发展状况实施动态调整。

(3)账务在自贸港。

账务在自贸港是指企业会计凭证、会计账簿和财务报表等会计档案资料存放在自贸港,基本存款账户和进行主营业务结算的银行账户开立在自贸港。其中,会计档案是指企业在进行会计核算等过程中接收或形成的,记录和反映企业经济业务事项的,具有保存价值的文字、图形等各种形式的会计资料,包括通过计算机等电子设备形成、传输和存储的电子会计档案。会计档案资料如果是以纸质保存的，应存放在自贸港；如果是以电子形式保存的，应能够提供查阅。采取财务共享中心模式核算财务的企业，应当按照后续管理的要求提供相关会计档案资料，以便相关部门查阅或者检查。

(4) 资产在自贸港。

资产在自贸港强调企业为开展生产经营活动而持有的必要资产在自贸港。一些企业的资产已登记在其名下但不在自贸港，如果符合行业生产经营活动常规或者符合相关资产特征，对该部分资产是否在自贸港不做硬性要求。例如，一些交通运输业企业的车辆、船舶等运营资产，由于生产经营需要长期位于自贸港以外的地方，但确实符合行业生产经营活动常规，视为资产在自贸港；又如，企业拥有的专利权等无形资产，由于不具有实物形态，因此只强调登记在自贸港企业名下即可。

在四项基本要素之外，海南通过增加负面规定条款的方式，对不符合实质性运营的情形进行了具体化描述，以填补正面规定可能存在的漏洞。具体来说，包括以下两类不属于"实质性运营"的情形：

①不具有生产经营职能，仅承担对内地业务的财务结算、申报纳税、开具发票等功能；

②注册地址与实际经营地址不一致，且无法联系或者联系后无法提供实际经营地址。

由此可见，海南自贸港在税收优惠制度的适用主体范围方面，制定了较为详细和严格的"实质性经营"标准，并且通过多平台、多渠道发布了较为细致明晰的政策公告和官方解读，这些配套措施都将有力地降低相关制度被认定为有害税制的风险。因此，上海也可以结合离岸贸易业务的特征，从相关企业经营活动（如采购与销售决策）、人员（如高级管理人员与贸易专业人士）、账务等方面，对企业的"实质性经营"提出明确要求。同时，应做好相关政策的解读和宣传工作，增强制度透明度，从多个方面做好审议风险防范工作。

4.8 政策建议

发展离岸贸易是上海建设国际贸易中心的关键一环，而当前我国的税收制度成为抑制离岸贸易业务发展的重要因素之一。深化离岸贸易税制问题研究，是临港新片区和浦东新区高水平改革开放重点探索的一项核心税制改革事项,对于上海做大国际贸易增量、推动贸易价值链中高端提升、增强全球资源配置能力,以及提升全球贸易市场话语权、定价权和规则制定权具有重要意义。

4.8.1 离岸贸易税收优惠政策与我国税收收入

我国实施离岸贸易税收优惠政策后,离岸贸易企业的所得税负担将显著降低,这可能也意味着我国税收收入会面临减收压力。在当前国际形势严峻、经济增长放缓、财政资金吃紧的背景下,有必要评估离岸贸易税收优惠政策对我国税收收入的可能影响。由于离岸贸易税收优惠政策属于区域性政策,其影响不仅表现在我国税收收入的总量上,还可能表现出区域间的结构性差异。

1. 政策对我国税收收入总量的预期影响

评估离岸贸易税收优惠政策对我国税收收入总量的影响,实际上是要回答减税政策与税收收入两者之间的关系问题。首先,在不考虑境外离岸贸易企业转移至我国境内的前提下,拉弗曲线(Laffer curve)在一定程度上解释了税率与税收收入之间的变动关系(见图4—2)。

拉弗曲线由"供给学派"代表人物阿瑟·拉弗提出,其基本含义是:税收并不始终随着税率的增高而增加,当税率超过一定水平后,税收的总额不仅不再增加,反而会下降。这是因为,决定税收的因素不仅是税率的高低,而且要看税基(通常即经济主体收入)的大小。一方面,过高的税率会削弱经济主体的经济活动积极性,因为税率过高时企业只有微利甚至无利,企业便会心灰意冷,纷纷缩减生产,使企业收入降低,从而削减了课税的基础,使税源萎缩,最终导致税收总额的减少。在极端情况下,若税收达到100%,就会造成无人愿意投资和工作,政府税收也将降为零。另一方面,高税率还意味着纳税人偷逃税的收益较高,导致偷逃税的违法行为增加,同样会使政府税收下降。

根据拉弗曲线的逻辑,我国对离岸贸易业务或离岸贸易企业减税并不一定会使税收收入下降。税率的降低不仅提高了企业开展离岸贸易业务的边际收益、刺激离岸贸易业务规模的增长,而且降低了企业偷逃税的收益,两者都有利于税基的扩大,推动税收收入增长。

其次,进一步考虑我国离岸贸易税收优惠政策对国际贸易格局的影响,优惠税率带来的税收收入增长效应更为明显。一方面,在我国现行企业所得税制度下,我

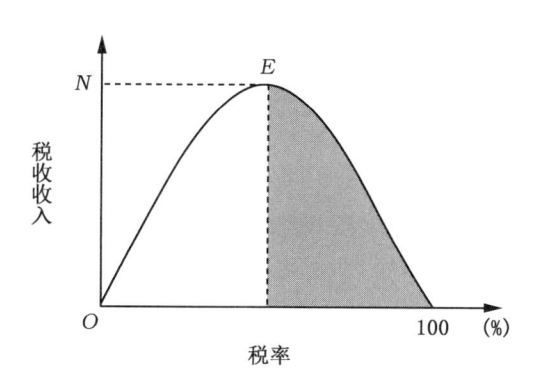

图 4—2 拉弗曲线

国企业开展离岸贸易业务的税收成本过高,离岸贸易业务规模受到严重抑制;相较之下,企业在新加坡、中国香港等地开展离岸贸易业务的税负明显更轻,贸易量也明显更大。若我国对离岸贸易企业实行15%的优惠税率,将明显缩小离岸贸易企业在我国与在新加坡等地开展业务的税负差异(甚至可能比后者的税负更轻),有利于缓解税收因素对离岸贸易业务发展的抑制作用,推动我国离岸贸易业务规模的增长。另一方面,离岸贸易税收优惠政策也缩小了我国与国际避税港之间的税率差异,在全球税制改革"双支柱"方案全面实施后,两者之间的差异甚至可能被抹平。如此一来,我国离岸贸易企业将利润转移至避税港的动机将明显被弱化,减少我国税基的流失也将使我国税收收入趋于增长。

由此可见,离岸贸易税收优惠政策不仅能为企业提供更加舒适的税制环境,在一定程度上还将可能通过刺激离岸贸易业务规模增加和减少企业逃避税行为来拉动我国税收收入的增长,实现企业经济效益与国家税收利益的双赢。

2. 政策对我国税收收入结构的预期影响

鉴于离岸贸易税收优惠政策在短期内可能是只在上海浦东新区、临港新片区等区域内实施的区域性优惠政策,其对我国税收收入的影响很可能是结构性的。对于享受税收优惠政策红利的上海而言,市内的离岸贸易业务规模将有明显增长。一方面,税收优惠将使上海的离岸贸易企业开展更大规模的离岸贸易活动;另一方面,跨国企业集团可能重新规划其集团内部离岸贸易业务的全球布局,将贸易平台转移到上海,为上海带来大量新的离岸贸易活动。离岸贸易业务规模的快速增长,将拉动上海的税收收入增长。

至于我国其余省市,虽然未能直接享受到税收优惠政策的红利,但不应忽视上海对于我国其他省市的经济拉动作用。不可否认的是,由于上海本身的区位优势和经济制度环境优势,再加上区域性税收优惠政策的红利,上海对于离岸贸易企业的吸引力将明显强于其他地区,成为政策实施后的最大受益者。但值得注意的是,一方面,在其他省市开展业务的企业并不会明显向上海转移。其中有诸多原因,例如,这些企业在其他省市已经建立较为稳定的业务关系,可能并不适应在上海开展业务活动;又如,上海较高的经营成本(如房租)构成了企业进入上海的门槛。另一方面,上海对于我国其他省市经济的拉动作用十分明显。上海作为中国经济的中心,全国各地许多城市与上海形成了较为紧密的产业链和供应链关系,上海的发展与全国各地的发展息息相关。因此,上海的离岸贸易业务发展会带动集成电路等行业的发展,通过国内产业链供应链关系辐射到长三角地区,进而传导到其他省市,形成经济发展的外溢效应。如此一来,在上海实施的离岸贸易税收优惠政策也将拉动国内其他省市的税收收入增长,从而实现共赢。

4.8.2 离岸贸易税收政策的 BEPS 风险相对可控

在 BEPS 15 项行动计划中,与离岸贸易业务及其税收优惠政策关联度较高的主要是第 5 项成果"考虑透明度和实质性因素有效打击有害税收实践"以及第 10 项成果"确保转让定价结果与价值创造相匹配——其他高风险交易"。

鉴于离岸贸易业务具有明显的实质性特征,而且国际上针对转让定价相关的 BEPS 风险已经形成较为完备的应对机制,因此,我国实施离岸贸易税收优惠政策可能引发的转让定价相关 BEPS 风险是相对可控的。相较之下,有害税收实践及其审议工作可能是政策推行的最大风险点。

OECD 有害税收实践论坛对有害税收制度的审议工作,主要依据几个关键的有害税制特征。其中,零税率或低税率是一项税收优惠制度被认定为"潜在有害"的必要特征;除了该特征之外,若该制度还表现出"环形篱笆"、缺乏透明度、缺少有效的信息交换机制以及缺少"实质性活动"要求这四个关键有害特征中的一个或多个,那么该项税收优惠制度将被认定为"潜在有害"的。

前文提到的四个离岸贸易企业所得税税收优惠政策方案在政策合理性与审议风险方面的表现存在差异。在四个备选方案中,方案一(基于业务规模的离岸贸易业务收入税率优惠)最有助于促进离岸贸易发展,但"环形篱笆"制度特征和"实质性活动"要求可能是需要引起高度重视的审议风险点。如果仅允许离岸贸易业务收入享受优惠税率,其余经营活动收入无法享受,则本质上构成对境内经济活动和境外经济活动的区别对待,很容易被认定为"环形篱笆"制度。此外,离岸贸易业务"两头在外"的特征也决定了需要在管理上更加关注"实质性活动"问题。

就方案二(基于本地含量的离岸贸易业务收入税率优惠)来说,该方案的设计能够明显降低"实质性活动"相关审议风险,但同时明显压缩了适用优惠政策的主体范围,难以实现"助力发展离岸贸易"的政策初衷,一定程度上存在舍本逐末的问题。

至于方案三(采取灵活标准确定离岸贸易业务收入来源地),本质上是希望通过我国的税收优惠政策解决国际税收争议问题,不仅可能使我国的合理征税权被让渡出去,同时无法改变我国离岸贸易税制竞争力不足的现状。

方案四(离岸贸易业务收入减按一定比例计征所得税)在政策效果上与方案一类似,但扩展性更差,被认定为"环形篱笆"制度的风险明显更高。

有害税制审议中的成功案例,尤其是其中与离岸贸易相关的案例,为上海推行离岸贸易税收优惠政策提供了重要的指导借鉴意义。

第一,我国高新技术企业税收优惠政策通过审议的成功经验表明,即便制度设计在技术上可能与 FHTP 的标准不完全一致,但如果能够通过相关配套措施实现 FHTP 所要求的政策效果,税收优惠政策也完全可能通过审议。

第二,新加坡全球贸易商计划和海南自贸港鼓励类产业税收优惠政策的成功,为上海做好避免构成"环形篱笆"制度、确保"实质性活动"等方面工作提供了重要启示。一方面,以离岸贸易业务规模作为资质认定标准之一是可行的;另一方面,通过对经营地、人员、账务等相关要素制定管理标准,能够构建符合 FHTP 要求的"实质性活动"条件。

第三,将离岸贸易税收优惠政策与其他相关政策进行整合,推出整体性的产业支持政策,能够使离岸贸易税收优惠政策更加隐蔽,降低其被单独提请审议的可能性,从而降低审议风险。

4.8.3 具体政策建议

基于上述研究的主要结论,本书提出以下政策建议,以期为上海离岸贸易税收优惠政策的设计与论证提供一定的思路。

第一,在前期研究提出的四个企业所得税优惠政策备选方案中,建议选择方案一作为离岸贸易企业所得税税收优惠政策的雏形。在此基础上,选择离岸贸易企业而非离岸贸易业务收入作为优惠政策的适用对象,并确定合理的离岸贸易业务规模标准(例如,借鉴海南自贸港的做法,将离岸贸易业务收入占比门槛定在60%或更低的水平),配合其他的征管措施,尽可能降低被认定为"环形篱笆"制度的风险。

第二,借鉴新加坡的全球贸易商计划以及海南自贸港的鼓励类产业支持政策中关于"实质性活动"的要求,可以选取主要经营地、人员、账务等方面的因素作为评判标准,制定明晰的"实质性活动"认定办法,以降低与"实质性活动"相关的审议风险,这对于离岸贸易税收优惠政策能否顺利通过FHTP审议至关重要。具体做法上,可以规定享受上海浦东新区、临港新片区离岸贸易税收优惠政策的企业,必须以该企业的名义与其他企业签订合同,并且在集团采购、销售业务活动中扮演重要角色,或者发挥指导、决策的功能;要求企业在上海有一定数量的员工,包括高级管理人员和贸易专业人士;要求企业的采购与销售相关账务核算工作在上海进行,或者虽然由集团内统一的核算中心处理,但在上海可以方便查询;等等。

第三,将离岸贸易税收优惠政策与其他相关度较高的政策进行整合,推出整体性的产业支持政策,增强离岸贸易税收优惠政策的隐蔽性,降低被单独提请FHTP进行审议的可能性。以往在有害税制审议方面取得成功的案例中,新加坡全球贸易商计划并不只针对离岸贸易企业,名义上也适用于主要从事国内贸易的企业;海南自贸港则出台了鼓励类产业税收优惠政策,离岸新型国际贸易仅仅是数十个鼓励类产业中的一个。因此,上海可以考虑将离岸贸易税收优惠政策与临港新片区四大重点产业的税收优惠政策进行整合,推出更加综合的优惠政策,弱化制度的有害特征。

第四,在FHTP对优惠政策进行审议的过程中,与主要负责人和参会的各国代表积极沟通,提供尽可能充分的论证材料,鲜明地表达我国在信息披露与交换方面的合作意愿,这些都将提高政策通过审议的可能性。一方面,在优惠政策被提请审议后,即便该政策被FHTP认定为"潜在有害",但仍存在举证和沟通的空间,关键在于论证相关配套制度与征管工作如何确保政策不会产生实际有害影响。例如,我国采取哪些措施确保相关纳税主体的"商业实质性"。另一方面,即便是在政策的修订环节,与参会各方进行积极有效的沟通仍然十分重要,这也将决定修订工作以及修订后的政策最终能否得到FHTP的认可。

第五,建议对离岸业务减半征收预提所得税和代扣代缴增值税。调研发现,离岸贸易企业对减免预提所得税和代扣代缴增值税的需求远远大于争取15%企业所得税优惠政策,因为企业所得税可以通过调节利润总额的方式来调节,且具有一定的灵活性,但预提所得税和代扣代缴增值税是在流转环节征税,每发生一笔业务就需要缴纳一笔税,这是影响离岸贸易业务运营成本的主要因素。根据国际惯例,特许权使用费预提所得税可以在对方交易企业征收所得税时给予抵扣,但反映在芯片等领域,由于境外企业处于强势地位,预提所得税很难在交易定价中得到消化,实际上由离岸贸易企业负担,因此成为影响特许权使用费离岸贸易业务运营成本和企业税负的最主要因素。

第六,建议对离岸贸易业务实施印花税减免政策。通过对离岸贸易企业的调研发现,离岸贸易相对在岸贸易,由于单一交易合同变为双重或多重交易合同,所以印花税重复矛盾十分突出,企业对印花税较多加重负担问题尤为敏感,希望政府部门给予印花税减免。因此,参考国际通行惯例和企业诉求,本书建议扩大临港新片区离岸贸易中印花税减免的业务范围,将更多的离岸贸易类型囊括在内,并延长印花税减免政策的实施时间,使离岸贸易印花税负与在岸贸易印花税负持平或略低于在岸贸易印花税负。

第五章

促进上海免税购物的税收政策研究

5.1　发展免税购物的背景与目标

5.1.1　上海发展免税购物的背景

2021年7月,经国务院批准,在上海市、北京市、广州市、天津市和重庆市率先开展国际消费中心城市培育建设。培育国际消费中心城市,是党中央、国务院做出的重大战略部署,是党的十九届五中全会提出的明确要求,对服务构建新发展格局、推动经济高质量发展、更好满足人民美好生活需要具有重要意义。2021年8月,上海市人民政府办公厅随即印发了《上海市建设国际消费中心城市实施方案》,明确了将上海建设成为国际消费中心城市的主要任务,其中就包括大力发展免退税经济。

免税经济是世界上许多国家为扩大消费、促进旅游、平衡贸易而开展的制定财税减免政策、设立免税商店、促进国产商品出口的系列经济活动,免税业减免的是免税商店销售商品在进口环节征收的关税、增值税和消费税。近年来,在国内外各类风险挑战愈发严峻的情况下,经济下行压力较大,国内居民消费增长乏力。适度发展免税经济,对于引导国内居民旅客海外消费回流、扩大优质进口商品供给和国产自主品牌走向国际市场都具有十分重要的意义,能够为推动构建双循环新发展格局、实现经济高质量发展提供动力。

中国拥有全世界最大的消费者群体。世界免税协会数据显示,2019年中国消费者免税消费占全球免税消费规模的40%,其中,境外购买免税品整体规模超1 800亿元,是国内消费者免税购物的主体;同年,国内免税市场销售额仅为约501亿元。在全球疫情蔓延的环境下,各国实施了不同程度的疫情防控措施,以阻断疫情的传播和境外输入。疫情防控政策使跨境旅游活动大幅减少,给全球免税业造成巨大冲击,同时我国居民的海外消费也表现出明显的回流趋势,2020年中国境内市场在中国消费者全球奢侈品消费中的占比达到70%～75%,创历史新高。[①] 商务部数据显示,2020年海南离岛免税销售额达到274.8亿元,同比增幅高达103%。后疫情时代,国内居民海外消费回流的形势依然向好,空间仍旧存在。

然而,尽管上海在发展免税经济方面进行了积极探索,但与韩国首尔、法国巴黎等国际知名的消费中心城市相比差距较大,在服务构建双循环新发展格局、引导国内居民海外消费回流、推动经济高质量发展和上海国际消费中心城市建设方面的作用仍然有限,进一步发展的空间依然较大。因此,很有必要研究分析上海发展免税经济、打造免税"购物天堂"的最根本制约和最主要问题,为上海打造免税"购物天堂"寻找合适的突破口。

5.1.2 上海发展免税购物的目标

在紧密围绕国家发展战略的基础上,上海发展免税购物的关键在于明确其发展目标,尤其是要定位具体的消费者目标群体。通过发展免税购物来拉动国内消费规模增长,落到实处主要有两条途径:一是促进国内居民消费(包括吸引海外消费回流);二是吸引国外旅客消费。同时,要充分考虑和规避免税购物相关政策可能产生的代价与风险。

首先,发展免税购物能够促进国内居民消费、吸引国外旅客消费,其理论基础在于商品价格变化的收入效应和替代效应。免税购物实际上是免除商品的进口关税、增值税和消费税,降低商品在市场上的流通价格,并通过价格的变化传导至消费者行为的变化。因此,发展免税购物对居民消费的影响表现为收入效应和替代效应两个方面。

---

① 中国中免(601888)2021年年度报告。

收入效应是指一种商品的价格下降(上升),使得消费者在收入水平维持不变的情况下,实际购买力提高(降低),进而影响商品消费量的效应,其效果类似于收入的增加(减少)。从收入效应的角度来看,发展免税购物使消费者能够负担得起更大规模的消费,购买免税品以及其他普通商品的意愿通常都会增加,进而提高市场上的总需求,推动居民消费增长。例如,居民收入水平提高后,可能愿意花更多的钱来购买舒适漂亮的服装,也可能更愿意购票到电影院观看电影。

替代效应是指一种商品的价格下降(上升),使消费者感觉到这种商品的性价比有所提高,进而更多地购买该商品,减少其他商品的消费。从替代效应的角度来看,上海发展免税购物会使消费者感觉到在上海购买免税品的性价比提高,从而增加免税品的消费量。免税购物的替代效应将使国内居民感受到上海免税品性价比高,使他们更愿意选择在上海而非境外购买这些商品,进而实现居民海外消费的回流。

其次,不同免税购物政策对于国内居民和境外旅客的作用效果存在差异。从促进消费的角度来说,国内居民和境外旅客的最大区别在于空间地理距离带来的出行成本差异。通常来说,利用免税品的价格优势能够吸引国内居民的海外消费回流;但若要吸引境外旅客到上海消费,往往需要更大的价差以弥补出行成本。因此,一项免税购物政策若同时适用于国内居民和境外旅客,其对国内居民的吸引力就更强;而吸引境外旅客到上海消费,除了商品价格优势之外,需要仰仗质优的产品、强大的旅游产业以及雄厚的文化软实力。

免税购物政策的上述效果还依赖于两个重要的前提:(1)境外免税店销售的各类商品,消费者在我国的免税店也能买到,并且可能更加实惠。这不仅意味着我国免税店提供的商品品类要足够齐全,而且要求相关商品的档次和质量要足够高。(2)消费者的购物需求能够得到充分满足。即便我国的免税店能够供应消费者想要的商品,但若限额、限量等相关规定导致消费者的需求无法得到充分满足,仍然会出现居民消费外流的现象。

最后,不应忽视的是,发展免税购物所产生的收入效应和替代效应虽然能够促进消费总量的增长,但这种收益也伴随着相应的代价和风险。一方面,发展免税购物所产生的收入效应,在一定程度上是以相应规模的税收免除为代价的。因此,应当充分评估政策方案对税收收入的可能影响,尤其是要关注涉及国产品牌商品免税的政策方案,需要综合考虑当前我国以及上海面临的财政资金压力,在财政可承受的范围内支持免税购物发展。

另一方面,上海免税购物的发展可能在国内形成价格洼地,对其他省市的消费以及有税商品的销售产生不利影响。(1)上海免税品性价比的提高,不仅可能使居民的海外消费回流,同样可能使国内居民更多地选择在上海消费,因而减少在其他省市的消费。如此一来,上海发展免税经济便形成了部分商品的价格洼地,在一定程度上将其他省市原有的消费转移到上海,虽然做大了上海的消费规模,但同时损害了其他省市的经济发展,从构建国内大循环的角度来看并不是一个令人满意的结果。(2)免税购物的发展同样可能导致消费者减少有税商品的消费,这会加大有税商品经销商的经营压力。

因此,在上海实施相关政策鼓励旅客进行免税购物的同时,还应充分考量其他省市和有税商品经营者的利益,尤其是需要避免出现消费者仅仅因为商品的价格差异而特地离境或赶到上海采购免税商品的情况。在最理想的状态下,应当尽可能强化上海免税购物对居民海外消费的替代效应,引导海外消费回流与海外旅客的上海消费;同时,尽可能弱化上海免税购物对其他省市居民消费和有税商品经营业务的替代效应,减少消费的跨地区转移和跨行业转移。这对于发展免税购物的政策方案设计提出了较高的要求。原则上应尽量将国内居民海外消费规模较大的商品种类纳入免税品范围;同时,尽可能排除那些在国内市场上已经有较高消费量,尤其是在上海以外的其他省市已经形成较好的消费市场的商品。

5.2 上海免税购物的发展现状与问题

5.2.1 上海免税购物发展迅速

近年来,上海免税购物规模实现较快增长。2018年,上海免税业的年销售额为130亿元,较上年增长44%,约占全国的34%,占全球免税业的3%,在全国各省市中排名第一(海南为101亿元)。2019年,上海免税业销售额为155亿元,同比增长25%,创历史新高,在全国各省市中排名第一(海南为136亿元、北京为100亿元、广东为50亿元),占全国的28%,占全球的3%。但受疫情影响,上海2020年与2021年免税销售额均出现明显下滑,分别仅为20亿元和7.9亿元。

5.2.2 上海免税购物发展水平与其经济地位不匹配

虽然上海免税购物发展速度较快,但其规模与国际知名消费中心城市相比还有不小的差距,并且表现出提供的商品种类偏少、品牌的拉动能力不足、产业的联动水平有限等问题。当前,上海免税购物的发展水平相对落后,是上海经济发展的一块重要短板,与上海在我国以及全球的经济地位不匹配。

1. 免税购物的规模有限

在全球范围内,韩国作为免税经济的巨头,其国内免税销售额长期位居世界第一。海南近年来在离岛免税政策的支持下,免税业的发展势头十分强盛。对比两者与上海的免税购物发展现状(见表5—1),可以看到在营业收入方面,疫情前(2019年)韩国免税店的营收达到213亿美元(约合人民币1 471亿元);2022年虽未完全恢复,但仍有137.1亿美元(约合人民币946亿元),远高于上海与海南的营收规模。海南得益于国内旅游对国际旅游的替代以及线上免税购物渠道,其免税业的营业收入在疫情防控期间明显上涨。从相对规模来看,2019年韩国免税业营收约为GDP的1.29%,2021年该比例约为0.86%;海南2019年与2021年该比例分别为2.55%和7.76%。相较之下,上海2019年该比例仅为0.41%,2020年起受疫情影响更是大幅度降低。

表5—1 上海免税购物发展现状及国际比较

	中国上海	韩国	中国海南
营业收入	155亿元(2019年) 20亿元(2020年) 7.9亿元(2021年)	$213亿元(2019年) $132.1亿元(2020年) $155.7亿元(2021年) $137.1亿元(2022年)[①]	136亿元(2019年) 274.79亿元(2020年) 504.9亿元(2021年)[②] 348.1亿元(2022年)[③]
GDP	37 987.6亿元(2019年) 38 963.3亿元(2020年) 43 653.2亿元(2021年)	$16 514.2亿元(2019年) $16 443.1亿元(2020年) $18 109.6亿元(2021年)	5 330.8亿元(2019年) 5 566.2亿元(2020年) 6 504.1亿元(2021年)

---

① https://www.163.com/dy/article/HU3V5BQO0534A4SC.html.
② 中国中免公司公告。
③ 关于海南省2022年预算执行情况和2023年预算草案的报告[EB/OL]. http://mof.hainan.gov.cn/sczt/0701/202302/135776d39f5c40d2bf4f074251eaa1da.shtml.

续表

	中国上海	韩国	中国海南
渗透率	市内不超过 10％① 浦东机场约 19.5％②	41％(济州岛,2018 年)③ 30％以上(2019 年)④ 54.9％(2021 年)⑤	8％(2021 年)⑥ 8.29％(2021 年)⑦ 16.3％(2022 年上半年)⑧
客单价	467.5 元(2019 年)⑨	\$2 299.83 元(2021 年)⑩ \$1 458.86 元(2022 年 4 月)⑪	7 518.8 元(2021 年)⑫ 8 239.43 元(2022 年上半年)⑬
门店数量	口岸免税店 6 处 市内免税店 2 处	口岸免税店 3 处以上 市内免税店 15 处以上⑭	口岸免税店 2 处 市内免税店 7 处以上
门店位置	浦东机场 虹桥机场 吴淞口国际邮轮港 上海港国际客运中心 铁路上海站 悦达广场市内补购店 浦东市内免税店	首尔、釜山、仁川机场 东和免税首尔光华店 乐天免税首尔明洞店 新世界免税釜山店 新罗免税首尔店 乐天免税首尔世界塔店 乐天免税首尔 Coex 店 Walkerhill 首尔店 乐天免税釜山店 Doota 免税首尔店 新世界免税首尔明洞店 Galleria 免税首尔店 HDC 首尔店 SM 免税首尔店 新世界免税首尔江南店 Hyundai 首尔江南店	海口美兰机场候机楼 三亚凤凰机场 三亚市海棠区 海口市日月广场 博鳌亚洲论坛景区 三亚市迎宾路 三亚市鸿洲广场 海口市龙华区 海口市秀英区

资料来源:根据公开资料整理得到。

① https://www.vzkoo.com/read/490b9487c0aa20b7d4084faeb5cabc5b.html.
② https://www.hanghangcha.com/cms/detail/242257.html; http://stock.finance.sina.com.cn/stock/go.php/vReport_Show/kind/search/rptid/647020922876/index.phtml.
③ https://view.inews.qq.com/k/20221222A02KCC00.
④ http://stock.hexun.com/2023-02-09/207770009.html.
⑤ https://www.nbd.com.cn/articles/2022-10-05/2489200.html.
⑥ https://www.jfinfo.com/news/20221209/4016686.
⑦ https://baijiahao.baidu.com/s?id=1728963591079498129.
⑧ https://cj.sina.com.cn/articles/view/7426890874/1baad5c7a001014qb1?finpagefr=p_103.
⑨ https://baijiahao.baidu.com/s?id=1749087298918374051.
⑩ https://baijiahao.baidu.com/s?id=1728963591079498129.
⑪ https://www.chinabaogao.com/detail/606348.html.
⑫ https://baijiahao.baidu.com/s?id=1728963591079498129.
⑬ https://cj.sina.com.cn/articles/view/7426890874/1baad5c7a001014qb1?finpagefr=p_103.
⑭ https://www.vzkoo.com/read/490b9487c0aa20b7d4084faeb5cabc5b.html.

免税店的销售收入可以进一步拆解为客流量、渗透率和客单价三个指标。其中,渗透率是指实际购买免税品的旅客比例,客单价是指消费者购买免税品的平均金额。渗透率方面,上海市内免税店的渗透率不足 10%,浦东机场约为 19.5%;海南的渗透率为 8%~20%,韩国则稳定在 30% 以上。客单价方面,上海免税店的客单价不足 1 000 元,而 2021 年以来海南免税店的客单价均在 7 000 元以上,韩国免税店的客单价在 1 400 美元(约合人民币 9 670 元)以上。可见,上海免税购物的发展水平还相对落后,将客流量转化为实际销售额的能力较为匮乏。

2. 提供的商品种类偏少

从免税店提供的商品种类来看,当前上海免税店的商品种类主要集中于香水和化妆品,百货、电子产品相对较少。数据资料显示,上海机场免税销售额中,百货类销售额仅占 4.2%。[①] 例如,中免集团上海市内免税店共有两层,其中第一层主要销售香水和护肤品,香水品类有十余种,而护肤品主要是兰蔻、雅诗兰黛等常见国际品牌的产品,售价方面比起其他购买渠道具有优势;第二层销售箱包、配饰和少量电子产品,选择范围较窄。

3. 品牌的拉动能力不足

从商品的品牌来看,免税店供应的商品以进口商品为主,且主要是香水、化妆品的国际品牌;国产品牌的商品较少,仅限于部分烟酒类商品,缺乏具有本土特色的国产品牌。以日上免税行为例,其经营的免税店主要销售欧美品牌的香水、化妆品、护肤品、食品等,烟酒类商品中仅有水井坊、塔牌等国产品牌。数据显示,我国免税店销售额中的 95% 以上来自进口商品。[②] 相较之下,许多国际知名消费中心城市的免税店会更多地销售其本土产品。例如,韩国首尔免税店的销售额中,本土化妆品、旅游食品以及保健品的销售额占比达到 41%,远高于上海免税店。可以看出,当前我国免税店对于国内传统品牌、老字号的拉动能力十分有限,不利于国产品牌走向国际市场。

值得注意的是,由于缺乏强力的本土品牌,我国免税店很难拿到最优惠的成本价格,使得其很难取得最大的价格优势,并且很难将吸引海外旅客消费作为做大免税购物规模的努力方向。因此,上海短期内只能以吸引海外消费回流为主,长期内可以通过培育本土品牌来吸引更多的海外旅客。

[①] 李小年等:《上海免税购物经济发展若干问题研究》项目结题报告,2021。
[②] 何东伟等:《上海免税购物经济发展若干问题研究》项目结题报告,2021。

4. 产业的联动水平较低

当前,上海免税店中商品的竞争力主要来自价格优势,上海免税经济与旅游业、文化娱乐产业缺乏有效联动。上海每年都有不少文化艺术活动,文化产业增加值约占地区生产总值的6%[1];但这些活动尚未形成在消费购物方面的品牌形象,未能给上海带来巨大的消费者流量,暂时无法为上海免税购物的发展提供强有力的支持。相较之下,伦敦、巴黎、纽约等国际消费中心城市的设计节、时装周、设计双年展等活动已经拥有广泛的国际声誉,每年都能吸引大量国际消费者前往。可以看出,上海免税经济与旅游业、文化娱乐产业的联动水平有限,相关产业未能带动免税购物规模增长,免税购物也无法成为相关产业增长的有力推手。

5.3 上海免税购物规模不足的原因分析

通过全面了解上海免税购物的发展现状,结合韩国、海南等地免税经济的发展状况和经验,可以看出当前上海免税购物适用的管理制度严苛,包括对消费者的各类限制,以及对免税店、经营商的各类限制,成为制约上海免税购物发展的重要原因。

5.3.1 免税购物的资格限制过严

根据现行免税店管理相关政策,上海的市内免税店对购物人员的限制较为严格(见表5-2)。在上海现有的两家市内免税店中,中免集团市内免税店仅向境外旅客销售免税商品,允许他们在离境时从机场免税店提货;而国人离境旅游仅能在该店预订商品,等到返程入境时方可在浦东机场和虹桥机场[2]的入境免税店付款提货,这在一定程度上给国人的免税购物带来不便。中服市内免税店仅限入境时间未超过半年的国人前往补购免税商品,但不向境外旅客销售免税品。相较之下,韩国的市内免税店可同时向国内外旅客提供服务;韩国济州岛和海南的离岛免税店更是进一步为国内旅客放宽了购物资格的限制。在上海的市内免税店本就稀缺的

---

[1] 吴志艳等:《上海免税购物经济发展若干问题研究》项目结题报告,2021。
[2] 根据日上免税行官网发布的信息,上海虹桥机场入境口岸已支持国人付款提货[EB/OL]. http://www.sunrisedutyfree.com/order.html。

情况下,过严的免税购物资格限制进一步制约了上海免税购物的发展。

表 5—2　　　　　　　　上海免税购物现行管理制度以及国际比较

	中国上海	韩国	中国海南
购物人员条件	出入境的国内外旅客特别地:中免集团市内免税店仅限境外旅客购物,但也向中国游客提供离境预订业务;中服市内免税店仅向中国游客提供回国补购业务,限入境之日起180天内购买	出入境的国内外旅客①	离开海南岛的国内外旅客
购物消费限额	入境:连同境外购买物品合计不超过8 000元。其中,中服市内免税店回国补购限额5 000元	离境:不限额入境:800美元(约合人民币5 526元)②	每人每年10万元
购物件数限制	入境:海关对中国籍旅客进出境行李物品的限制。其中,中服市内免税店的"红点商品"限1件	离境:限购50件香化类商品、10件手表箱包入境:酒类1瓶、香烟1条、香水60ml。单价30万韩元(约合人民币1 587元)以内的礼品或土特产免税③	化妆品30件、手机4件、酒类商品1 500毫升
免税商品种类	与海南45种相比,入境免税店少了陶瓷玻璃制品、各类电子数码产品等12种商品,但多了烟;出境免税店的商品种类比入境免税店稍多	化妆品、香水、腕表、珠宝、鞋履箱包、烟酒食品、电子产品等	包含首饰、工艺品、香水、化妆品在内的45种商品
运营商限制	中免集团、日上免税行(中免控股)、中服等	2020年大企业拥有14个免税牌照,而中小免税企业拥有12个免税牌照	具有免税品经销资格的经营主体可按规定参与④,现有7家企业经营,采用市场化竞争方式新增经营主体。⑤ 包括中免集团、海免集团(中免控股)、中服、海旅投、海发控等

资料来源:根据公开资料整理得到。

---

① 韩国免税店协会。
② https://baijiahao.baidu.com/s?id=1738585159793584225。
③ https://www.liuxue86.com/k_%E9%9F%A9%E5%9B%BD%E6%B5%B7%E5%85%B3%E5%AF%B9%E8%A1%8C%E6%9D%8E%E7%89%A9%E5%93%81%E6%90%BA%E5%B8%A6%E8%A6%81%E6%B1%82/。
④ 财政部、国家税务总局、海关总署、浙商证券研究所。
⑤ 揭昊,刘帷韬.中国特色市内免税店发展路径探析——基于海南离岛免税发展经验[J].城市观察,2022(6):65—76+161.

5.3.2 免税购物的消费限额过低

上海当前免税购物消费限额的相关规定,也是制约上海发展免税经济、吸引海外消费回流的重要因素之一。根据海关总署的规定,居民旅客进境时只允许携带合理数量的自用物品,总计金额不得超过 5 000 元。自 2016 年起,居民旅客还可以在 5 000 元限额的基础上,前往口岸进境免税店购买一定金额的免税商品,连同境外购物金额总计不超过 8 000 元。这意味着,居民旅客进境时的免税购物消费适用最高 8 000 元的限额。若境外购物满 5 000 元,实际的进境购物限额仅为 3 000 元。居民旅客入境后,若此前未在进境免税店购买免税品,则可以在入境后 180 天内前往中服市内免税店补购免税外汇商品,但购买金额不得超过 5 000 元。其中,价格在 1 000 元以上的"红点商品"仅限 1 件,打折的"黄单商品"合计不超过 2 000 元。这些限额与海南的每人每年 10 万元的标准差距明显。

虽然我国的居民入境免税购物限额与韩国的标准(800 美元)相比并不低,但需要注意的是,韩国的免税经济对于中国游客依赖度较高,而中国游客在韩国消费是不存在限额的。当前,我国需要与韩国在吸引中国游客消费方面做竞争,因此参照 800 美元(韩国对韩国居民的限额)的标准是不合适的,而应当以消费需求作为依据。无论是 5 000 元还是 8 000 元的限额,对于一些需要购买名牌香水、化妆品或者部分电子产品的旅客来说并不够用。在这种情况下,就会有很多消费者选择寻找海外代购。虽然在理论上这些海外代购的商品经过海关时也受限于 8 000 元限额,但由于海关的监管能力有限,所以实际上有大量的走私行为未能及时被发现,居民的许多消费便流向了海外市场。因此,在海关难以做到严格准确监管的情况下,适度提高进境免税购物限额有利于将流失到海外的居民消费引导回国内市场。

5.3.3 免税购物的件数设置过少

购物件数限制方面,上海免税购物政策的入境购物件数限制以及免税品种类,与海关总署规定的进境行李物品管理规定直接相关。根据相关规定,除了衣裤鞋帽数量需要在自用合理数量范围内,进境携带价值 800 元以上、1 000 元以下的物品,每种限 1 件免税;烟酒方面,居民旅客可携带免税香烟最高 400 支,或雪茄最高 100 支,或烟丝最高 500 克,另外可带免税 12 度以上酒精饮料最多 2 瓶(每瓶 1.5

升以下)。价值 1 000 元以上的物品均需征税后方可携带进境,且限 1 件。

相较之下,海南离岛免税店提供的商品种类比上海免税店更丰富,包括首饰、工艺品等 45 种;件数限制也比上海更为宽松,仅对化妆品(30 件)、手机(4 件)、酒类商品(1.5 升)做出限制。韩国离境免税政策的免税品件数为限购 50 件香化类商品、10 件手表箱包;而对入境韩国的本国及外国人员免税品件数为酒类 1 瓶、香烟 1 条、香水 60ml。韩国虽然也规定了旅客入境时可携带的免税物品数量,但对于高价值商品的限制明显更为宽松。根据韩国海关的规定,单价 30 万韩元(约合人民币 1 587 元)以内的礼品或土特产均可免税进境。除了进境时可免税入关的商品有数量限制之外,居民旅客在上海中服市内免税店补购免税品时,除了需要符合关于限额的规定之外,只能购买 1 件单价 1 000 元以上的"红点商品"。我国关于免税购物件数的规定,进一步限制了国人在免税店购买商品时的选择空间。

5.3.4 免税购物的可选种类范围过窄

根据《关于口岸进境免税店政策的公告》[①],口岸进境免税店准予经营的免税商品种类限于香化产品、手表、眼镜、箱包、首饰、部分食品等,与海南 45 种离岛免税商品相比,少了陶瓷玻璃制品、各类电子数码产品等 12 种商品,但多了烟。出境免税店提供的商品种类略多于进境免税店,包括少量电子产品。免税商品种类的限制也影响着旅客在上海进行免税购物的体验。

5.3.5 免税购物的门店布局不合理

当前,上海免税购物的门店布局不合理,覆盖范围过小,主要表现为免税店数量不多,且免税店类型较为单一。如表 5-3 所示,上海现有的免税店主要是日上免税行(上海)有限公司(简称"日上免税行")经营的浦东机场免税店、虹桥机场免税店、日上免税店(自贸区店),上海港中免免税品有限公司(简称"上海港中免")经营的上海港国际客运中心免税店、上海吴淞口国际邮轮港免税店、铁路上海站(沪港专线)口岸免税店,中国出国人员服务总公司(CNSC,简称"中服")经营的中服免税店,以及中免集团旗下的上海市内免税店。其中,除中服免税店与中免集团上海

---

① 财政部等五部门 2016 年第 19 号公告。

市内免税店两家市内免税店外,其余免税店均为口岸免税店。无论是从免税店的数量还是从占地面积来看,上海免税店的主要类型是机场免税店。相较之下,韩国仅首尔就有13家市内免税店。[①] 销售额方面,2019年上海免税销售额为155亿元,其中,浦东机场免税销售额为145亿元,占比高达93.5%;市内免税店的销售额占比不到3%。[②] 相较之下,韩国2017年128亿美元免税销售规模中有77%来自市内离境免税店[③],2018年这一比例更是上升至81%。[④] 可以看出,上海的免税店数量不多且类型较为单一,免税店主要设置在机场等出入境口岸,市内免税店偏少,免税店的覆盖范围十分有限。

表 5—3　　　　　　　　　　上海免税店基本情况

名称	经营商	占地面积（平方米）	详细地址
上海港国际客运中心免税店	上海港中免	200	虹口区太平路1号
上海吴淞口国际邮轮港免税店	上海港中免	2 250	宝山区宝杨路1号
铁路上海站(沪港专线)口岸免税店	上海港中免	50	静安区秣陵路100号联合售票大楼
中服免税店(889广场店)	中服	3 300	静安区万航渡路889号889广场二楼
中免集团上海市内免税店	中免集团	900	浦东新区即墨路12—2号
上海浦东机场出入境免税店	日上免税行(中免集团控股)	17 000	浦东新区机场镇纬一路100号
上海虹桥机场出入境免税店	日上免税行(中免集团控股)	2 000	长宁区虹桥路2550号
日上免税店（自贸区店）	日上免税行(中免集团控股)	500	浦东新区闻居路1333号

资料来源:根据公开资料整理得到。

在一个相对完备的免税经济模式下,市内免税店与口岸免税店能够形成有效的分工和功能互补,对各类旅客形成全方位的覆盖。例如,对于那些因为工作或其他原因临时入境,并且不做过多逗留而匆匆离开的旅客,主要依靠口岸免税店来向

---

① https://www.vzkoo.com/read/490b9487c0aa20b7d4084faeb5cabc5b.html。
② 吴志艳等:《上海免税购物经济发展若干问题研究》项目结题报告,2021。
③ 李小年等:《上海免税购物经济发展若干问题研究》项目结题报告,2021。
④ https://www.vzkoo.com/read/490b9487c0aa20b7d4084faeb5cabc5b.html。

他们提供服务。而前来旅游观光的旅客将有大量的时间处于市内免税店的覆盖范围内，主要由市内免税店来捕获这些客源；这些旅客在出入境时同样也会经过口岸免税店，有更多机会进行免税购物。因此，全方位覆盖的免税店体系形成了"入境—市内—离境"多环节、多层次的滤网，大大提升了免税店将客流量转化为免税销售额的能力。上海当前的免税店布局情况，仅仅实现了口岸的覆盖，但在重要的市内消费环节仍存在大量未覆盖的区域。这相当于：只是为旅客提供了免税购物的机会，但在吸引旅客消费方面还有很大的提升空间；只是实现了"从无到有"，还需要下足功夫来实现"从有到精"。

5.3.6　免税购物市场因缺乏竞争而缺少活力

运营商方面，在上海经营免税店的企业仅有中服、上海港中免、日上免税行和中免上海市内免税店分公司4家公司。上述4家公司除了中服之外，其余3家均为中免集团下属的成员企业，免税品行业基本没有市场竞争。在2016年中服上海免税店开设之前，中免集团在上海免税品经营行业处于完全垄断地位；即便是当前，也仅有中服上海免税店一家与之存在竞争关系，经营商在提高服务质量、做大免税品销售业务规模方面的激励不够。例如，部分顾客通过网络平台反映免税店的消费流程烦琐、服务态度差，给顾客带来不好的购物体验。相较之下，海南现有7家企业从事免税品经营，采用市场化竞争方式新增经营主体。韩国方面，2020年大企业拥有14张免税牌照，而中小免税企业也拥有12张免税牌照，行业竞争较为充分。因此，上海免税店基本只是在国家政策的庇护下，依赖于价格优势维持经营；很少通过文化娱乐等相关活动宣传自己的产品，以此吸引更多的消费者。

5.3.7　缺少重要的离岛免税政策

国际上已有四个地区实施了离岛免税政策，分别是中国海南岛、韩国济州岛、日本冲绳岛，以及中国台湾的澎湖、马祖、金门等离岛地区。在这四个地区中，除韩国济州岛的离岛免税限额较低且限制购物次数之外，其余三地均不限制离岛免税购物的次数，政策限制相对较小（见表5—4）。从海南近些年的发展状况来看，离岛免税政策的实施和不断放宽使海南的旅游业和免税经济实现了巨大的飞跃，目前的免税品销售额已达到2011年规模的20倍以上。上海当前的免税购物管理制度较为严苛,并且缺少离岛免税政策的支持,能够服务的消费者群体以及能够提供的商品种类都相对受限。

表 5—4　　　　　　　　　　　离岛免税政策的国际比较

	中国海南岛	韩国济州岛	日本冲绳岛	中国台湾离岛地区
购物次数限制	不限次数	每年 6 次	不限次数	不限次数
购物消费限额	每年 10 万元	每次 40 万韩元(约合人民币 2 400 元)	每次 20 万日元(约合人民币 10 000 元)	每次 100 万新台币(约合人民币 22.67 万元)
免税商品品类	包含首饰、工艺品、香水、化妆品在内的 45 种商品	烟酒、化妆品、香水、手包等 15 大类	除烟草外可随身携带的各类商品	可随身携带的各类商品(包括烟酒)
购物数量限制	化妆品 30 件、手机 4 件、酒类商品 1.5 升	仅烟酒有数量限制	无限制	仅烟酒有数量限制

资料来源:黄丹.海南离岛免税政策研究[D].海南:海南大学,2019。结合公开资料整理得到。

5.3.8　上海免税购物发展评价

上海免税购物发展受制于严苛的管理制度。现行政策不仅对免税店的服务群体、单次销售免税品额度、单次销售免税品件数、销售免税品种类做出严格的规定,而且对商铺的具体位置和面积实行严格的审批管理。企业要在我国设立免税店,不仅需要取得极其稀少的免税品经营资质,而且需要遵循十分严格的申请流程。对于口岸出境免税店的设立,首先是由国家统筹安排其布局和建设,实行特许经营;免税店的具体数量与所在口岸,由相关地方政府或民航局提出申请,财政部会同商务部、文化和旅游部、海关总署、税务总局审批。口岸进境免税店与市内免税店的管理制度更加严格,设立的数量、口岸和营业场所规模,由财政部等五部门提出意见报国务院审批。这些措施能够确保国家对免税品行业的充分掌控,但也在一定程度上限制了企业经营的自主权,抑制了企业的活力。

严格的管理制度使得当前上海免税店的布局情况不合理,进而明显制约了免税经济的发展。上海免税店以口岸免税店为绝对主体,仅有的两家市内免税店又因为旅客购物资格方面的特殊限制,难以发挥市内店应有的作用。市内免税店的缺乏,限制了免税店在上海市内部的覆盖范围,无法形成"入境—市内—离境"的多环节、多层次的免税店体系,拉大了企业与旅客之间的距离,企业难以将旅客流量转化为免税销售额。

长期以来,政府与市场的关系是经济学理论和实践十分关心的话题。党的二十大报告明确指出,"充分发挥市场在资源配置中的决定性作用,更好发挥政府作用"。通常认为,政府与市场在经济运行中都扮演了重要的角色,其中,市场发挥主导作用,政府的职能是在市场失灵的领域起到补充和引导的作用。政府要做的是规范市场,而不是替代市场。但在免税购物领域,出现了政府替代市场的政府越位现象。在做生意这件事情上,企业比政府更内行。让外行来指挥内行,自然是很难把事情做好。若是想把免税购物真正发展起来并且做大做强,把部分经营的自主权归还给企业是相对更好的选择。

5.4 发展免税购物的国际经验

5.4.1 韩国模式

韩国是最早采取国家政策支持促进免税购物发展的国家,并且在不同时期采取不同方式的支持政策,从而使得韩国免税购物从无到有、从小到大、从慢到快,最终成为世界第一。从1979年开创市内免税店先河以来,韩国的免税购物大致可以分为四个发展阶段,每个阶段的政策支持都致力于解决当时制约免税行业发展的瓶颈,并探索下一阶段的前景。

1979—1999年,韩国大力发展对日旅游业,允许经营市内免税店,以带动日本游客在韩消费。这一时期是韩国经济快速发展的时期,免税购物与其他行业相比并不存在特殊之处,主要在于形成与入韩旅游业的协同发展。韩国政府一直对市内免税业发展较为支持,甚至阶段性对开设市内免税店的企业提供进一步的税收优惠。[1]

2000—2012年,随着韩国居民消费水平的不断提升,政策重点转为放宽本国居民的离境免税购物额度,并允许济州岛实行离岛游客免税购物政策,旨在吸引韩国

---

[1] https://www.vzkoo.com/read/490b9487c0aa20b7d4084faeb5cabc5b.html.

居民的境外消费回流。2010 年,韩国本国居民和外国游客的免税消费占比大致持平。[①]

2012 年之后,中国入境游客大幅增加,逐渐成为韩国免税购物的主要消费者,2018 年中国消费者的消费额占韩国免税市场总销售额比重高达 83.70%。[②] 这一阶段,韩国政府对免税行业由政策保护改为增加竞争:一方面,免税牌照由 10 年期调整为 5 年期;另一方面,牌照到期自动续期改为竞标,这使得韩国免税行业的竞争大大加剧。另外,在这一时期,韩国免税不断强化其韩国本土化妆品重要销售渠道的地位,韩国化妆品品牌效应逐渐形成。2017 年之后,虽然受萨德事件等影响,中国入境游客数量有所下降,但是代购的兴起弥补了下滑的销售额。

2020 年之后,受疫情和海南离岛免税政策的冲击,韩国免税行业发展势头大幅度下滑,2021 的销售额同比下滑将近 40%,2022 年的销售额只有 2019 年的 71.6%。这一时期韩国政府的政策重点在于缓解免税企业压力,具体措施包括:减免免税经营企业的"特许手续费"、减免内销免税品的关税负担等(见表 5—5)。

表 5—5　　　　　　　　　　　　韩国免税购物发展战略

时间	销售对象	政策支持
1979—1999 年	基本为日本入境游客	1. 允许经营市内免税店 2. 免税购物经营企业税收优惠
2000—2012 年	1. 外国入境游客占比降低 2. 本国旅客占比提高 3. 2010 年,本国居民和外国游客的消费占比大致持平[③]	1. 提高本国居民的境外免税额度 2. 允许济州岛实行离岛游客免税购物政策
2013—2019 年	1. 中国入境旅客占比提高 2. 本国旅客占比降低	增加竞争: 1. 自动续约改为招标模式 2. 牌照许可期从 10 年缩短为 5 年 3. 增发中小企业免税牌照
2020—2022 年	中国入境旅客占比大幅降低	1. 减免 50%"特许手续费"[④] 2. 允许所有类型的免税店通过网上商城或虚拟空间等线上平台进行销售 3. 减免内销免税品的关税负担

资料来源:根据公开资料整理得到。

---

① https://www.sohu.com/a/164836785_194121.
② https://zhuanlan.zhihu.com/p/550198878.
③ https://www.sohu.com/a/164836785_194121.
④ 韩国出台支持免税产业发展政策措施(mofcom.gov.cn)。

5.4.2 巴黎模式

与依靠国家政策支持和经济快速腾飞的韩国免税行业不同,巴黎免税购物行业是依托于其在文化领域和时尚领域的深厚底蕴进行深耕细作,免税市场的开拓也主要是行业和企业的自发性行为。在免税店的布局方面,巴黎主要依靠机场免税店,戴高乐机场免税店和奥利机场免税店在世界上具有很大的影响力。

从商品品牌来看,巴黎机场免税店入驻品牌超过1 000个,其中,奢侈品品牌包括爱马仕、路易威登、卡地亚、香奈儿、Celine、拉菲罗斯柴尔德酒庄、迪奥、迪士尼商店、雅诗兰黛、芬迪、娇兰、古驰、轩尼诗、拉杜雷、巧克力之家、兰蔻、Miu-Miu、酩悦、欧米茄、Petrus、普拉达、劳力士、罗曼妮康帝等[1],包含箱包、珠宝、手表、香水化妆品、烟酒等多个品类,并且覆盖了大部分的一线奢侈品品牌。对比来看,无论是韩国还是海南,机场免税店的品牌和级别都远远不如巴黎机场。上海的机场免税店更次之,商品以香水化妆品为主,其他类别的奢侈品不仅品牌少,而且级别不高。

从商品款式来看,巴黎也比较丰富,如果在小红书搜索"巴黎机场免税店买包",相关文章关键词多为"有货""货全";如果搜索"仁川机场免税店买包",相关文章关键词多为"店空""配货";如果搜索"三亚机场免税店买包",相关文章关键词多为"跑空""没货"。

巴黎的部分著名景点开设了市内免税店,如卢浮宫旁边的巴黎卢浮免税店KAMS1960[2],商品种类十分齐全,包括皮具箱包、化妆品护肤品、各类时尚名表、香槟名酒以及高端钢笔打火机等。但是,大部分的市内免税店为小规模、小面积、品类少的超小型免税店,影响力很低。

5.4.3 海南模式

海南免税购物依托国家政策支持,实现了快速增长、后发制人。2011年之前,海南的免税购物政策与国内其他城市并无不同;2011年,以财政部出台《关于开展海南离岛旅客免税购物政策试点的公告》为契机,我国开始将海南作为离岛免税政

---

[1] 巴黎机场—戴高乐机场—购物免税店—巴黎旅游局,http://en.parisinfo.com。
[2] https://en.parisinfo.com/practical-paris/money/detaxe-tax-refund-and-duty-free;https://paris-louvre.com/zh。

策的试点区域;自 2011 年以来,海南离岛免税政策不断升级,在免税购物人群、适用范围、免税品种类、购物限额、购物次数和离岛交通工具等方面不断地调整与完善。当前,海南正逐步形成免税经济与旅游业相互促进的发展模式,借助地理环境与相关产业优势,实现了免税购物金额的快速增长,2021 年达到 504.9 亿元,2022 年达到 348.1 亿元,都较 2011 年增长 20 倍以上。

表 5—6 呈现了近 10 余年海南离岛免税政策的变化,可以看到从 2011 年起,海南离岛免税政策不断优化放开。2011 年,财政部出台《关于开展海南离岛旅客免税购物政策试点的公告》,离岛免税政策正式实施,免税额度为 5 000 元,种类为首饰、香水、化妆品等 18 种。2011—2020 年,离岛免税政策多次调整,额度从 5 000 元逐步提高至 10 万元,购物年龄由 18 周岁放宽至 16 周岁,并取消了岛内居民与非岛内居民购物次数限制。与此同时,免税购物种类也不断丰富,吸引游客前来消费。品类从最初的 18 种增加至 45 种,新增了电子产品、手机和酒类等。提货渠道方面,增加了轮船、火车等渠道;此外,2021 年 2 月还推出邮寄送达提货方式,进一步优化免税购物体验。

表 5—6 海南离岛免税政策变化

政策实施时间	政策文件	政策调整内容
2011 年 4 月	《关于开展海南离岛旅客免税购物政策试点的公告》	免税产品:18 个品类 免税额度:5 000 元/年 年龄:18 周岁以上 购物次数:岛内居民每年 1 次,非岛内居民每年 2 次 交通工具:飞机
2012 年 11 月	《财政部关于调整海南离岛旅客免税购物政策的公告》	免税产品:21 个品类 免税额度:8 000 元/年 年龄:16 周岁以上
2015 年 3 月	《财政部关于进一步调整海南离岛旅客免税购物政策的公告》	免税产品:38 个品类
2016 年 2 月	《关于进一步调整海南离岛旅客免税购物政策》	免税额度:16 000 元/年 购物次数:取消非岛内居民购物次数限制 免税店渠道:开设网上销售窗口
2017 年 1 月	《关于将铁路离岛旅客纳入海南离岛旅客免税购物政策适用对象范围的公告》	购物对象扩大到乘坐火车的离岛旅客
2018 年 12 月	《关于将乘轮船离岛旅客纳入海南离岛旅客免税购物政策适用对象范围的公告》	免税额度:30 000 元/年 购物次数:取消本岛离岛旅客购物次数限制

续表

政策实施时间	政策文件	政策调整内容
2018年12月	《关于进一步调整海南离岛旅客免税购物政策的公告》	购物对象扩大到乘坐轮船的离岛旅客
2020年7月	《关于海南离岛旅客免税购物政策的公告》	免税额度:100 000元/年,取消单件商品8 000元限额 免税产品:45个品类 以额度管理为主,大幅减少单次购买数量限制的商品种类,只限制手机、酒、香化产品单次数量
2021年2月	《关于增加海南离岛旅客免税购物提货方式的公告》	新增岛外旅客"邮寄送达"和本岛居民"返岛提取"提货方式

资料来源:根据公开资料整理得到。

5.4.4 国际经验比较

1.上海免税购物与海南免税购物经验比较

上海主要的免税购物模式为市内免税购物与口岸免税购物,在我国免税业发展的40余年间,两类免税购物模式适用政策也在不断完善,表5-7总结了目前我国有关市内、口岸免税政策的变动情况。

表5-7　　　　　　　　　　上海免税购物适用政策变化

时间	上海免税购物适用政策	内　　容
1989年	海关总署《关于中国免税品公司经营市内免税店业务问题的通知》	市内免税店业务由中国免税品公司统一经营。经营对象仅限于外籍人士;对市内店经营产品品类做出限制,包括首饰、工艺品、香水、化妆品、笔、打火机、眼镜、丝巾、领带、毛织品、棉织品、服装、皮鞋、皮带、皮包、小皮件等16种
1996年	1996年海关总署68号文和外汇商品监管办法2000年3号文	持中国籍护照,年满16周岁以上公民,出国回国180天之内,可免税购物一次,个人单次免税额度2 000元,单件商品价值1 000元以上的限购1件
2000年	财务部、海关总署等《关于进一步加强免税业务集中统一管理的有关规定》	开办市内免税店,由中国免税品(集团)总公司提出申请,财政部会同海关总署、国家旅游局和国务院税务总局提出意见报国务院审批
2005年	海关总署《中华人民共和国海关对免税商店及免税品监管办法》	市内免税商店的销售对象限于即将出境的境外人员;口岸免税商店的销售对象限于已办结出境手续、即将前往境外的人员,以及尚未办理进境手续的人员

续表

时间	上海免税购物适用政策	内容
2010年	《中华人民共和国海关总署公告》（2010年第54号）	进境居民旅客携带超出5 000元人民币的个人自用进境物品，经海关审核确属自用的；进境非居民旅客携带拟留在中国境内的个人自用进境物品，超出人民币2 000元的，海关仅对超出部分的个人自用进境物品征税，对不可分割的单件物品，全额征税
2016年	《口岸进境免税店管理暂行办法》	对原经国务院批准具有免税品经营资质，且近三年有连续经营口岸和市内进出境免税店业绩的企业，放开经营免税店的地域和类别限制。口岸进境免税店必须由具有免税品经营资质的企业绝对控股（持股比例大于50%）
2016年	《关于口岸进境免税店政策的公告》	口岸进境免税店的适用对象是尚未办理海关进境手续的旅客，在维持居民旅客进境物品5 000元人民币免税限额不变基础上，允许其在口岸进境免税店增加一定数量的免税购物额，连同境外免税购物额总计不超过8 000元人民币，并规定口岸进境免税店经营品类
2019年	财政部、商务部等《口岸出境免税店管理暂行办法》	对原经国务院批准具有免税品经营资质，且近五年有连续经营口岸和市内进出境免税店业绩的企业，放开经营免税店的地域和类别限制。口岸出境免税店必须由具有免税品经营资质的企业绝对控股（持股比例大于50%）
2021年	商务部、国家发改委等22部门《"十四五"国内贸易发展规划》	完善市内免税店政策，规划建设一批中国特色免税店
2022年	《关于调整疫情期间口岸进、出境免税店经营和招标期限等规定的通知》	已按照管理办法批准设立并已完成招标的口岸进、出境免税店，免税品经营企业与招标人（或口岸业主，下同）可在友好协商的基础上，延长免税店招投标时确定的经营期限，仅能延期一次，最多延期2年。延期后的经营期限可超过10年

资料来源：根据公开资料整理得到。

2021年12月《"十四五"国内贸易发展规划》提出，完善市内免税店政策，规划建设一批中国特色市内免税店。从发展规划可以看出地方乃至中央对于市内免税促消费的重视程度，但是在具体的市内免税购物政策上没有很多实质性的优化。2016年，在维持居民旅客进境物品5 000元免税限额不变的基础上，允许旅客在口岸进境免税店购买一定数量的免税商品，连同境外免税购物额总计不超过8 000元。除此以外，过去几十年间口岸免税购物的政策变革大多集中体现在免税店经营层面上，但是在购物顾客群体、商品品类、消费额度、购买次数与期限等方面仍维持较为严格的限制,这在一定程度上制约了上海免税经济的发展。

再观海南的离岛免税购物政策(见表5-6),可以看出上海适用的免税购物政策与其差距明显。海南主要采取离岛免税模式,即对乘飞机、火车、轮船离岛(不包括离境)旅客实行限值、限量、限品种免税购物。离岛免税政策自2011年在海南试点以来,十多年间政策不断升级,在免税购物人群、免税品种类、购物限额、购物次数、离岛交通工具、购物渠道等方面进行调整和完善。目前,离岛免税购物额度已经提升至10万元,商品种类增加至45种。

通过上海以及海南免税购物政策的历史变化可以看出,虽然上海适用的口岸免税购物以及市内免税购物政策在过去几十年间不断完善,但是发展情况相较于海南仍然相对落后。在海南免税购物政策不断更新的十余年间,上海免税购物政策几乎没有发生变化,导致两地在购买免税品的限额、免税品种类和购买免税品的限制件数等均存在较大差异。上海免税购物政策的更新情况已落后于免税经济实际发展的需要,成为制约上海免税购物发展的原因之一。

2. 免税购物的国际经验比较

中国海南、韩国首尔、法国巴黎都是世界上免税购物发展最好的地区,但是通过对发展战略的对比可以看出,各地的免税购物发展背景、发展重点、目标客户、销售结构都有较大的不同。

韩国早期借助经济快速增长和日本旅游市场开发、后期借助韩流文化输出和中国旅游市场开发,实现了免税购物的快速增长,并且在免税购物的发展过程中培育了一批具备国际影响力的美妆品牌,目前已经形成了韩流文化、本土香化品牌、入韩旅游与免税购物相结合的免税经济模式,销售额常年位居世界第一。香化类是韩国免税购物的销售重点,2019年韩国市内免税店香化品类占比高达64.7%。借助与免税业的联动发展,韩国本土香化品牌迅速崛起,2018年和2019年韩国免税销量Top10品牌前三名中,韩国本土品牌便占据了两席。

与韩国免税经济不同,法国免税购物走的是"老钱"模式,这主要是依靠法国在奢侈品消费领域的影响力。据统计,2020财年奢侈品公司十强(根据销售额排名)中[1],仅法国就占据了4家,分别为路威酩轩(LVMH)、开云集团(Kering SA)、欧莱雅(L'Oréal Luxe)、爱马仕(Hermès),其中路威酩轩(LVMH)2020财年奢侈品销售额高达339.76亿美元,远高于其他奢侈品公司。法国是时尚业最重要的起源国

---

[1] 德勤.2021全球奢侈品力量[R].2021-12-17.

家之一,一直在奢侈品领域保持着极高的影响力,因此,巴黎的免税店在奢侈品的渠道方面具备其他国家免税店难以比拟的优势。[①]

海南则是依靠国家战略布局,作为中国内地唯一的离岛免税试点,吸引了大量的境外消费回流,对韩国免税购物起到了良好的替代作用。并且海南坐拥中国最顶级的旅游资源,旅游吞吐量很大,通过旅游业与免税购物的产业协同,带动旅游消费。海南免税店的商品种类也十分丰富,不仅包括常见的香化品、箱包、鞋履、腕表、珠宝等,还有 Apple 商店。但是,海南免税店的商品款式较少,很多奢侈品牌的热门款式经常处于缺货状态。

表 5—8　　　　　　　　　免税购物发展战略国际比较

	中国上海	韩国	法国巴黎	中国海南
目标群体	国内旅客	境外旅客	境外旅客	国内旅客
产业协同	—	韩流经济 本土香化 旅游业	时尚业 旅游业	旅游业
商品种类	化妆品香水 鞋履箱包 烟酒食品	化妆品香水 腕表珠宝 鞋履箱包 烟酒食品 电子产品	化妆品香水 腕表珠宝 鞋履箱包 烟酒食品	化妆品香水 腕表珠宝 鞋履箱包 烟酒食品 电子产品 手机
销售重点	化妆品香水	本土化妆品香水	腕表珠宝 鞋履箱包	化妆品香水 手机

资料来源:根据公开资料整理得到。

5.5　政策建议

5.5.1　明确发展定位,抓准目标群体

上海发展免税购物,推动构建国际消费中心城市,首先应当根据当前发展的状况,明确自身发展的定位,找准政策的目标消费者群体。从上海免税购物的发展现状来看,虽然免税品销售额已有一定规模,但发展水平仍然有限,不仅免税店的服

---

① https://xueqiu.com/9508834377/153865898.

务范围受限、服务质量偏低,而且免税购物与其他经济部门的联动水平也有限,尚未形成具有鲜明上海特征的免税经济业态与发展模式,与韩国、巴黎、海南等地免税经济存在明显的差距。在当前的发展水平下,要求短期内形成免税购物与旅游、文化娱乐产业高效联动的免税经济发展模式并不现实,以吸引国际旅客来沪消费作为政策目标可能存在较大困难。相较之下,我国拥有世界上最大的消费市场,但国内消费大量流失到海外,通过引导消费回流做大上海居民消费总量的空间仍较大,这或许是更合适、更容易取得成效的短期目标。而从上海免税购物与免税经济在长期内做大做强、实现高质量可持续发展的角度来说,增强免税购物与其他经济部门的联动关系,依靠上海强大的文化软实力吸引境外游客并激发他们的消费欲望,形成具有鲜明中国特色、上海特征的免税经济模式,将是需要在更长时期内不断探索的发展道路。

因此,在上海制定出台发展免税购物的相关政策方案之前,应当明确政策所指向的目标消费者群体,事先判断目标的合理性,并在后续政策制定、政策实施、政策追踪评估等一系列过程中始终围绕既定的目标。短期来看,由于当前上海免税经济的发展水平在国际上并不占优,吸引国外旅客消费的难度相对较大,因此选择引导海外消费回流作为主要目标可能较为合适。而长期来看,上海若要跻身国际消费中心城市之列,必然需要在发掘国内消费潜力的同时,适当考虑以吸引国外旅客消费作为目标之一,这需要有强力的消费品牌、强大的旅游和文化产业作为基础,需要上海的制造业硬实力与文化软实力协同发展。

5.5.2 争取政策支持,优化管理制度

从韩国、海南等地免税购物的发展经验来看,国家政策的支持对于免税经济的发展大有裨益。上海应当努力向中央有关部门争取相关优惠政策,改变免税购物受制于各类严苛规定的现状,为免税店提供更多自主经营空间,以此将上海免税经济做大做强。

首先,可以考虑适当放宽居民旅客携带进境行李物品及进境免税购物的相关限制,与居民购物需求相匹配。当前最高不超过 8 000 元的进境免税购物限额以及各种购物件数的限制,无法满足高端消费者对名牌香水、化妆品或者电子产品的消费需求,因而许多国内消费者选择以海外代购的方式购买境外免税品,导致居民消费流失到海外。在海关难以做到严格准确监管的情况下,适度放宽进境免税购物

限额与件数限制,有利于将流失到海外的居民消费引导回国内市场。在具体限额的设置方面,可以参考近年来主要品类商品的价格变化状况以及旅客消费数量需求的变化来设定合适的消费限额;也可按照经济发展水平做简单的测算。例如,我国 2010 年的政策将居民旅客免税携带进境的商品额度设定为 5 000 元,而 2010—2019 年间(疫情前),我国人均 GDP 从 30 808 元增长到 70 078 元,增幅为 127%。若 2010 年设定的 5 000 元额度是合理的,则大致可以计算出 2019 年的合理免税额度约为 11 350 元。[①] 因此,建议将居民旅客免税购物的限额放宽至 11 000 元或 12 000 元,具体可以考虑维持 5 000 元境外购物限额不变,参照 2016 年改革的思路,进一步提高居民旅客在进境口岸免税店和市内补购免税店的购物限额,充分将限额的提高转化为国内消费的增长,而非海外消费的增长。

其次,可以考虑适当放宽免税店经营活动的相关限制。一方面,放宽口岸免税店和市内免税店的商品种类限制。吸引海外消费回流的重要前提是,在我国免税店能够购买到与境外免税店质量相同的商品。当前,上海的口岸免税店和市内免税店虽然都能销售香水、化妆品等商品,但与海南离岛免税政策规定的 45 种商品相比还存在明显的差距,限制了消费者的选择空间,建议将口岸免税店和市内免税店的商品种类限制放宽为当前海南离岛免税适用的 45 种商品。另一方面,应适当给予免税店经营企业在免税店设立、免税店数量、免税店选址、免税店面积等具体问题上的经营自主权,减少政府在免税品经营领域的越位现象,将企业经营策略和业绩的问题留给企业自己去解决。境外的免税店(尤其是市内免税店)通常设立在繁华并能够吸引旅客留宿的地段,这有利于提高旅客消费购物的概率,提高免税店的渗透率。要提高上海免税店的经营效益,将这类经营自主权交回到企业手中是很有必要的。

5.5.3 增加经营主体,形成适当竞争

当前由于相关政策对免税品经营商的限制,在上海经营免税店的仅有中服、上海港中免、日上免税行等少数企业,而其中大多数企业属于中免集团控股的集团成员企业,仅中服为国药集团控股。由于受到国家政策的庇护,所以免税品经营商在

---

① 2019 年我国人均 GDP 约为 2010 年的 2.27 倍,进而 2019 年的合理免税额度约为 5 000×2.27 = 11 350 元。

提高服务质量、做大销售业务规模方面的激励措施通常不够,导致出现遭到消费者抱怨的购物流程烦琐、店员态度恶劣等情况。此外,上海免税购物的渗透率、客单价较低等问题,在一定程度上也与免税店经营企业缺乏竞争意识、安于现状有关。为了提高免税店的服务质量,增强其拓展业务的动力,在努力争取放开购物相关限制的基础上,应当考虑引入国内其他免税品经营商,形成免税品行业的适度竞争环境,利用市场机制来激发企业提高服务质量、增加宣传力度、做大业务规模的动力。

5.5.4 优化店铺布局,扩大覆盖范围

当前上海的免税店以出入境口岸免税店为绝对主体,对应免税销售额占全市免税销售额的 90% 以上,面积占全市免税店的 80% 以上,其中机场免税店又是口岸免税店的核心。从免税经济第一大国韩国的发展经验来看,发展市内免税店对于免税品经营商和消费者而言都有十分重大的意义。一方面,对于免税品经营商来说,机场免税店往往由机场占据主导地位,租金扣点较高,因而利润率相对较低;而市内免税店依托牌照优势,租金往往按照正常零售商业租金计算,相对可控,因此盈利能力明显好于机场免税店。另一方面,对于消费者而言,前往市内免税店选购免税商品不仅交通更加便利,购物时间也更加充裕。因此,在经营商的合理运营之下,消费者在市内免税店的购物体验往往会更好,消费金额会更高。市内免税店在引导居民海外消费回流,乃至吸引国际旅客消费方面也更有优势,有利于实现上海免税购物的发展目标。

在具体实施过程中,至少有三个方面值得注意:第一,应当在市内免税店选址上给予企业一定的经营自主权。相较于政府部门,企业对于不同区域的潜在市场往往有更加准确的判断,将市内免税店的选址工作交还给企业,由企业决定后向有关部门申请,更有利于市内免税店的经营和发展。第二,需要做好与市内免税店相配套的离境口岸提货点。由于免税购物的特殊性,所以一般不允许免税商品在境内自由流通,通常需要消费者在离境时从口岸提货点提走自己购买的免税商品,这就对口岸提货点提出了相应的要求。一方面,离境口岸提货点的数量一定要足够、覆盖面要广,不能因为旅客进行了免税购物,就要求他们只能从某些机场提货离境。另一方面,口岸提货点的路标指引要清晰、位置要显眼、提货效率要高。从旅客到达提货点到离境,这中间的时间是比较有限的。如果旅客到口岸提货时找不到提货点,或者提货流程烦琐费时,就会使他们产生极差的免税购物体验。第三,

增设市内免税店的同时，也要推出和不断优化免税店 App 或者网上商城，做到线上线下共同发力，进一步改善消费者的购物体验。

5.5.5 鼓励国货销售，强化品牌拉动

从免税购物第一大国韩国的发展经验来看，免税经济对于本土产品的拉动作用是相当可观的。得益于韩国政府出台的一系列免税政策，韩国本土香化产品迅速崛起，形成对进口化妆品的替代，并逐渐打开了通往国际市场的大门。因此，上海在发展免税购物和市内免税店的同时，可以适当鼓励、引导免税店对上海以及我国特色品牌、老字号进行宣传，允许免税店销售相关国产品牌的代表性商品（如华为手机等），打造品牌知名度，助力国内品牌和企业做大做强、走出国门。但需要注意的是，不宜通过设定硬性指标等方式来限制免税店的自主经营，揠苗助长可能适得其反，恶化免税店自身的经营状况。

具体来说，可以在允许免税店销售部分国产商品的同时，出台一系列配套的政策措施，促进国货的销售。例如，在购物限额方面，允许国产商品享受额外追加的额度；在提货方式上，可以考虑针对部分国产品牌的商品，允许旅客在市内免税店购买后直接提货。考虑到这种做法可能增加免税品在国内市场上流通的风险，对于价值较高的商品，可以参考海南离岛免税的最新政策[①]，要求旅客提供与税款相当的担保，待到相关商品核验离境时，再退还担保的税款。

5.5.6 实施离岛免税，促进产业联动

为了充分发挥上海免税购物在吸引海外消费回流、刺激国内居民消费方面的作用，可以考虑研究实施上海离岛免税政策。从可行性来说，上海崇明岛及周边岛屿的地理位置为实施离岛免税政策创造了基本条件；并且岛上有大量的公园、景区，这也是发展旅游相关产业的重要抓手。就制度设计而言，应当充分评估离岛免税政策在引导海外消费回流、刺激国内居民消费方面的预期效果，同时考虑政策实施后周边地区的消费向上海转移的可能性和规模。例如，临近地区居民（尤其是崇

---

① 《海关总署 财政部 税务总局关于增加海南离岛免税购物"担保即提"和"即购即提"提货方式的公告》（海关总署 财政部 税务总局公告 2023 年第 25 号）。

明岛外的上海市民)前往崇明岛十分方便,就可以通过要求在崇明岛留宿等方式,适当"增加"旅客的出行成本;通过每人每年离岛免税购物限额的设置(如沿用上文测算的 11 000 元或 12 000 元的限额标准),尽量满足旅游观光客的正常消费需要,同时适当控制旅客出行的购物收益。通过此类措施,尽可能避免纯粹为了享受免税购物优惠而进入崇明岛的套利行为,从而减少对国内其他地区的消费产生的伤害。

此外,为了实现上海免税经济的长期健康发展,有必要借助崇明岛离岛免税政策以及其他举措,发展市内免税店与线上免税店,促进免税购物与文化、旅游、娱乐等相关产业的联动水平,强化免税购物对上海乃至我国特色品牌、老字号产品的拉动作用。这不仅要求上海在免税购物方面不断进行制度创新,而且需要在文化、旅游等领域积极引导,大力发展相关产业,鼓励通过举办各类文化活动、促销活动加强免税购物与其他产业之间的联系,形成相互促进发展的良性循环。通过促进产业联动、强化品牌拉动,最终探索形成具有鲜明上海特色的免税经济发展模式,构建国际消费中心城市和免税"购物天堂"。

—— 第六章 ——

促进上海自贸区
发展的税收政策研究

6.1 自贸区的建设背景

冷战结束之后,区域主义和全球主义成为世界发展的两大趋势。进入 21 世纪以来,经济全球化浪潮滚滚袭来,但多边贸易谈判的进展十分缓慢,自由贸易区(以下简称"自贸区")逐渐成为改革发展的新途径。自贸区早期的功能主要集中于贸易,大部分的自贸区起源于当地的港口或港区。随着各国经济的发展和战略意图的实现,自贸区的概念和范围逐渐扩大,现在已经成为集进出口、仓储物流、展销、制造加工功能和转口贸易等多功能于一身的经济发展区域。

纽约于 1936 年 1 月 30 日设立了第一个对外贸易区"纽约 1 号",新加坡于 1966 年通过了《自由贸易园区法案》并建立了新加坡首个自由贸易区,迪拜于 1980 年将重要港口杰贝阿里建设为自由贸易区。20 世纪末,全球自由贸易区的数量激增。中国第一个自贸区——上海自贸区——于 2013 年成立,中国的自贸区起步较晚,在各个方面都有很大的提升空间。

目前,对中国自贸区税制进行的研究主要集中在自贸区税收政策演变历史和未来改革方向探索方面,国际横向比较相对欠缺。本章将重点对国际顶级自贸区的税收制度进行横向比较,从中辨析上海自贸区的优劣势以及未来改革的空间,最后提出促进上海自贸区税制建设和自贸区发展的政策建议。

6.1.1 自贸区概念界定

目前,世界上的自由贸易区主要分为两种类型:传统的自由贸易区和新型的自由贸易区。

传统的自由贸易区(Free Trade Area,FTA)是指两个或两个以上的国家或地区或单独关税区组成的区内取消关税和其他非关税限制、区外实行保护贸易的特殊经济区域或经济集团,是根据多个国家之间协议设立的包括协议国(地区)在内的区域经济贸易团体。简单来说,是指多个国家或地区(经济体)之间做买卖生意(贸易),为改善买卖市场,彼此给予各种优惠政策;至于怎样做买卖,不是某一国说了算,而是在国际协议的基础上由多国合作伙伴一起商议制定游戏规则,按多国共同制定的规则进行。

传统的自由贸易区有北美自由贸易区(包括美国、加拿大、墨西哥)、东盟自由贸易区(包括东盟十国)等。例如,中国—东盟自由贸易区(CAFTA)是中国与东盟十国组建的自由贸易区,2010年1月1日起贸易区正式全面启动。自贸区建成后,东盟和中国的贸易占到世界贸易的13%,成为一个涵盖11个国家、19亿人口、GDP达6万亿美元的巨大经济体,是目前世界上人口最多的自贸区,也是发展中国家间最大的自贸区。中日韩自贸区是一个由人口超过15亿的大市场构成的三国(中国、日本、韩国)自由贸易区。自由贸易区内关税和其他贸易限制被取消,商品等物资流动更加顺畅,区内厂商往往可以降低生产成本,获得更大的市场和收益,消费者则可以获得价格更低的商品,各成员经济体的整体经济福利都会有所增加。2012年5月13日,《中华人民共和国政府、日本国政府及大韩民国政府关于促进、便利和保护投资的协定》在北京正式签署。

新型的自由贸易区(Free Trade Zone,FTZ)属一国或地区境内关外的贸易行为,是指一个国家或地区或单独关税区内设立的用栅栏隔离、置于海关管辖之外的特殊经济区域,将这一特殊经济区域作为市场来对外做买卖(贸易)。区内允许外国船舶自由进出,外国货物免税进口,取消对进口货物的配额管制,是自由港的进一步延伸,也称为对外贸易区,货物可以在这里卸货、处理、生产或重新配置以及再出口而不需要海关的干预。只有当货物被移至保税区所在国家或地区的消费者手中时,才需要缴纳现行的关税。自由贸易区的主要目的是消除海港、机场或边境因高关税和复杂的海关规定而造成的贸易障碍。这种系统的优点之一是,通过减少海关检查手续,船只和飞机可以更快地周转,还可以自由地制造、返修和储存货物。

自由贸易区往往是围绕主要的海港、国际机场和国家边境建立起来的。目前,世界上影响力较大的 FTZ 主要分为两类:贸易型 FTZ 和海港式 FTZ。贸易型 FTZ 具备贸易地理优势,如中国香港、新加坡、巴拿马、哥本哈根、洛杉矶和纽约等;海港式 FTZ 主要是由大型海港发展而来的,如伦敦和鹿特丹等,这些海港式 FTZ 使用诸如保税仓库和相关系统等替代设备,还有德国的汉堡自由贸易区,也是非常典型的海港式 FTZ,其立足"海上对外通道"兴建起来的特殊区域,推动了整个西欧国家和地区的贸易自由化进程。[1]

6.1.2 自贸区与保税区/保税仓

1. 保税区/保税仓

保税区属于境内关内,即货物一旦进入保税区,就要受到海关的监管。保税区相当于一个更大的保税仓库,保税区是发展转口贸易、保税仓储、出口加工等外向型经济的特殊经济区域。保税区的货物出境之后才会退税。

2. 自贸区

自贸区属于境内关外,海关对于进入自贸区的货物一般是不加干涉的,例如,货物可以在自贸区内自由地买卖、存储,不需要同海关打交道。只有当自贸区的货物要进入境内非自贸区时,才需要报关、交税,自贸区金融开放、汇率自由。自贸区与保税区相比最大的特色是"境内关外"的特殊海关监管制度,即"一线放开、二线管住"。

所谓"一线",是指自贸区与国境外的通道口,"一线放开"是指境外的货物可以自由地、不受海关监管地自由进入自贸区,自贸区内的货物也可以自由地、不受海关监管地自由运出境外。所谓"二线",是指自贸区与海关境内的通道口;"二线管住"是指货物从自贸区进入国内非自由贸易区,或货物从国内非自贸区进入自由贸易区时,海关必须依据本国海关法的规定,征收相应的税收。

---

[1] 人民网—财经频道.自由贸易区简介[EB/OL].(2013-08-22.)[2024-01-10]. http://finance.people.com.cn/n/2013/0822/c1004-22664665.html.

6.2 上海自贸区税收政策介绍

6.2.1 上海自贸区历史沿革

从中国(上海)自由贸易试验区(以下简称"上海自贸区")演变来看,经历了由保税区向综合保税区以及由综合保税区向自由贸易试验区发展两个阶段。

1. 设立保税区

上海曾设有4个保税区:

(1)上海外高桥保税区于1990年6月经国务院批准设立,同年9月正式启动,这是全国第一个也是全国15个保税区中经济总量最大的保税区,形成以国际贸易、现代物流和先进制造业三大功能为主的口岸产业。

(2)上海外高桥保税物流园区与外高桥港区连成一体,是国务院特批的全国第一家保税物流园区,于2004年4月15日通过海关总署联合验收小组验收,被赋予国际中转、国际采购、国际配送和国际转口四大功能。

(3)洋山保税港区于2005年12月10日正式启用,主要发展和提供集装箱港口增值、进出口贸易、出口加工、保税物流、采购配送、航运市场等产业和服务功能。

(4)浦东机场综合保税区于2009年7月经国务院批准设立,逐步形成空运亚太分拨中心、融资租赁、快件转运中心和高端消费品保税展销等临空功能服务产业区。

2. 由保税区向综合保税区发展

综合保税区是为满足对外开放和经济发展需要而设立的,相对于保税区,其已成为开放层次更高、政策更优惠、功能更齐全的海关特殊监管区域。设立综合保税区,有利于用足用好综合保税区各项优惠政策,发挥其对进出口贸易的拉动作用,大力发展外向型经济,打造区域性国际物流中心,拉动经济快速发展。

上海综合保税区于2009年1月正式挂牌,融洋山港保税区、外高桥保税区(含外高桥保税物流园区)和浦东机场综合保税区于一体,三区联动,实现稳定、均衡、快速发展的同时,在目标体系、政策需求和产业重点方面实行差别兼顾、错位发展、多点突破。上海综合保税区管理委员会作为上海市政府的派出机构,统一管理洋山保税港区、外高桥保税区(含外高桥保税物流园区)及浦东机场综合保税区的行政事务。

3. 由综合保税区向自由贸易试验区发展

中国(上海)自由贸易试验区,是中国政府设立在上海的区域性自由贸易园区,位于浦东新区。2013年9月29日,中国(上海)自由贸易试验区正式成立,面积28.78平方公里,涵盖上海市外高桥保税区、外高桥保税物流园区、洋山保税港区和上海浦东机场综合保税区4个海关特殊监管区域。2014年12月28日,全国人大常务委员会授权国务院扩展中国(上海)自由贸易试验区区域,将面积扩展到120.72平方公里。2019年8月,临港新片区亮相。上海自贸区涵盖范围进一步扩大到上海市外高桥保税区、外高桥保税物流园区、洋山保税港区、上海浦东机场综合保税区、金桥出口加工区、张江高科技园区、陆家嘴金融贸易区和临港新片区8个区域,面积扩大至240.22平方公里。

中国(上海)自由贸易试验区是中国大陆境内第一个自由贸易区,是中国经济新的试验田,力争建设成为具有国际水准的投资贸易便利、货币兑换自由、监管高效便捷、法治环境规范的自由贸易试验区。

传统的自由贸易区(FTA)、新型的自由贸易区(FTZ)和保税区都是为降低贸易成本促进商务发展而设立的,但是在本质上存在区别。上海自贸区是典型的贸易型FTZ,即在上海地区内划出一块特殊经济区域来进行对外贸易,并且实施一系列的关税优惠政策。

鉴于本章主要研究目的是为上海自贸区的发展提供税制借鉴经验,因此本章主要研究的是国际上的新型自由贸易区,即一国或一个地区中的在海关管辖之外的某个特殊经济区域——FTZ。

6.2.2 上海自贸区的功能定位

建立自贸区是我国在新形势下,全面深化改革、扩大对外开放的重大举措。作为中国首个自贸区,2013年9月上海自贸区正式启航,之后自2015年起至2020年止,上海自贸区共历经两次扩区,从最初的4个海关特殊监管区域到3个新设核心功能区以及最终临港新片区共同构筑了上海自贸区。与其他片区相比,新成立的临港新片区有明确的更高的定位。2020年5月,我国特殊的综合保税区——洋山港综合保税区——正式揭牌。图6—1为上海自贸区自成立以来的区域扩容脉络图。

上海自贸区的各个区域均有特殊的发展定位。外高桥片区依托其先发优势,打造成为以贸易、金融、专业服务为主,商务、休闲、娱乐功能兼备的综合性功能集

```
2013年设计          面积扩大至120.72平      2019年第二        规划面积25.31平方
                    方公里，新增陆家嘴、    次扩容            公里，洋山港综合
                    金桥及张江片区                            保税区正式揭牌
─────●────────────────●────────────────●────────────────●─────────→
初始面积28.78平方                        总面积240.22平方
公里，包含外高桥、  2015年第一            公里，上海自贸区    2020年综合保
洋山港及浦东机场    次扩容                临港新片区正式形    税区成立
                                          成
```

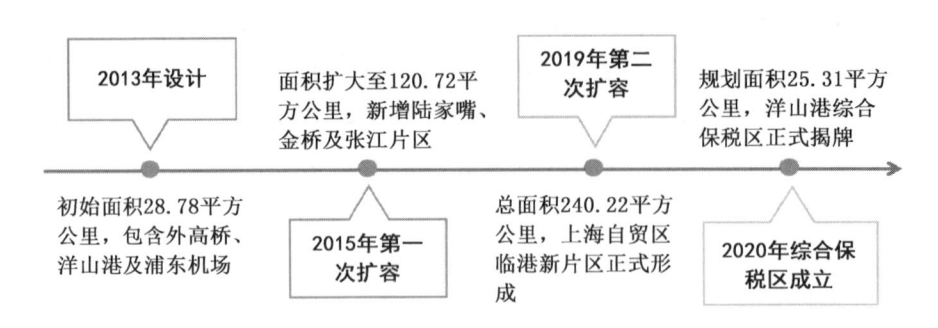

图6—1 上海自贸区区域变化脉络图

聚区；洋山港保税区充分利用其得天独厚的深水岸线和航道条件，打造成为全球航运功能服务区；浦东机场综合保税区充分利用其亚太航空综合枢纽的优势，通过与周边地区经济的联动发展，打造成为现代商贸功能区和国际航空服务区；陆家嘴金融片区以金融业为主，通过与国际市场的互联互通机制，发展定位为国际金融中心的核心区、航运中心的高端服务区、现代商贸的重点集聚区；金桥片区以高端制造业为主，依托其制造业和服务业的先天发展优势，定位为制造业和服务业双核心发展示范区；张江高科技片区以高新技术产业为主，通过自贸试验区与自主创新示范区的深度融合发展，建设成为创新型国家战略的核心基地；临港新片区则是对标国际最强自贸区，突破深领域高层次的政策及制度瓶颈，将上海自贸区打造成为最具影响力和竞争力的特殊经济功能区。表6—1为上海自贸区各片区的功能定位。

表6—1 上海自贸区各片区的功能定位

时间	自贸区区域	功能定位
2013年9月	外高桥片区 洋山港保税区 浦东机场综合保税区 陆家嘴金融片区	综合功能集聚区 全球航运功能服务区 现代商贸功能区、国际航空服务区 国际金融中心核心区
2015年4月	金桥片区 张江高科技片区	制造业和服务业双核心发展示范区 创新型国家战略核心基地
2019年8月	临港新片区	特殊经济功能区

上海自贸试验区、临港新片区和浦东新区的联动发展是功能与功能的联动，是功能区与功能区的联动。这个判断主要是基于以下几点：

一是空间位置的紧密嵌套、高度融合。上海自贸试验区、临港新片区的先行启动区都在浦东新区的行政区划范围内，空间上呈现紧密的嵌套关系（见图6—2）。

因此，联动发展不是割裂的、相互独立的行政区之间的联动，而是在浦东新区范围内的重点区域之间的功能联动，在发展关系上具有高度的延续性和渗透性。

二是区域属性具备明确功能，互补性和延续性强，为功能联动奠定坚实基础。浦东新区自开发开放之初就明确了行政区和改革开放高地的双重属性。上海自贸试验区自成立之初就定位为制度创新的功能性高地，在2015年扩区后实现了经济功能与制度创新功能的高度统一。《中国（上海）自由贸易试验区临港新片区总体方案》明确提出，临港新片区是制度创新的最前沿和最高地，致力于打造"特殊经济功能区"。因此，上海自贸试验区、临港新片区和浦东新区各自的功能优势明显，并且存在错位和高差，除了经济功能联系紧密、高度一体化之外，在开放功能上也表现出高度融合、不断递进深化的关系（见表6—2）。因此，联动发展是功能区的紧密联动，是以新型特殊功能区的率先发展再次带动浦东新区高质量发展。

图6—2 浦东新区、上海自贸试验区和临港新片区的空间嵌套关系

三是联动发展模式已经摸索出成功经验。浦东新区开发开放始于四大开发区，四大开发区就是改革开放初期的特殊经济功能区。通过围绕四大开发区的经济功能建设推动制度创新和城市功能完善，浦东新区实现了以重点功能区突破带动区域整体崛起，在统筹开发区与开发区、开发区与周边街镇等的关系，以及上海自贸试验区围绕经济功能建设推动制度创新和城市功能完善方面，积累了丰富的成功经验(见表6—2)。

表6—2　　　　浦东新区、上海自贸试验区和临港新片区的现状功能优势

区域	区域属性	优势	具体表现
浦东新区	行政区域＋功能性区域	先发优势、综合优势	人口众多,机构齐全,规模等级高,产业体系完备,产业链配套能力强,科技创新实力扎实,高新技术企业较多,制度创新高地,拥有浦东综合配套改革、张江国家自主创新示范区等平台城市文化积淀,城市功能完备,拥有丰富的城市建设经验和品牌积累
上海自贸试验区	功能性区域	经济功能优势、制度创新优势	经济功能最高地,拥有陆家嘴、张江、外高桥、世博园等上海核心功能区;制度创新高地,在投资自由化、贸易便利化和政府职能转变"六大服务业领域"的开放
临港新片区	功能性区域	制度创新优势、先进制造业的功能优势、空间优势	政策和制度创新最高地,"五个自由、一个便利",并以"政策从优、自动适用"为保障的新能源汽车、大飞机、高端装备制造产业的集中布局区域,集成电路、人工智能、生物医药产业蓬勃发展的可开发空间,制度创新优势又为土地利用方式创新提供保障,可以积极试验弹性用地、复合用地等

6.2.3　上海自贸区税制介绍

上海自贸区的税收政策由两部分组成:一是沿袭了原保税区税收政策;二是《中国(上海)自贸区总体方案》(国发〔2013〕38号)赋予部分新的税收政策。

1.保留延续税收政策

上海自贸区是建立在原来综合保税区的基础上,是综合保税区的升级版,所以原有综合保税区货物贸易税收政策仍延续保留,分为免税缓税、出口退税和保税加工三类。

(1)免税缓税政策。主要是针对进口货物在进口时免征进口关税和国内货劳税,或暂不征收关税和国内货劳税。有以下四类:

一是货物可以在保税区与境外之间自由出入,免征关税和进口环节税。

二是区内生产企业和生产性服务业企业进口自用设备、办公用品、生产用原材料、零部件等免征关税、进口环节增值税,但生活性服务业等企业进口的货物以及法律、行政法规和相关规定明确不予免税的货物除外。

三是进口产品进境备案,内销产品进关完税。

四是对注册在洋山保税港区内的企业从事国际航运、货物运输、仓储、装卸搬运、国际航运保险业务取得的收入,免征营业税。营业税改征增值税后,凡注册在洋山保税港区内的试点纳税人,对于其提供的国内货运、仓储、装卸等服务,实行增值税即征即退优惠政策。

(2)出口退税政策。主要是针对由国内通过保税区出口货物在进入保税区时先行退税。有以下两种类型:

一是在外高桥保税区国内货物装船离岸出口办理退税,在洋山保税港区出口加工区、外高桥保税物流园区、浦东机场综合保税区货物入区视同出口办理退税;

二是从国内其他港口启运经洋山保税港区中转的货物,在离开启运地时即可办理退税。

(3)保税加工政策。主要是针对出口加工所需的进口原材料、零部件等中间品实行保税。

一是对境外运入区内的企业加工出口所需的原材料、零部件、元器件、包装物件、转口货物以及区内存储货物实行保税;

二是加工产品内销按照进口原材料、零部件征收关税和进口环节增值税。

此外,在洋山保税港区和各出口加工区内生产企业互相生产加工产品在区内流转免征增值税。

(4)保税交易政策。在严格执行货物进出口税收政策的前提下,允许在海关特殊监管区域内设立保税展示交易平台。支持在海关特殊监管区域内开展期货保税交割、仓单质押融资等业务。

2.促进贸易税收政策

中国(上海)自贸区作为综合保税区的升级版,针对货物贸易扩大到服务贸易,吸收了其他保税区已经试行的做法,推出了一系列适应发展服务贸易税收政策。主要有以下两类:

第一类为将试验区内注册的融资租赁企业或金融租赁公司在试验区内设立的项目子公司纳入融资租赁出口退税试点范围,也就是境内公司对境外的融资租赁,提供的设备视同出口享受退税。

第二类为对试验区内注册的国内租赁公司或租赁公司设立的项目子公司,经国家有关部门批准,从境外购买空载重量在25吨以上并租赁给国内航空公司使用的飞机,享受进口环节增值税优惠政策,即按照航空公司和境外融资租赁公司待遇,按1%关税和4%增值税,合计5%征税。

3.鼓励投资税收政策

中国(上海)自贸区作为综合保税区的升级版,针对货物贸易扩大到投资、金融领域,吸收了其他保税区已经试行的做法,推出了一系列适应投资发展税收政策。主要有以下两类:

第一类为注册在试验区内的企业或个人股东,因非货币性资产对外投资等资产重组行为而产生的资产评估增值部分,可在不超过5年期限内,分期缴纳所得税,而不是在投资时一次性缴纳。

第二类为对试验区内企业以股份或出资比例等股权形式给予企业高端人才和紧缺人才的奖励,实行已在中关村等地区试点的股权激励个人所得税分期纳税政策,最长可在不超过5年的期限内分期缴税,而不是取得时一次性缴税。

综上所述,我们大致梳理出中国(上海)自贸区政策特征,如表6-3所示。

表6-3　　　　　　中国(上海)自贸区税收政策特征

			外高桥保税区	洋山保税港区	浦东机场综合保税区	上海自贸区
功能定位	货物		进出口、转口贸易	国际中转、转口贸易、国际采购	国际中转、转口贸易、国际快件转运	推进服务业扩大开放和投资管理体制改革,推动贸易转型升级,深化金融领域开放,培育国际化、法治化的营商环境,发挥示范带动、服务全国的积极作用
			加工贸易	出口加工	出口加工	
	货物	营改增范围	货物储存、货物运输	国际配送、运输装卸	国际配送、仓储物流	
		营改增尚未试点范围	商品展示、商品交易		商品展示交易	
			金融	与航运配套的金融、保险、代理理赔、检测等	融资租赁,配套的金融保险、维修检测、代理等	

续表

			外高桥保税区	洋山保税港区	浦东机场综合保税区	上海自贸区
货物税收政策	境内货物	进入保税区	经保税区出口:退税	进入保税区视同出口:退税	进入综合保税区视同出口:退税	对区内生产企业和生产性服务业企业进口所需的机器、设备等货物予以免税
	境外货物	境外运入区内	免征关税和进口环节税	免征关税和进口环节税	保税,或者免征关税和进口环节税	同左
		区内运往境外	免征关税		免征出口关税	
		区内运往非保税区(国内)	征收关税和进口环节税	按进口办理,并按货物实际状态征税	按进口办理,并按货物实际状态征税	征收进口增值税和消费税和按其对应进口料件或实际报验状态征收关税
	区内产品	区内销售或运往境外	免生产环节税	免征相应的增值税和消费税	免征增值税和消费税	同左
		销往国内非保税区	征收生产环节税,按比例征收关税、进口环节税	按进口办理,并按货物实际状态征税	按进口办理,并按货物实际状态征税	征收进口增值税和消费税,按其对应进口料件或实际报验状态征收关税
税务税收政策	区内注册	营改增试点范围		增值税即征即退(货物运输服务、仓储服务和装卸搬运服务)		完善启运港退税试点政策,适时研究扩大启运地、承运企业和运输工具等试点范围
		营改增尚未试点范围				1.融资租赁:出口退税 2.租赁公司:增值税优惠 3.研究完善适应境外股权投资和离岸业务发展的税收政策
税收监管	保税区与境外		免于常规监管:备案、稽核	洋山保税港区管理委员会会同有关部门建立监管协调机制	(未明确)	对通过自贸试验区口岸进出口或国际中转的货物,按照口岸货物状态监管

4.临港新片区税收政策

(1)总体税收政策。

新片区的税收政策主要是围绕经济发展的功能定位。新片区方案共明确了五方面的税收政策：

①对与新片区产业发展规划相适应的，具有基础优势的集成电路、人工智能、生物医药、民用航空等重点行业的关键核心环节相关企业，实施一定期限（成立之日起5年内）的企业所得税税率按照15%进行征收，这将有助于培育发展先进技术，形成产业辐射效应，带动其他相关区域联动发展。

②在其他地区先行试点的基础上，继续探索个人所得税政策对海外高层次人才的激励效应。

③自由贸易账户作为上海自贸区金融改革重要的基础设施，积极探索通过自由贸易账户开展投融资以及金融业务的税收政策。

④新片区方案明确了与国际船舶登记制度相配套的税收制度安排，主要是在服务上海国际航运中心建设这个国家战略的同时，支持我国造船工业的发展。

⑤进一步鼓励贸易自由化、便利化，对境外进入新片区海关围网区域的货物予以保税或者免税。

（2）企业所得税政策。[①]

自中国（上海）自贸区临港新片区揭牌以来，引发了高度关注。财政部与国税总局发布了《财政部 税务总局关于中国（上海）自贸试验区临港新片区重点产业企业所得税政策的通知》，对新片区内符合条件的重点产业企业，自设立之日起5年内减按15%的税率征收企业所得税。

①优惠资格认定标准。

A. 成立时间。

第一，自2020年1月1日起在新片区内注册登记且不满5年（不包括从外区域迁入新片区企业）；

第二，2019年12月31日前已在新片区注册登记且符合条件的企业，可自2020年至该企业设立满5年期限内享受优惠。

B. 产业与业务范围。

从事集成电路、人工智能、生物医药、民用航空产业，且主营业务属于财税〔2020〕38号文规定的《新片区集成电路、人工智能、生物医药、民用航空关键领域核心环节目录》范围。

---

① 临港新片区企业所得税收优惠政策解读［EB/OL］.（2023－07－12）［2024－04－26］. https://95251533.b2b.11467.com/news/4067478.asp.

C. 生产活动。

在新片区开展实质性生产或研发活动。

D. 产品技术。

企业主要研发或销售产品中至少包含1项关键产品(技术)。

E. 生产条件。

投资主体和研发生产条件(满足投资主体或研发生产任一子条件即可):

第一,企业投资主体条件。

a. 企业投资主体在国际细分市场影响力排名居于前列,技术实力居于业内前列;

b. 企业投资主体在国内细分市场居于领先地位,技术实力在业内领先。

第二,企业研发生产条件。

a. 企业拥有领先人才及核心团队骨干,在国内外相关领域长期从事科研生产工作;

b. 企业拥有核心关键技术,对其主要产品具备建立自主知识产权体系的能力;

c. 企业具备推进产业链核心供应商多元化,牵引国内产业升级能力;

d. 企业具备高端供给能力,核心技术指标达到国际前列或国内领先;

e. 企业研发成果(技术或产品)已被国际国内一线终端设备制造商采用或已经开展紧密实质性合作(包括资本、科研、项目等领域);

f. 企业获得国家或省级政府科技或产业化专项资金、政府性投资基金或取得知名投融资机构投资。

②资格认定及政策享受。

A. 企业申请。

申请企业填报"中国(上海)自由贸易试验区临港新片区重点产业企业所得税优惠资格申报自评表"[详见沪财发〔2020〕12号文《中国(上海)自由贸易试验区临港新片区重点产业企业所得税优惠资格认定管理办法》附件],并向新片区管委会提供以下相关材料:

第一,营业执照复印件;

第二,开展实质性生产或研发活动的有效证明文件(如新片区项目备案文件、土地或经营场地使用、租赁凭证、环评备案材料等);

第三,符合本办法第四条规定的相关证明材料(如技术水平认定文件、企业管理能力认定文件等);

第四，申报企业对申报税收优惠资格的材料内容和附属文件真实性负责的声明及企业法人信用查询授权书等；

第五，其他相关材料。

B. 政策享受。

经新片区管委会审核，市经济信息化委、市财政局、市税务局、新片区管委会联合发文明确可享受优惠的企业名单，列入名单的企业自2020年1月1日起，可在资格取得当年通过自行申报享受税收优惠政策。

③案例解析。

A企业2020年1月在临港新片区成立，符合财税〔2020〕38号文规定的重点产业企业认定标准，且已通过相关审核与公示。A企业2020年应纳税所得额为1 000万元。请问：企业享受临港新片区重点产业企业所得税优惠税金为多少？应该如何在当年汇算清缴时申报？

在企业不享受其他不可重叠的税收优惠条件下，可享受的优惠税金为100万元（1 000×0.25－1 000×0.15）。

企业在申报2020年汇算清缴时，应将优惠税额100万元填入"A107040减免所得税优惠明细表"中的第28.2栏次"（二）上海自贸试验区临港新片区的重点产业企业减按15%的税率征收企业所得税"。

（3）个人所得税政策。[①]

临港新片区研究实施境外人才个人所得税税负差额补贴，主要目的是吸引境外高端人才、降低个税税负。

（4）增值税政策。[②]

一是从经停港（包含启运港）加装的货物，须为已报关出口、经由《财政部 海关总署 税务总局关于完善启运港退税政策的通知》（财税〔2018〕5号）第（二）项规定的离境港离境的集装箱货物，自2021年1月1日起免征增值税。

二是对注册在洋山特殊综合保税区内的企业，在洋山特殊综合保税区内提供交通运输服务、装卸搬运服务和仓储服务取得的收入，免征增值税，有效期截止到2024年12月31日。

[①] 上海自贸区新片区税收"新政"：企业所得税、个税、增值税均有优惠［EB/OL］．（2019－08－06）［2024－04－26］．https://baijiahao.baidu.com/s?id=1641115117051369552&wfr=spider&for=pc．

[②] 关于中国（上海）自由贸易试验区临港新片区有关增值税政策的通知［EB/OL］．（2021－11－09）［2024－04－26］．https://shanghai.chinatax.gov.cn/zcfw/zcfgk/zzs/202111/t460923.html．

(5) 印花税政策。①

为支持自由贸易试验区发展离岸贸易,中国(上海)自由贸易试验区及临港新片区试点离岸贸易印花税优惠政策,具体要求如下:自2024年4月1日起至2025年3月31日,对注册登记在中国(上海)自由贸易试验区及临港新片区的企业开展离岸转手买卖业务书立的买卖合同,免征印花税。上述所称离岸转手买卖,是指居民企业从非居民企业购买货物,随后向另一非居民企业转售该货物,且该货物始终未实际进出我国关境的交易。

6.2.4　上海自贸区现行税制评价

根据上述对上海现行自贸区税收政策制度的总结,我们得出以下几点结论:

1. 名义政策不多,实际优惠不少

虽然上海自贸区新发布的名义政策不多,但实际综合优惠政策并不少。

(1)名义政策不多。

如果仅从自贸区新增税收政策分析相对有限,主要是自贸区内生产性服务业与生产企业享受同等税收待遇,具体为:进口自用设备、办公用品免征进口关税和增值税进口税收政策,非货币资产投资和股权激励的所得税递延纳税的投资税收政策,以及针对境外融资租赁退税,融资租赁进口飞机减税贸易税收政策。因此,自贸区与保税区税收政策相比较,新增政策并不多。

(2)实际优惠不少。

之所以这么说,是因为如果进一步将原有保税进口免税、入区退税的保税区延续税收政策,加上自贸区新增税收政策,再考虑到需要研究、完善的离岸服务和境外股权投资税收政策,最终可以实际享受的综合税收政策并不少。因此,将自贸区与非自贸区税收政策相比较,实际享受的政策并不少。

之所以会形成名义政策不多的看法,与长期以来我国实行的地区税收政策有一定关联。这是因为,我国无论是保税区政策还是特区、开发区政策,主要都是以税收优惠为主的政策导向,而这次自贸区在法制、管理和税制三大制度创新中,是

---

① 财政部 税务总局关于在中国(上海)自由贸易试验区及临港新片区试点离岸贸易印花税优惠政策的通知(财税〔2024〕8号)[EB/OL].(2024-02-26)[2024-04-26]. https://www.gov.cn/zhengce/zhengceku/202402/content_6931760.htm.

以法律制度和管理制度创新为主,税制不再担当主角,从而也会与预期形成一定的反差,看低现实政策。

2. 不设政策洼地,建立创新高地

上海自贸区的税收优惠政策力度并不大,主要体现在不追求设立政策洼地而是着力建设创新高地的政策导向上。

(1)自贸区不靠税收洼地引资。

我国自 1978 年十一届三中全会以来,秉持改革开放思想,在 1980 年建立了深圳经济特区,此后又建立了各类开发区和试验区,主要通过税收政策优惠形成政策洼地来吸引外资、促进对外开放。随着我国市场经济成熟发展,十八届三中全会审议通过了《中共中央关于全面深化改革若干重大问题的决定》,强调市场在资源配置中的决定作用。国家在战略上转变发展方式,政策需要走向新阶段。自贸区从而成为改革实践区而不是政策试验田,它需要的是创新而不仅仅是优惠。

(2)自贸区改革重点不在税收。

首先,自贸区立足于为全面深化改革和扩大开放探索新途径、积累新经验的国家战略高度,其设立意图和经济作用并非仅仅为探索税收政策,而是为了实现更开放、更自由的市场,探索我国经济发展的新模式。因此,自贸区对企业的吸引力也不着重在税收优惠。

其次,从出台的负面清单、"一线放开、二线管住"等创新的监管模式也可以发现,自贸区在政策上的改革重点放在监督与管理上。所以,建设自贸区的目的并不在于用政策优惠招商引资,而是通过改革逐步将政策与国际接轨,使中国政策更具国际性。

(3)自贸区改革目标制度创新。

自贸区设立并不仅仅为了所在区域经济上的发展和转型,而是在于行政体制上的改革;它的核心意义并非简单投资与贸易便利化和政策优惠,而是在于制度创新,是要探索更适合中国国情并使中国与国际接轨的监管方式和管理模式,并在试点成功的基础上推广至全国。由此可见,传统模式的税收政策优惠已经无法适应经济发展方式转变要求,出路在于制度创新。

3. 经验可以复制,政策可以推广

根据《中国(上海)自由贸易试验区总体方案》的指导思想,以及相应的具体制度设计,上海自贸区税制改革具有示范性,为面向全国可复制、可推广奠定了基础。

(1)自贸区税制改革具有典型性。

上海自贸区税制改革具有典型性,它首先表现为区内的税制改革不再像以前经济特区那样强调发展的特殊性和优越性,而是强调这种改革必须符合全国税制改革的发展方向,由此形成典型的经验,以便在适当时机推广至全国。自贸区的税收政策制度方案,并未对我国现有税收法律制度做出根本性、格局性变动[①],而是表现为对区内所得税制的一种局部性的先行改革,同时又是一种针对国内存在普遍性问题、符合全国税制改革发展方向的普适性改革,一种非为自贸区所特有的、可在不久的将来推广到全国范围内普及实施的典型性的改革。

(2)自贸区税制改革具有示范性。

上海自贸区作为全国金融改革的综合试验区,相配套的税制改革对于全国各地理应起到先行示范的作用。自贸区在进行税制改革时,不再像以前设立经济特区和新区时力图争取更多更优惠税率或措施的区域主义做法,而是应在符合国家税制改革方向,遵循税制公平、统一、规范原则的前提下,把税制创新的重点放在如何进一步体现实体税制的公平价值、程序税制的正义价值上,更加关注依法征税,不征过头税、人为税,以切实改善治税环境,保障企业稳健发展。同时,便于在自贸区税制改革取得经验后及时推广到全国各地,进而推动我国新一轮的税制改革顺利进行。

4. 政策洼地与复制、推广的关系

上海自贸区从创立之初就强调要制度创新,并在全国可复制、可推广。因此,有观点认为,上海自贸区只能进行可以在全国复制、推广的制度创新,不应当成为政策洼地,不能提供政策优惠,更不能采取税收优惠激励。实际上,需要客观分析政策洼地与复制、推广之间的辩证关系。

(1)制度创新并不排斥政策优惠。

制度创新是就目标层面而言,是一种高层次的要求,政策优惠是实现目标的方法、措施和手段。不能简单地认为上海自贸区要实现制度创新、要依靠制度创新取胜,就不能给予政策优惠。恰恰相反,要实现更高、更难的制度创新目标,需要更多的政策支持、给予更多的政策优惠。[②] 对上海自贸区而言,采取的优惠措施不仅要实现拓展市场和业务等基本目标,还要实现制度创新的目标。也就是说,如果政策制度是合理的,税收优惠就是优惠洼地;如果政策制度是不合理的,突破不合理的

---

① 张富强. 关于中国自贸区税制设计可复制性的法律思考[J]. 社会科学战线,2015(2):219—227.
② 韩汉君. 上海自贸区与滨海、前海的金融创新比较[J]. 浦东开发,2014(8):38—41.

政策制度优惠,有可能成为政策制度创新。

(2)可复制、可推广应有条件限定。

自贸区政策制度创新和突破固然需要具有可复制、可推广性,但自贸区的政策制度创新突破的可复制、可推广应是有条件的。例如,自贸区作为保税区升级版,其境内关外保税区税收政策只适宜在保税区复制、推广,而不适宜在非保税区复制、推广。又如,要将自贸区提升为自由港,如果其实行地域管辖权税收政策,也只适宜在自由港复制、推广,而不适宜在非自由港复制、推广。自贸区和非自贸区需要有税收上的双轨运行。

(3)要让政策洼地变成创新高地。

自贸区税收政策制度创新在于通过先行先试来突破不适宜服务贸易、金融、投资等税收制度性障碍,实现领域开放目标。因此,税收政策制度的一些优惠在试点期间可能是政策洼地,而一旦全面推行就会变成政策高地。自贸区的某些制度创新突破了现有制度的局限,尽管从目前来看是不可复制、不可推广的,但是一旦冲破了不合理的制度,就将形成可复制、可推广的政策。[①] 因此,要允许自贸区有能破除制度障碍的政策洼地,关键是如何使自贸区试点的政策制度特惠制变成普遍可实施的普惠制。

5. 上海自贸区临港新片区的税收制度有利于打造国际税制竞争力

一是对新片区内符合条件的从事集成电路、人工智能、生物医药、民用航空等关键领域核心环节生产研发的企业,自设立之日起 5 年内减按 15% 的税率征收企业所得税,有助于培育发展先进技术,形成产业辐射效应,带动其他相关区域联动发展。

二是新片区将研究实施境外人才个人所得税税负差额补贴政策,该政策旨在吸引境外高端人才,有利于聚集高端人才流入。

三是新片区对境外进入物理围网区域内的货物以及企业之间的货物交易与服务实行特殊的税收政策,进一步提升了税制竞争力。

四是服务出口增值税政策,将扩大新片区服务出口增值税政策适用范围。随着新片区企业向境外提供服务适用零税率的范围可能进一步扩大,从临港新片区的定位来看,与金融开放创新密切相关的金融服务更有可能受益。

五是新片区对区内企业开展离岸转手买卖业务书立的买卖合同免征印花税,

---

① 邱鸣华,樊星. 借鉴国际经验,优化上海自贸试验区的税收政策[J]. 科学发展,2014(6):56—59.

这一举措进一步提升了国际税制竞争力。中国的印花税税率是万分之三,自贸区内订单金额都很大,因此万分之三就是一个不小的数字。而中国香港、新加坡、韩国釜山均不针对自贸区内的贸易合同征收印花税,因此,对区内企业开展离岸转手买卖业务书立的买卖合同免征印花税,有利于提升国际税制竞争力。

6.3 海南自由贸易港税收政策介绍

2020年6月1日,中共中央、国务院印发《海南自由贸易港建设总体方案》,其中,制度设计中的第八项有关税收制度提出全岛零关税、降低税率、简化税制,最终形成具有国际竞争力的海南自由贸易港税收制度体系尤其令人关注,相比较上海自贸区税收政策,两者形成较大反差。为此,上海可借鉴吸收海南自由贸易港税收政策,以全面提升上海自贸区税收制度的国际竞争力。

6.3.1 海南自由贸易港税收政策解读

海南自由贸易港建设总体方案有关税收制度建设标题为"按照零关税、低税率、简税制、强法治、分阶段的原则,逐步建立与高水平自由贸易港相适应的税收制度"。内容具体分为零关税、低税率、简税制、强法治和分阶段五条。其中,前三条有关税制建设,后两条有关税收管理和推进步骤。

1. 零关税

政策:全岛封关运作前,对部分进口商品免征进口关税、进口环节增值税和消费税。全岛封关运作、简并税制后,对进口征税商品目录以外、允许海南自由贸易港进口的商品免征进口关税。

解读:将海南省全岛作为海关特殊监管区,实施境内关外零关税政策。分两步推进:全岛封关前,对部分进口商品免征进口关税、进口环节增值税和消费税;全岛封关后,对进口征税商品目录以外的所有进口商品免征进口关税。

具体政策:对企业进口自用生产设备、交通工具、用于生产自用或以"两头在外"模式进行生产加工活动(或服务贸易过程中)所消耗的原辅料实行零关税;岛内居民消费的进境商品允许岛内免税购买。

2. 低税率

政策：对在海南自由贸易港实质经营的企业，实行企业所得税优惠税率；对符合条件的个人，实行个人所得税优惠税率。

解读：对注册在海南并实质性经营企业采取15%税率征收企业所得税。

具体政策：对一个纳税年度内在海南自由贸易港累计居住满183天的个人，按照3%、10%、15%三档超额累进税率征收个人所得税。

3. 简税制

政策：结合我国税制改革方向，探索推进简化税制。改革税种制度，降低间接税比例，实现税种结构简单科学、税制要素充分优化、税负水平明显降低、收入归属清晰、财政收支大体均衡。

解读：简化税制、改革税种、降低税负、优化结构，除降低企业所得税和个人所得税税率外，有可能实施增值税、消费税和附加税合并成零售销售税，纳税环节后移为消费环节征税，并进一步简并其他有关税制，提高税收地方分享比例。

4. 强法治

政策：税收管理部门按实质经济活动所在地和价值创造地原则对纳税行为进行评估和预警，制定简明易行的实质经营地、所在地居住判定标准，强化对偷漏税风险的识别，防范税基侵蚀和利润转移，避免成为"避税天堂"。积极参与国际税收征管合作，加强涉税情报信息共享。加强税务领域信用分类服务和管理，依法依规对违法失信企业和个人采取相应措施。

解读：在给予海南自由贸易港优惠税收政策的同时，要求建立起"一线放开、二线管理"的有效监管体系，避免和减少税收流失。

5. 分阶段

政策：按照海南自由贸易港建设的不同阶段，分步骤实施零关税、低税率、简税制的安排，最终形成具有国际竞争力的税收制度。

解读：通过改革，形成具有与中国香港、新加坡等国际自由贸易港同等国际竞争力的海南自由贸易港税收制度体系。

6.3.2 上海自贸区临港新片区与海南自由贸易港的建设比较

在开放进程中，自贸区是自贸港发展的前提，是先行者；自贸港是自贸区发展的延伸，是升级版，两者相辅相成。2019年以来，国务院先后印发了《中国（上海）自由贸易试验区临港新片区总体方案》和《海南自由贸易港建设总体方案》，比较开放领域两份重量级文件的异同,有利于我们审视过往、放眼未来。

1. 设立逻辑具有很强的相似性

(1)设立背景都彰显了我国对外开放的坚定信心。

为更好地发挥上海在长三角一体化中的龙头带动作用,推动在更深层次、更宽领域、以更大力度推进全方位高水平开放,上海增设自贸区新片区;海南自贸港则是在疫情"黑天鹅"的冲击下,全球贸易保护主义、单边主义盛行,为更好地应对经济全球化逆风,推进高水平开放的背景下设立的,同样高举新时代我国深化改革、扩大开放的鲜明旗帜。

(2)发展目标都是分步骤、分阶段推进。

第一阶段是到2025年,新片区和自贸港都提出建立或初步建立比较成熟的投资贸易自由化、便利化政策制度体系。第二阶段是注重"国际影响力的提升",上海提出"到2035年,建成具有较强国际市场影响力和竞争力的特殊经济功能区",海南则是"到21世纪中叶,全面建成具有较强国际影响力的高水平自由贸易港"。

(3)制度设计涵盖领域基本相似。

新片区和自贸港的建设都强调"五大便利",即投资自由便利、贸易自由便利、跨境资金流动自由便利、人员进出自由便利和运输来往自由便利。此外,在数据安全有序流动、税收政策和风险防控体系等领域也都注重制度的设计与重构,两者重心均指向建立一套体现高水平开放形态的制度体系。

2. 建设内容具有一定的差异性

(1)实施范围不同。

新片区的实施范围仅限于上海大治河以南、金汇港以东以及小洋山岛、浦东国际机场南侧区域,面积仅119.5平方公里,加上上海自贸区其他片区,共计240.22平方公里;而自贸港的实施范围是海南岛全岛,面积3.39万平方公里,是上海自贸区面积的141倍,同时分别是香港港、新加坡港的32倍和49倍,建成后将有望成为全球面积最大的自由贸易港,巨大的天然屏障优势将帮助海南自贸港大幅减少要素自由流动的风险。

(2)产业发展重心不同。

上海是"四大中心",产业高度发达,新片区的设立更加注重协同创新,引导优势产业向长三角地区拓展并带动区域产业能级提升,重点发展集成电路、人工智能、生物医药和航空航天四大前沿产业,旨在建设具有国际市场竞争力的开放型产业体系。而海南作为一个独立的海岛地理单元,具有天然的物理屏障优势,推出

"零关税""零壁垒",更加注重发展的是具有本土特色的旅游业、现代服务业和高新技术产业,旨在打造全球旅游休闲度假天堂。

(3)发展目标定位不同。

新片区提出的发展定位是"打造更具国际影响力和竞争力的特殊经济功能区",致力于"两个一批",即打造一批具有更高开放度的功能型平台、集聚一批世界一流企业、以点带面辐射带动长三角新一轮对外开放。反观海南,则是"打造成为引领我国新时代对外开放的鲜明旗帜和重要开放门户",重点在建设"三区一心":全面深化改革开放试验区、国家生态文明试验区、国际旅游消费中心和国家重大战略服务保障区,致力于促进岛内外国际高端要素的集聚与自由流动。

(4)政策着力点不同。

就政策而言,海南自贸港是在上海新片区基础上的升级版和深化版,主要表现在三个"更为":

一是海南离岛免税购物额度进一步提升至人均 10 万元/年,将带来更为实质的消费拉动;

二是海南自贸港对货物贸易实施"零关税",对服务贸易采取"既准入又准营",实施市场准入承诺即入制,将营造更为亲清的营商环境;

三是海南开展国际人才管理改革试点,在 59 国免签证的基础上实行更加开放的人才和停居留政策,将带来更为优质的要素配置。

6.3.3　上海自由贸易区与海南自由贸易港税收政策比较

将上海自由贸易区与海南自由贸易港税收政策相比较,海南自由贸易港具有国际竞争力的税收制度体系与上海自由贸易试验区税收政策形成较为明显的反差。

1. 境内关外零关税范围相对有限

海南全岛作为海关特殊监管区,实施境内关外零关税政策,从而成为真正意义上的零关税、少税种、低税率、轻税负的自由贸易港。

上海仅在自由贸易区内外高桥保税区、外高桥保税物流园区、洋山保税港区和浦东机场综合保税区实施境内关外零关税政策,没有将境内关外零关税政策进一步延伸到自由贸易试验区,实施境内关外零关税范围相对有限。

2. 税收优惠政策享受主体相对有限

海南自由贸易港通过实施低税率、简税制来改革企业所得税和个人所得税制,简并税制,形成与中国香港、新加坡比较接近的税制,按 15% 税率征收企业所得税和不超过 15% 税率征收个人所得税。

上海仅对临港新片区关键领域核心环节生产研发的企业,自设立之日起 5 年内减按 15% 税率征收企业所得税;对在临港新片区工作的境外高端、紧缺人才个人所得税税负差额部分给予补贴。不仅实施范围、领域较小,而且力度不高。

因为根据现行企业所得政策,国家重点支持高新技术企业以及高新技术企业的科技服务企业,减按 15% 税率征收企业所得税,设立在高新技术开发区的高新技术企业按 15% 税率征收企业所得税,并可享受从投产年度起两年免税。

临港新片区关键领域核心环节生产研发的企业只是享受高新技术产业开发区的高新技术企业税收政策。

3. 税收自主权相对有限

海南是由中央充分授权,结合我国税制改革方向,探索推进降低税率、简化税制、改革税种、减轻税负、优化结构税制改革,拥有实施全面深化改革和试验最高水平开放政策的独特优势,可以突破现有税收政策制度,制定不同于现行税收政策制度也不同于其他区域特殊税收政策制度,最终形成与中国香港、新加坡税制相近,具有国际竞争力的海南自由贸易港税收制度体系。

上海是在中央统一税收政策制度前提下,享受有限税收优惠政策,地方政府在税收上强调可复制、可推广,不搞税收政策洼地,没有突破现有税收政策制度以及区别于其他区域税收政策制度,没有税收政策、制度立法和制定权限,自主权限极其有限。

6.4 国际主要自贸区税制介绍

6.4.1 国际自贸区历史沿革

历史上,自贸区的历史可以追溯到古代腓尼基人的时代,当时安全通道是外国商人访问提尔和迦太基的主要保障。起初,自贸区是商业强国实施侵略的工具。腓尼基人最先提出了国际自贸区的概念。后来,希腊城邦和罗马相继发展自贸区,成为经济和政治统治的重要工具。在直布罗陀、汉堡和新加坡等安全的贸易路线上,全市范围内的自由区和转口港已经运作了几个世纪,这些区域和转口港保证了货物的免费储存和交换。例如,早在 1704 年和 1819 年,直布罗陀和新加坡就已经建立了自贸区。

美国自贸区项目之父是来自纽约的国会议员 Emmanuel Celler。早在 1934 年,他就将自贸区定义为"一个中立的、有栅栏的区域,在这里,托运人可以放下货物、喘口气,然后决定下一步该做什么"。出于美国海关和边境保护的目的,位于美国境内的自贸区被视为在美国境外。因此,应该对设在美国保税区内的商品不征税或以不同方式征税。

然而,直到 20 世纪 60 年代后期,自贸区才开始在国际贸易中发挥重要作用。直到 20 世纪 60 年代末,发展中国家才开始关注自由贸易区。1967 年 8 月 4 日,联合国经济及社会理事会第 1506 次全体会议通过一项决议,建议扩大出口的基本手段之一是改善发展中国家的港口、海关和贸易区设施。

第一个现代工业自贸区于 1959 年在爱尔兰香农建立。免税贸易区项目始于 20 世纪 70 年代,并持续激增,发展中国家尤其注重增加自贸区的数目,因为这些国家更希望吸引外国直接投资、创造更多的就业机会、促进经济利益、获得技术和技能,并增加出口。进入 21 世纪之后,世界上有 130 多个国家和地区实行了自贸区免税政策;全世界有超过 3 500 个自贸区。

6.4.2 新加坡自贸区

1. 自贸区简介

新加坡有 3 个自贸区管理机构和 9 个自贸区。3 个自贸区管理机构分别为:港务集团有限公司、裕廊港私人有限公司和樟宜机场集团(新加坡)私人有限公司。9 个自贸区分别是:Brani 货物集散站、Keppel 海关监管区、Pasir Panjang 货物集散站、Sembawang 货物集散站、Tanjong Pagar 货物集散站、Keppel 货物集散站、裕廊港自贸区、樟宜机场集团自贸区和樟宜机场货运站综合大楼。[①]

2. 新加坡自贸区定位

作为一个港口贸易营运小国,新加坡致力于向其所在的亚太地区的贸易伙伴提供优质的营运中转口岸和外贸管理中心,因此,日韩等国家的企业因为新加坡的

---

① 此部分资料由新加坡政府网站信息翻译而来,网址为:https://www.export.gov/article?id=Singapore-Customs-Regulations。

贸易优惠政策,都乐于在新加坡建立一个贸易基地,以此辐射基于本国辐射能力之外的区域市场。同样地,新加坡的模式还吸引着更大的潜在合作伙伴,例如美国以及欧洲一些国家,近年来也有不少企业在新加坡设立厂区,以此辐射一个全新的、基于新加坡的亚太市场,并由本地的反响反哺于本国市场和本国企业。新加坡自贸区的整体定位是自由贸易港,以提供免税区为主,包括空港自由贸易园区、贸工结合型、转口集散型、保税仓储物流型、综合型等多种类型的免税区。[①]

同时,作为新加坡贸易的监管者,新加坡海关也有严格的限制来规范这些自贸区内的活动。新加坡海关会定期检查这些自贸区,以确保自贸区内没有发生违法行为。

3.新加坡自贸区税收法律基础

(1)《自由贸易区法案》。

新加坡政府专门颁布了《自由贸易区法案》(以下简称《法案》),来对自贸区的各项制度进行规定。《法案》于1966年颁布,并且于2014年进行了修订。根据《法案》的规定,在自由贸易区内处理或处置货物:

①所有种类的货物——除非是任何成文法律明文禁止的——都可以带入自由贸易区。

②自由贸易区内的货物可以:

第一,以原包装或其他方式从自由贸易区移出、销毁或运入关税地区或另一个自由贸易区;

第二,除非管理局另有指示,否则按照本法规定储存、出售、展出、拆解、重新包装、组装、分发、分类、分级、清洁、混合或以其他方式处理。

③除《法案》第(4)款规定的以外,从关税地区进入自由贸易区的货物,按《海关法》规定,应视为出口退税。

④《法案》第(2)(b)条的规定不适用于署长通过宪报中的通知不时进行规定的货物,除非该规定的货物可以出于以下目的存放在自由贸易区中:在移入海关领土之前进行转运或检验和重新包装,除非得到海关高级官员的事先许可,否则不得进行这种检验和重新包装,并应遵守他认为适当施加的条件。

(2)自由贸易区内的操作或制造。

[①] 易朝军.自贸区服务贸易发展模式的国际案例——以中国香港和新加坡为例[J].经贸实践,2017(3):45.

①所有人打算组装、混合或以其他方式操纵任何货物进行《法案》第 10(1)条中允许进入海关领土的产品制造,其中制造的货物或制造中使用的材料应课税,应将其意图书面通知总干事,并事先获得总干事的书面许可。

②根据《法案》第(1)款的规定,署长可以根据情况给予许可或拒绝给予许可;但经许可的,应当在海关监管下进行。

③在不违反《法案》第(4)款的情况下,根据本条许可的任何操纵或制造,均应遵守根据本法制定的规章和总干事认为适宜施加的条件。

④署长可酌情给予可回收废物及不可回收废物的宽免,但若可回收废物被送往关税地区,则该废物须按其情况、数量及入境时的重量缴付税款。

(3)零售业。

除非得到主管部门的书面授权并遵守主管部门施加的条件,否则不得在自由贸易区内进行零售贸易。

4.新加坡税制

(1)企业所得税。

自 2020 年课税年起,新加坡企业所得税的标准税率为 17%。其中,正常应税所得中前 10 000 新加坡元的部分可享受 75% 的税收减免;10 001～200 000 新加坡元的部分可享受 50% 的税收减免;剩余部分必须就其全部按 17% 的税率缴纳企业所得税。①

工业产品出口额在 1 000 万新加坡元以上、非工业产品出口额在 2 000 万新加坡元以上的出口创收利润可以免缴所得税,根据不同企业的情况,免税期一般为 5～10 年。服务出口奖励的范围包括工程技术咨询、工业设计、出版、教育、医疗、金融等服务业。出口创收利润可以减征所得税 90%;根据不同企业的情况,减征期一般为 5～10 年;减税期满后,还可以享受 10%～15% 的减税待遇。②

(2)个人所得税。

新加坡对居民纳税人的个人所得税税率是累进的。自 2017 课税年起,最高的个人所得税税率为 22%,最低的个人所得税税率为 2%。对于 2019 课税年,应纳

---

① IRAS 官网,https://www.iras.gov.sg/irashome/Businesses/Companies/Learning-the-basics-of-Corporate-Income-Tax/Corporate-Tax-Rates-Corporate-Income-Tax-Rebates-Tax-Exemption-Schemes-and-SME-Cash-Grant。

② 驻新加坡经商参处,新加坡主要贸易政策简介[DB/OL].2017(6):http://sg.mofcom.gov.cn/article/maoyi/laogong/201411/20141100782534.shtml。

税居民可享有应税额50%的个人退税,最高为200新加坡元。①

(3)关税。

从2020年1月1日起,将对进口服务征收货物与劳务税(Goods and Services Tax,GST),又称商品及服务税。不论进口商是否已注册货物与劳务税,对大多数进口到新加坡的商品均要征收,但以下四种情况例外:①货物是投资贵金属;②货物符合进口补助的条件;③根据货物与劳务税计划,进口商被批准免收税;④货物到达自由贸易区或直接进口到零消费税或许可仓库中,且不进入海关区域。②

如果供应商确定在供货时(根据出口供货时间),提供的货物将被出口或已经出口,且具有支持零税率的必要文件,可以对出口商品收取0%的消费税。③

(4)货劳税。

新加坡的货劳税(GST)税法也对自贸区的货劳税进行了相关规定:当海外货物进入保税区时,不需要支付进口商品服务税。然而,如果将海外货物从保税区移至关税地区时,就必须支付进口商品服务税,并且必须持有进口许可证才能支付商品服务税。

如果是在下述三种情况下将货物从自贸区中迁出,则不需要缴纳货劳税:

①你是根据进口货劳税暂停或延期计划获得批准的企业。例如,主要出口商计划(MES)、批准的第三方物流公司计划(A3PL)、批准的进口暂停计划(AISS)和进口货劳税延期计划(IGDS)。

②根据《商品及服务税(进口宽免)令》[GST(Import Reliefs)Order],你已获新加坡海关进口商品及服务税豁免。

③你把货物直接从一个保税区搬到另一个保税区、仓库。

进行了货劳税登记的企业,必须将进口申报为应税采购,并在企业的货劳税纳税申报税表中申报相应的进口货劳税——前提是企业满足申请进口货劳税的所有条件。

然而,如果企业是将海外货物从自贸区移出新加坡(即转运)而不进入新加坡的关税地区,则不属于货劳税课税的范围。因此,企业不需要在其货劳税纳税申报

---

① IRAS官网,https://www.iras.gov.sg/irashome/Individuals/Locals/Working-Out-Your-Taxes/Income-Tax-Rates。

② IRAS官网,https://www.iras.gov.sg/irashome/GST/GST-registered-businesses/Working-out-your-taxes/Importing-of-Goods。

③ IRAS官网,https://www.iras.gov.sg/irashome/GST/GST-registered-businesses/Working-out-your-taxes/When-to-charge-0-GST-zero-rate。

表中申报海外货物的流动情况。

①在自贸区内供应海外货物。在自贸区内发生的涉及下列任何一种情况的海外货物,均不受货劳税相关规定的管制:

第一,货物从保税区移走;

第二,货物在保税区内提供给客户。

因此,企业不需要申报这些供应品的销售货劳税。

但是,虽然企业不必在其货劳税纳税申报表中申报这类物品,或向企业的客户发出税务发票,但企业应保存证明文件,以证明货劳税的处理方法已正确适用于这类交易。

②新加坡本地货物进出自贸区的货劳税处理。新加坡本地货物可从关税地区移至自贸区,通常用于从新加坡出口。企业必须在其货劳税纳税申报表中,以零税率供应商的身份申报本地货物运出新加坡的情况。

新加坡本地货物进入自贸区时,无须缴付进口商品服务税,除非企业之后将货物从自贸区移回关税地区。然后,如果企业的本地货物再次进入关税地区,则企业必须持有进口许可证并支付进口货劳税。但是下列情况除外:

第一,企业已获新加坡海关豁免进口货劳税。例如,货物因有效的商业理由(如海外订单取消或船只/飞机延误)而重新进入关税地区。

第二,根据公司报关计划(CDS),企业正从新加坡海关管理的新加坡机场物流园重新进口应缴货劳税的货物。

③在保税区内供应本地货物的货劳税处理。自贸区内的本地货物供应需遵守适用于新加坡任何其他货物供应的货劳税规则。因此,在自贸区内,企业须为本地货品的供应制定标准比率,并须计算货劳税。

5. 新加坡自贸区税制

新加坡的 9 个自贸区,每个都有其特有功能定位,大部分自贸区在机场、港口和裕廊工业中心附近,很多老牌跨国公司的总部坐落在这些地方。[①]

(1) 企业所得税。

新加坡自贸区给予区内企业额外的税收优惠政策,新加坡自贸区内实行统一企业所得税政策,除合伙企业与个人独资企业外,区内缴纳企业所得税的义务人包括按照新加坡法律依法成立的国内公司、在新加坡依法注册登记的外资公司,以及

---

① Singapore Government. Free Trade Zones Act(Revised Vision 2014).

虽然不在新加坡注册登记但依照新加坡属地管辖原则有来自新加坡应纳税款的域外公司。新加坡的企业所得税税率为17%,自贸区内的企业所得税税率仅为5%~10%[①],而且只征收经营利得税,不征收资本利得税。这些优惠的税收政策吸引了大量投资者,从而推动了新加坡自贸区的发展。[②]

(2)货劳税(GST)。

对存放于自贸区内的进口货物,暂停征收货劳税,当货物移出保税区并在新加坡本地进行消费之后才需要缴纳货劳税。如果所提供的货物用于转运或再出口,那么在自贸区生产的货物就不需要支付货劳税。

港口的自贸区为转口贸易提供了便利,并且促进了转运货物的处理。通常情况下,自贸区为常规货物和集装箱货物的进出口提供72小时的免费储存服务,为转运货物和转口货物提供140天的免费储存服务。

6.4.3 美国纽约港自贸区

1. 自贸区简介

美国纽约港自贸区又称纽约港第49号对外贸易区,于1979年由美国国会批准设立,是全美自贸区中面积最大的自贸区之一,主要功能是货物中转和自由贸易;[③]并且区外还设有若干分区,发展制造业和加工服务业。纽约港自贸区经过一系列服务功能的提升,以及独享优惠政策措施,为其蓬勃发展打下了坚实的基础。

2. 纽约港自贸区功能定位

纽约港自贸区由于面向全球首屈一指的大都市纽约,因此吸引了大量国内外公司在该商业心脏地带设厂经营。

首先,纽约港自贸区不仅提供了一个免税区,方便各种贸易的开展,更重视吸引外来投资进入自贸区,改善自贸区与周边地区的投资发展环境。纽约港自贸区现有的企业包括汽车进口商、汽车加工商、多种用途的仓库运营商以及冷冻浓缩橙汁进口商。

---

① 上海财经大学自贸区发展研究院,上海发展研究院. 世界100个自由贸易区概览[M]. 上海:上海财经大学出版社,2013.

② IRAS官网,https://www.iras.gov.sg/irashome/Individuals/Locals/Working-Out-Your-Taxes/Income-Tax-Rates。

③ 中山大学自贸区综合研究院. 上海自贸区与世界主要自贸区的政策比较[DB/OL]. http://iftzr.sysu.edu.cn/node/13705.

其次,纽约港自贸区目前还有多家制造商,近一半的制造商出口海外市场。

最后,纽约港自贸区还包括9个活跃的子区,区内产业包括制造业、制药业、石油产品、特种化学品、香水和手表进口商及分销商。①

纽约港在自贸区内放松金融管制,具体包括②:

(1)放宽或取消对银行支付存款利率的限制;

(2)减少或取消对银行贷款规模的直接控制,允许业务交叉;

(3)允许更多新金融工具的使用和新金融市场的设立;

(4)放宽对外国金融机构经营活动的限制以及对本金融机构进入国际市场的限制,减少外汇管制。

3. 美国自贸区税收法律基础

(1)1934年《美国对外贸易法》。

《美国对外贸易法》的目的是"加速和鼓励外国贸易",增加美国的出口。该法设立了外贸委员会,由商务部长、财政部长和军事部长组成。

(2)1950年《对外贸易法博格斯修正案》。

1950年,国会通过了《对外贸易法博格斯修正案》,允许在特区内生产和展览。这在最初的1934年的《美国对外贸易法》中是不允许的。该修正案引入了"外国特权地位",允许进口商和制造商在进入自贸区时对商品征收关税。进口商可以出口商品,而无须为制成品支付关税。

(3)1984年《1934年〈美国对外贸易法〉修正案》。

1984年,国会通过了对《美国对外贸易法》的另一项修正案,规定从美国境外进口并持有自贸区的商品或在美国生产并持有自贸区的商品用于出口,这些商品免于州和地方从价税。因此,当商品在自贸区中或出口到美国以外的地区时,商品免税。

(4)2012年修订的《对外贸易区条例》。

美国总统巴拉克·奥巴马鼓励在美国建立自贸区,他认为自贸区能增加国内生产和美国的出口。奥巴马总统在任期间于2022年修订了《对外贸易区条例》,通过更新自贸区地方管理规定,简化和明确了自贸区工作流程,提高了企业进入自贸区的机会。

根据2012年的修订版,在美国,自贸区可以用来存放进口产品和国内产品。

---

① 李敏. 美国纽约港自由贸易园区发展实践及其启示[J]. 改革与战略,2015,8(31):202—204.

② 钱志义,杨婷,曾旻睿,施柳琼. 自由贸易区金融及相关政策国际经验介绍[DB/OL]. 中国证券监督管理委员会,http://www.csrc.gov.cn/pub/newsite/yjzx/yjbg/201505/t20150514_276942.html.

美国公司可以利用自贸区管理局的特殊授权进行生产(通过将组件嵌入不同的成品中)。自贸区内储存或生产的产品可出口或运回美国市场。自贸区内生产的产品出口时,享有免关税待遇。

4. 美国税制

美国联邦个人所得税采取七级累进制税,最低税率为10%,最高税率为37%。美国在2019年公布的新规上调了海外收入免征额度,美国人的海外收入(包括绿卡持有人)免征额度上调至105 900美元,并在2020年报税时使用。

从2017年12月31日以后开始的纳税年度,美国企业所得税制度废除了八阶累进税率,将企业所得税税率统一设置为21%[《美国税收收入法典》第11条(b)款,经《2017年减税与就业法案》修订],资本收益与普通收入综合考虑,适用相同税率。同时,企业替代性税(AMT)被废除。

此外,按照修订后新税法的规定,对于按现行税法折旧规定的符合条件的资产,在投入使用的当年至2022年一共5年内,可以在当期100%费用化(即将特定资产的全部成本费用允许一次性税前扣除,代替了资产按照折旧年限或一定限制分期税前扣除)。

对于穿透体形式的企业,如个人独资企业、合伙制企业,或者S型有限责任公司,这些公司的利润直接转移给公司的股东,股东通过缴纳个人所得税的方式纳税,新税法规定收入在157 500美元以下(联合申报的收入限额为315 000美元)的,穿透体可以享有不超过收入20%的税前扣除额(tax deduction)。

税改后,企业的净营业亏损可在未来无限期结转抵免,限80%应纳税所得额。对企业海外收入、海外现金以及现金等价物收入征收15.5%税率,对海外投资收入征收8%税率。①

根据世界银行2018年的数据,美国对进口商品的平均加权税率为1.6%。②

最后,美国不实行增值税,采用在商品零售环节征收销售税。

5. 自贸区税制

(1)关税。

为了维持美国自贸区的平稳运行,发挥其优势,美国对外贸易委员会规定了各个自贸区都可以采取一定的税收优惠政策,以支持自贸区的运营。美国自贸区提

---

① 根据美国《税收收入法典》和《2017年减税与就业法案》翻译总结。
② 一张图看懂全球关税格局:中国平均关税3.5%略高于发达国家[DB/OL]. 2018:https://www.hm-investment.com/NewsDetails/16197.

供的税收优惠政策主要包括以下三个方面：

①倒置关税。在所有的自贸区收益中,企业得益最多的是倒置关税情况下的关税减让,自贸区给企业带来的资金节省一半以上是通过这项措施取得的。①

所谓倒置关税,是指对国外原材料征收的关税率高于进口成品的税率。在存在倒置关税的情况下,原材料从国外进入美国自贸区不需要缴纳进口关税,企业在自贸区内组装生产商品,只需要负担出口产成品的较低关税。②而加工制造耗用的劳务、毁损的劳务、未能出售的原材料和生产的残渣,相当于享受到关税的免除。由于适用于进口部件与适用于成品的关税水平不同,因此自贸区内的企业通常可以选择进口关税相对较低的税率,作为产品进入美国境内时应缴纳的税率,从而减少应缴税款。

②延迟关税。延迟关税政策适用于以下几种情况：

第一,进口商品进入美国自贸区内,仍然处于库存状态,在进入关境之前无须缴纳关税。③

第二,进入美国自贸区内的进口生产设备,在组装、安装、测试并投入使用前无须缴纳关税。总之,海关关税只在货物从贸易区转移到美国关境内消费时才征收,这样就可以节约现金流。

③豁免关税。在美国自贸区豁免关税政策下,进口到自贸区的商品再出口以及在区内报废或销毁的货物免征关税;进口到自贸区并最终在自贸区内消费、报废和销毁的货物也免征关税。例如,已损坏的物品件数可以从装运的件数中减除。另外,在有些州,存放在自贸区内和从自贸区再出口的货物可以无须缴纳动产税。④

此外,美国自贸区的税收优惠种类多样,包括避免出口退税手续等。避免出口退税手续可以使企业省去先缴税再退税的环节,消除了关税返还;即不是返还再出口货物在进口时缴纳的关税,而是直接将这部分资金留存在企业中作为营运资本。

(2) 企业所得税。

为了鼓励投资和就业,纽约针对州企业所得税设置了一系列税收抵免政策。具体包括：

---

① 上海财经大学自贸区发展研究院,上海发展研究院.世界 100 个自由贸易区概览[M].上海:上海财经大学出版社,2013.
② 罗雨泽.美国对外贸易区建设现状及启示[N].中国经济时报,2013－11－15.
③ 周阳.美国对外贸易区制度[DB/OL].https://www.xzbu.com/2/view-536299.htm.
④ 上海财经大学自贸区发展研究院,上海发展研究院.世界 100 个自由贸易区概览[M].上海:上海财经大学出版社,2013.

税收减免政策(tax reduction credit policy),该政策是允许对一定比例的所得税进行抵扣。该抵免可以在 10 年内获取,并且可能将公司的税收责任减少到零。具体的措施有:①

①根据纽约州国内和国际销售公司(Domestic International Sales Corporation,DISC)法,DISC 的股东可以获得高达 35% 的税收减免;

②用于机器、设备和建筑上的投资,可以有 4% 的抵免;

③用于污染控制的设施投资,可以享有双倍折旧和税收抵免;

④对公司的州内重新布局给予减税和其他激励措施等。

如果企业雇工不断增加,在其投资时,还可以申请雇工激励抵免(employment incentive credit),抵免数额可以达到投资税减免数额的 30%,申请时间为投资减免税申请提出后的三年之内。

区内企业为特殊使用目的而投资到应计折旧财产(depreciable property)和设备上时,可以获得投资税减免(investment tax credit)。符合资格的投资可以获得 10%(个人所得纳税人为 8%)的税收减免,未使用减免可以不限期地结转使用。②

公司所得税纳税人进行符合要求的、限定性的区内经营投资,或者向经批准的社区发展项目进行捐助,可以获得一项高达 25% 的外贸区资本抵免(zone capital credit)。

雇用全日制或等同于全日制职工的区内企业,可以在连续 5 年内申请工资所得税抵免(wage tax credits)。对那些属于特殊目标群体(targeted groups)的职工,该抵免每年可达 3 000 美元,如果是新雇用的职工,还会有一笔年 1 500 美元的额外抵免。③ 未使用的抵免可以不限期地结转使用(forwarded indefinitely)。

6.4.4 伦敦自贸区

1. 自贸区简介

严格来说,英国目前没有法律意义上的自贸区。虽然过去有许多港口获得了授权,但没有一个拥有主动授权。这主要是因为,英国是单一市场和欧洲关税同盟的成员国。不过脱欧后的英国可以自由制定自己的贸易政策,并且可以在英国重

---

① 王旭. 美国外贸区税制经验与结构解析[J]. 会计与经济研究,2015,5(29):119−126.
② 王旭. 美国外贸区税制经验与结构解析[J]. 会计与经济研究,2015,5(29):119−126.
③ 王旭. 美国外贸区税制经验与结构解析[J]. 会计与经济研究,2015,5(29):119−126.

新引入自贸区的概念和政策。

伦敦港是"伯明翰—巴黎—鲁尔工业区"这一经济发达地带中最大的港口,在实践中形成了实际意义上的伦敦自贸区。① 在伦敦港发展期间沉淀下来的服务业仍然在伦敦,带来了全球业务资源服务等关键市场要素,形成一个相对完善的航运服务集聚区,凭借其规模巨大的航运服务产业,伦敦港的软实力能长久保持,维持其国际航运中心的地位。

2. 伦敦自贸区功能定位

(1)提供高端海运服务业,提供航运增值服务。

目前,伦敦港依旧是世界上最大的海事服务提供基地。航运服务包括船舶代理、法律、融资、保险、船级认定、保险服务、航运信息服务、海事服务、海事研究与交流等,每年创造价值达20亿英镑。

(2)提供影响全球的航运金融衍生品。

伦敦港占有全球船舶融资的18%、邮轮租赁的50%、散货租赁的40%以及船舶保险23%的市场份额。伦敦航运融资放贷总额达到200亿英镑,约占世界市场份额的20%;航运保险费收入32亿英镑,约占世界市场份额的19%。②

(3)发布权威信息,吸引海事机构。

伦敦航交所是世界上第一个也是历史最悠久的航运市场。全球46个国家或地区的656家公司是航交所会员,提供海干散货指数包括煤炭、铁矿石、谷物等全球大宗商品需求。并且港区集聚国际海事组织(IMO)总部、国际海运联合会(ISF)、国际货物装卸协调协会(ICHCA)和波罗的海国际海事公会等多家国际航运组织。③

(4)法律服务功能。

五大律师事务所提供与航运有关的工作,法庭仲裁经验丰富,共收到超过2 500件新的仲裁委派和450多项裁决,争议解决成本较低。④

---

① CNKI学问. 伦敦港:世界最大的航运市场[DB/OL]. 2018;http://xuewen.cnki.net/CCND-GMSB200808270083.html.
② 国际海事信息网. 浦东力促海事服务产业发展 力推上海国际航运中心建设[DB/OL]. http://www.simic.net.cn/news_show.php?id=30749,2008-11-13.
③ 长城船舶有限公司,粤航进出口有限公司. 浅谈BDI与航运市场的关系[DB/OL]. http://www.gw-ship.cn/info/infoview.aspx?recordcode=201605050002.
④ 上海财经大学自贸区发展研究院,上海发展研究院. 世界100个自由贸易区概览[M]. 上海:上海财经大学出版社,2013.

3. 英国税制

(1) 个人所得税。

英国个人所得税实行的是 20%～45% 的三级超额累进税率,在发达国家中处于较高水平。

(2) 企业所得税。

英国企业所得税税率为 19%,在发达国家中处于较低水平。

(3) 增值税。

英国增值税对大多数商品适用标准税率,标准税率为 20%;对部分商品适用 5% 的低税率,如儿童汽车安全座椅和家庭能源等;对少数商品实行零税率,如大部分的食品和童装;还有部分商品免税。

增值税分为 3 种不同的税率:20% 的标准税率、5% 的优惠税率和零税率(见表 6—4)。[①]

表 6—4　　　　　　　　　　　英国的增值税税率表

税率	增值税百分比	利率适用于什么
标准税率	20%	大多数商品和服务
优惠税率	5%	一些商品和服务,如儿童汽车安全座椅和家庭能源
零税率	0%	零级商品和服务,如大多数食品和童装

(4) 关税。

英国关税税目表以列举方式呈现,几乎列举了所有商品。[②]

4. 自贸区税制

英国伦敦自贸区的税收政策很少,最主要的是境内关外的政策,即允许全部或绝大部分外国商品豁免关税进出,外国商品可在自由港内不付关税进行储存、包装、分拣、加工和销售。[③] 货物从自贸区进入欧盟市场前或在自贸区内被消费前,可不缴纳关税和进口增值税。大多数货物可在自由区内无限期存放。

---

① 英国政府官网.增值税税率[DB/OL].https://www.gov.uk/vat-rates.
② 英国政府官网.贸易关税目录[DB/OL].https://www.trade-tariff.service.gov.uk/trade-tariff/a-z-index/a.
③ 上海财经大学自贸区发展研究院,上海发展研究院.世界 100 个自由贸易区概览[M].上海:上海财经大学出版社,2013.

6.4.5　荷兰自贸区

荷兰的两大城市阿姆斯特丹和鹿特丹都是欧洲的大型港口城市,由海港发展而来,是典型的海港式自贸区。

1. 自贸区简介

(1)鹿特丹港自贸区。

鹿特丹港是欧洲第一大港,也是全球最重要的物流中心之一。鹿特丹港占地126平方公里,港区四季不冻、泥沙不淤,常年不受风浪侵袭。该港通往全球1 000多个港口,货运量占荷兰全国的78%。每年约有3万艘航海船只和11万艘内陆船只抵港。2017年,鹿特丹港货物吞吐量为4.67亿吨,其中,液态散货2.17亿吨、集装箱货物1.462亿吨(1 370万标准箱)、固态散货8 020万吨、其他货物2 360万吨,是欧洲最重要的石油、化学品、集装箱、铁矿、食物和金属的运输港口。

(2)阿姆斯特丹港自贸区。

阿姆斯特丹港坐落于北海运河与IJ湾沿岸,是荷兰第二大港、欧洲第四大港,现共有30个现代化码头集散站,码头岸线总长15公里,最大水深15米。目前,阿姆斯特丹港与其周边其他三个辅助港口(Zaanstad港、Beverwijk港和Ijmuiden/Velsen港)形成了阿姆斯特丹海港区,现已成为重要的现代化国际物流中心。阿姆斯特丹港的水域面积为600公顷,陆地面积为1 900公顷,包括不动产、码头、道路、铁轨、沟渠和绿地。2010年货物吞吐量为7 250万吨,其中,液态散装货3 800吨、固体散装货3 100吨、标准集装箱203 084个(TEUs)。目前,阿姆斯特丹港年进港远洋轮船超过5 000艘。

2. 功能定位

(1)鹿特丹港自贸区。[1]

鹿特丹港自贸区实行的是港区与保税区仓库"区港合一"一体运作,运转效率极高。

①物流运营。鹿特丹港区服务最大的特点是储、运、销一条龙。该港通过保税仓库和货物分拨中心进行储运和再加工,提高货物的附加值,然后通过公路、铁路、

---

[1]　肖书瑶,李彤彤. 纽约的税收、鹿特丹的服务、巴拿马的自由,国际竞争力最强的自贸区到底长什么样?[N]. 上观新闻,2019-08-11.

河道、空运、海运等多种运输路线将货物送到荷兰和欧洲的目的地。鹿特丹港有一套完整、强大的港口服务体系和公共信息平台,为客商提供贸易上的便利。

鹿特丹港有完善的海关设施、优惠的税收政策,保税仓库区域内企业在海关的允许下可进行任何层次加工。港区和各个工业区内的物流配送基地可为集装箱货物的仓储和配送提供最完善的增值服务。在通关方面,海关可以提供24小时通关服务(周日除外),先存储后报关,以公司账册管理及存货数据代替海关查验,企业还可以选择适合的通关程序,运作十分便利。

②招商引资。荷兰以自由贸易作为立国之本,虽然从未专门规划特定区域为自贸区,但一直采取开放、包容、友好的贸易投资政策。鹿特丹港自贸区作为荷兰最大的贸易中心,正在积极发挥招商引资的作用。

(2)阿姆斯特丹港自贸区。

①转口贸易或加工。阿姆斯特丹港的主要定位是转口贸易或加工。

②分销中心。阿姆斯特丹港作为对欧洲、亚洲、非洲各国出口的分销中心,已经服务欧洲大陆几百年。

3.荷兰税制[①]

(1)个人所得税。

荷兰对其居民的全球收入征税;非居民仅就其来自荷兰特定来源的收入(主要是来自就业收入、经营业务收入和来自荷兰不动产的收入等)纳税。

荷兰的个人所得税分为以下三种:

①来自利润、就业和自有住房的收入。主要包括工资、养老金、社会福利、公司福利等,税率如表6—5所述。

表6—5　　　　　　　　荷兰利润、就业和自有住房收入个税表

收入范围(欧元)	固定税额(欧元)	超出部分税率(%)
[0,20 711]		9.70
(20 711,34 712]	2 009	9.70
(34 712,68 507]	3 288	37.35
(68 507,+∞)以上	15 989	49.50

②实质性利益的所得。此类纳税人是指在公共或私人有限公司持有最低5%

---

① 此部分内容根据荷兰政府网站信息翻译整理而来,网址:https://www.government.nl。

的股份，税率为25%。

③来自储蓄和投资的应纳税收入，税率为30%。

此外，荷兰的税收制度使每位荷兰居民在2019年享有30 360欧元的免税资本门槛。

(2)企业所得税。

所得税是荷兰政府向企业征收的主要税种，占荷企业税赋比重的60%以上。根据荷兰税法，无论是公共有限责任公司(NV)还是私营有限责任公司(BV)，均须向政府一次性缴纳营业利润所得税，应税利润不超过20 000欧元的税率为20%，超过20 000欧元的税率为25%。

(3)增值税。

一般商品和服务的增值税税率为21%，特殊商品和服务的税率为6%，包括食品、药品、书报杂志、艺术品、某些农用商品、针对农业的服务、乘客运输及酒店餐饮服务等。荷兰对出口商品及转运至其他欧盟成员国的商品免征增值税。

(4)关税。

根据欧盟共同贸易政策和海关政策，荷兰对某些进口商品征收关税，税率为欧盟统一确定的关税税率。此类商品再出口时，企业可以向荷兰税务机关申请退税。

4. 自贸区税制[①]

(1)进口商品税。

从欧盟以外的国家或地区向荷兰进口货物时，通常需要支付进口关税和增值税，在某些情况下还需要缴纳消费税或其他税费。

(2)进口关税。

进口关税的征收对象为进口货物。荷兰海关当局征收税款并收取关税，并将收取的款项转交给欧盟。成员国有权保留其收取的部分进口关税，以支付征收的费用。

海关不对欧盟成员国之间贸易的产品征收进口关税，但需要支付增值税。有些产品还需要缴纳消费税。

所有欧盟成员国均采用相同的共同海关关税(CCT)。

(3)防止低价。

---

① 此部分内容根据荷兰海关网站和欧洲税收与关税同盟网站信息翻译整理而来，网址：https://ec.europa.eu。

对进口商品征收进口关税是保护国家免受来自第三国的廉价产品影响的一种方式。由于较低的工资、成本和价格,某些国家的公司可以更便宜地生产其产品。对这些产品增加进口关税会使它们更加昂贵,从而缩小了价格差异,并使各国能够更有效地与第三国的生产商竞争。

(4)增值税和反向收费。

除了进口关税外,通常还需要支付增值税。增值税税率与荷兰的商品和服务供应税相同。在某些情况下,客户可以在反向收费机制下将增值税申报为已提供商品和服务。

(5)消费税和消费税。

消费品应缴纳消费税,其中包括:

①酒精饮料(如啤酒和葡萄酒);

②烟草制品(如香烟和雪茄);

③矿物油(如柴油和汽油)。

烟草产品需要有效的荷兰消费税印章。进口非酒精饮料也要缴纳消费税。

(6)其他税费。

在某些情况下,还应对进口商品征收其他税费,如对农产品征收农业税或对工业产品征收反倾销税。这些征税旨在防止产品以极低的价格进入欧洲市场。

(7)税收优惠政策。

阿姆斯特丹港和鹿特丹港在港口内设有自贸区,该自贸区类似于保税仓库。由于阿姆斯特丹港自贸区属于保税仓储型贸易区,因此商品进入该自贸区可免缴进口税,免除外国货物进出口手续,并且可以较长时间处于保税状态。

储存在仓库的商品可以进行简单包装和样品展示,也可做零件装配。阿姆斯特丹港具备减免关税和提供转口的各种优惠条件,是大型商户对欧洲、亚洲、非洲各国出口的分销中心。自贸区外设有若干海关监管库,进一步延伸自贸区的功能和服务。此外,阿姆斯特丹港与机场空港自贸区业务联系紧密,推动了海空两港物流的联动发展。

6.4.6 迪拜自贸区(DIFC)

1. 自贸区简介

迪拜依托其东西交流要塞、中东商业枢纽、波斯湾港口的地理位置优势,重视贸易发展,目前坐拥 27 个自贸区,占阿联酋全部自贸区的一半以上,包含杰贝·阿里自贸区、迪拜机场保税区、迪拜综合商品交易中心等影响力极大的自贸区。[①]

迪拜自贸区的目标是向纽约、伦敦和中国香港靠齐。[②] 其凭借独特的战略位置、独立的监管体系、普通法系司法体制、世界一流的基础设施以及优惠的税收制度,为落户其中的众多企业提供了空前的发展机遇。

2. 自贸区定位

(1)商品中转枢纽。

区域北部为主要的油气码头区,中部为突堤式集装箱码头区,南部和西部为商品汽车滚装码头区、通用泊位岸线以及后方的转口加工、仓储配送区。迪拜新国际机场的建成使杰贝·阿里自贸区成为世界上最高效的海空集散中心之一,与之配套的 6 条高速公路使得从港口到机场的运输仅需 20 分钟。[③]

(2)核心工业聚集区。

自贸区集中了化学药品、食品饮料行业企业,并且自贸区提供标准厂房的租用服务,以及规整土地满足部分投资商的自建厂房需求。[④]

(3)现代服务综合区。

自贸区拥有会议中心复合体和两个园区。会议中心复合体项目包括两幢 34 层楼的商务大厦、一个展览中心、可容纳 600 人同时就餐的餐饮中心以及高档商业服务酒店。两个园区为自贸区提供了 34 000 平方米的商业空间,包括办公室、零售商店、商务中心等现代化服务设施,打造现代化投资综合服务体系。[⑤]

(4)常设展示和交易功能。

可以在自贸区直接进行外国常设样品和制品的展示,从而进行商谈和零售。对入驻自贸区的公司免征营业税和个人所得税优惠,允许外商 100%控股、100%返还资本利润和快速通关,并且享受 100%的资本自由流动。

3. 海湾合作委员会《共同海关法》

海湾合作委员会成员国海关法规和程序的统一是海湾合作委员会成员国海关管理部门要实现的最重要的目标之一。各国之间正在通过的《共同海关法》统一了

[①] 此部分内容根据阿联酋自贸区官网资料翻译整理而来,网址:http://www.uaefreezones.com.
[②] DIFC 官网,https://www.difc.ae.
[③] 陈有文,马仁洪. 迪拜 Jebel Ali 自由港发展模式[J]. 水运工程,2006(9):37—38+40.
[④] 张娟. 迪拜杰贝·阿里自由贸易区(JAFZA)解密[J]. 国际市场,2014(5):37—40.
[⑤] 上海财经大学自贸区发展研究院,上海发展研究院. 世界 100 个自由贸易区概览[M]. 上海:上海财经大学出版社,2013.

海湾合作委员会成员国所有海关管理部门的海关程序,并为加强成员国之间在海关领域的合作做出了贡献。

阿联酋作为海湾合作委员会的成员国,其自贸区税收法律遵循海湾合作委员会《共同海关法》的规定:

第 77 条:各个海湾国家的法律文件都包含设立自贸区的规定;其规则和条件由各国部长或主管当局的决议规定。

第 78 条:(1)在不违反本法第 79 条和第 80 条的规定的前提下,所有种类或来源的外国货物均可带入自贸区和免税商店,并从这些国家带往国外或其他自贸区并免税。

(2)根据适用于转口的出口限制和海关程序,从该国国内转口的外国货物可以进入自贸区和免税商店。

(3)自贸区和免税商店内的货物在其停留期限方面不受任何限制。

第 79 条:除非经总干事批准并在总干事规定的条件和控制下,否则货物清单中注明的进口货物不得转移或进入自贸区和免税商店。

第 80 条:以下物品不允许进入自贸区和免税商店:

(1)易燃物品,不包括主管当局在规定条件下监督自由区和免税商店的当局允许的操作所必需的燃料。

(2)放射性物质。

(3)任何武器、弹药和爆炸物,但主管当局许可的除外。

(4)违反有关商业、工业产权和版权保护法律的商品,主管当局已就这些法律颁布了决议。

(5)各种麻醉药品及其衍生物。

(6)货物起源于遭到经济抵制的国家。

(7)禁止进入该国的商品;每个国家应列出此类货物清单。

第 81 条:海关可以在自贸区和免税商店内进行检查工作,以发现违禁物品,也可以在怀疑有走私行为时审查文件并检查货物。

第 82 条:自贸区和免税商店的管理应要求向主管机关提交所有进出它们的货物清单。

第 83 条:自贸区和免税商店内的货物不得转移到其他自贸区和免税商店、商店或仓库。

第 84 条:货物应根据适用法规的规定并按照总干事的指示,从自贸区和免税商店撤回该国。

第85条:从自贸区带入海关的货物被视为外国货物,即使其中包含在进入自贸区之前已征收关税和税款的本地原材料或物品。

第86条:应当允许本国和外国船只从自贸区获得所有必要的海上设备。

第87条:自贸区和免税商店的管理人员应对其人员犯下的所有罪行以及从其中非法取出的货物负责。与安全、公共卫生、走私和欺诈控制有关的所有法规和指示在这些自贸区和免税商店均应保持有效。

第88条:从自贸区和免税商店进口进出该国的货物应视为外国货物。

4. 迪拜税制

迪拜税收具有税种少、征税范围窄、个别行业税负率特别高的特点。

2017年之前,迪拜只有关税、企业所得税、社会保障税、销售税和市政税五种税收。其中,销售税只对酒类进行征收(税率为30%),企业所得税只对外资银行和石油企业征收,市政税只对物业租金和酒店娱乐征收(税率为5%或10%),社会保障税只对有阿联酋公民身份的迪拜居民(占总人口的比例不到15%,税率为5%)征收。

迪拜于2017年第三季度对饮料和烟草等行业增设消费税,于2018年开始全面征收增值税,并且阿联酋财政部门于2017年12月表示,将来可能考虑实施更多新的税收政策。

尽管如此,迪拜的综合税负仍处于全球较低的水平。2018年开征的增值税税率仅为5%,仍属于全球最低标准。

5. 自贸区税制

迪拜拥有杰贝·阿里自贸区和迪拜机场保税区等多个自贸区,其税收政策主要有:

(1)关税。

迪拜的进口关税价格为海湾合作委员会关税同盟进口价格,对于非海合成员国国家进口一般税率为5%,个别行业税率较高,如酒类关税税率为50%、烟草制品为100%。此外,还有一定的减免措施,例如,对生产用的原料和产自大阿拉伯自贸区成员的货物可以免征关税。迪拜自贸区对进出口货物一律免征关税,离港进入国内市场时应税产品按正常进出口缴税。

(2)个人所得税与企业所得税。

迪拜的企业所得税只针对外资银行或者石油公司征收。其中,外资银行税率为20%,石油和石化公司税率为50%~55%,并且与包括中国在内的许多国家签订了避免双重征税协定。迪拜各个自贸区执行50年内免征企业所得税和个人所得税的政策。

(3)增值税。

从2018年1月1日起,迪拜对所有产品征收5%的增值税,其中,教育、医疗、石油天然气、交通和房地产等行业可以享受免征增值税的优惠。目前,迪拜的各个自贸区对货物的存储、交易、加工制造等活动均免征增值税,对入关后再出口的商品给予退税。

(4)其他。

除了以上政策外,符合相关法规(如《工业组织法案》)规定的迪拜自贸区工业项目可以享受一系列的优惠政策,包括全部税种免税5年等。迪拜的自贸区还设置了各自的税收优惠,例如,迪拜外包城就提供了50年100%的免税环境。[1]

6.4.7　中国香港自贸区

1. 自贸区简介

1840年鸦片战争后,香港成为自由港并实行自由贸易政策。从转口贸易开始,香港现已成为经济结构多元化的自由港。香港自由港的范围涵盖了整个香港地区,包括香港岛、九龙和新界。

2. 中国香港自贸区功能定位

(1)保税仓。

保税仓(包括海关监管保税仓和私人保税仓等)主要是为应课税品进入港口但未清关的商品提供仓储和简单加工功能,并且简单加工后仍为应课税品的,可以将之前缴纳的应课税品税款予以退还。[2]

(2)空运中心与货柜港区运营。

空运中心提供货物处理、文件处理和停机坪调度等服务,并且有快递公司进驻,但货运站的区域不对租户和客户开放,只由香港特别行政区政府授权批准的两家公司进行空运货物管理;货柜码头集中在葵涌货柜码头,全部承包给民营公司,

---

[1] 国际竞争力最强自由贸易区的竞争性税制经验[DB/OL]. 2019：http://news.sina.com.cn/o/2019-09-07/doc-iicezueu4072013.shtml.

[2] 中国香港《应课税品条例》。

主要业务是提供货物的进出口和转口业务，并且不断提升这些区域的基础设施水平。对于这两个区域，香港特别行政区政府只是尽监督职责，并不干预其日常生产经营。[1]

(3) 与自由港相关的服务业发展。

由于中国香港地区对除应课税品外的其他商品均不课税，并且综合税负较低、香港特区政府对市场监管和行政干预程度也较低，再加上中央政府实行"港人治港、高度自治"的正确方针，因此使得香港自由港的地位得以进一步巩固。香港经济以服务业为主，主要行业包括旅游业、与贸易相关的服务、运输服务、金融和银行服务以及专业服务。[2]

2017年9月发布的全球金融中心指数(Global Financial Centre Index)中，中国香港位居第三名，仅次于伦敦和纽约。2012年10月，世界经济论坛发布《2012年金融发展报告》，中国香港连续两年高居榜首。截至2018年，中国香港连续24年评级为全球最自由经济体，经济自由度指数排名第一。[3] 另外，中国香港还是全球第十一大贸易经济体系、第六大外汇市场以及第十五大银行中心。

3. 中国香港自贸区税制经验

与中国内地情形不同，香港不设增值税和营业税，主要直接税是利得税(企业所得税)、薪俸税(个人所得税)和物业税。香港企业所得税实行两级累进税率，对200万港元及以下的利润适用8.25%的低税率，对200万港元以上的利润适用16.5%的税率。[4] 2018—2019年，个人所得税为超额累进制，对于不超过5万港元的部分适用2%的最低税率，超过20万港元的部分适用17%的最高税率。[5]

酒类的税款是按其酒精浓度及价值作评估。烟草、碳氢油类及甲醇的税款则是按每单位数量的特定税率缴付。香港全境实行自由港，没有专门针对自贸区的税收政策，但规定在进入香港的保税仓时对于应课税品无须缴纳税款，并且已缴纳税款的又用于出口或者继续加工应税品时可予以退还，但进入保税仓外的香港地

---

[1] 上海财经大学自贸区发展研究院，上海发展研究院. 世界100个自由贸易区概览[M]. 上海：上海财经大学出版社，2013.

[2] 鞠梦然. 企业税与个税缴纳：香港[J]. 中国对外贸易，2014(9)：42—43.

[3] 国际在线(北京). 全球财经头条：全球金融中心指数排名：伦敦居首 香港第三[DB/OL]. 2015, http://news.163.com/15/0924/10/B496Q11L00014JB5.html.

[4] Tax Rate of Profit Taxes[DB/OL]. https://www.gov.hk/en/residents/taxes/taxfiling/taxrates/profitsrates.htm.

[5] Tax Rates of Salaries Tax & Personal Assessment[DB/OL]. https://www.gov.hk/en/residents/taxes/taxfiling/taxrates/salariesrates.htm.

区流通时必须缴纳关税。①

6.4.8 阿曼苏哈尔港自贸区

1. 自贸区简介

阿曼苏哈尔港自贸区是世界上发展最快的港口之一,自贸区港在霍尔木兹海峡附近的阿曼,面对阿拉伯海,是世界上最重要的航运路线之一。畅通无阻的航海通道、现代化的物流设施(可用于各种类型的货物,以及通往海湾国家的公路、铁路和航空路线)使苏哈尔港成为智能物流枢纽型自贸区。

2. 自贸区功能定位

阿曼苏哈尔港自贸区的功能定位主要有:招商引资,创新中心,海运集散。

3. 阿曼苏哈尔港税制经验

苏哈尔港自贸区为投资者提供了多种税收激励机制,使其可以轻松灵活地在此进行投资。

(1)100%可由外资控股。

(2)长达25年的企业所得税免税期。每个企业都有10年免征企业所得税的承诺(阿曼的企业所得税税率通常为12%)。如果企业达到了"阿曼化"(即阿曼股本的占比)的某些目标,则此项豁免可以延长至租赁合同的期限,即最长可达25年。

(3)与美国和新加坡的自由贸易协定。自贸区的企业可以从阿曼与美国、阿曼与新加坡之间现有的自由贸易协定中受益,从而它们的货物在运输过程中会得到优惠待遇。

(4)零进口或转口关税。进入免税区的货物不征收关税。

(5)零个人所得税。对进入自贸区并在自贸区工作的个人,不征收个人所得税。

(6)比较低的注册资本要求。苏哈尔港自贸区要求维持的资本水平较低,这鼓励初创公司可以用较低的核心资本进行投资。

(7)宽松的"阿曼化"要求。苏哈尔港自贸区的最低"阿曼化"标准要求是15%,按下列时间表逐步增加"阿曼化"能够免除公司税:①10年后达到25%的"阿曼化";②15年后达到35%的"阿曼化";③20年后达到50%的"阿曼化"。

---

① 中国香港《应课税品条例》。

6.5 促进上海自贸区发展的税收政策研究

6.5.1 各自贸区的税负比较

从税收制度的角度来看,迪拜自贸区的税收负担无疑是几个自贸区中最小的,因为迪拜既无企业所得税,又无个人所得税,销售税只针对酒类征税,同时在自贸区内还实行境内关外的关税政策,所以使得很多企业在迪拜自贸区实现了无税负运行。

除迪拜外,在企业所得税方面税率最低的自贸区可能是新加坡自贸区。新加坡企业所得税的标准税率为17%,要高于中国香港16.5%的企业所得税税率,但其在自贸区内设置了5%~10%的优惠税率,并且只征收经营利得税而不征收资本利得税。同时,为了鼓励新加坡贸易的发展,新加坡还对出口创收的利润设置了特别的税收优惠。而阿曼的苏哈尔自贸区则是设置了长达25年的企业所得税免税期。

在个人所得税方面,各国普遍没有针对自贸区的特殊优惠政策。具体来看,除迪拜之外,个人所得税税率最低的自贸区是中国香港与新加坡。新加坡实行2%~22%的超额累进税率,中国香港实行2%~17%的超额累进税率。从最高边际税率来看,新加坡略高于中国香港,但考虑到免征额与专项扣除等,新加坡与中国香港个人所得税税负的比较情况会因人而异。

6.5.2 各自贸区与税收优惠

自贸区的形成往往与税收优惠有关,最典型且最普遍的税收政策即关税与商品税的境内关外政策,这一政策大大方便了贸易的发展,对自贸区的发展起到了基础性的作用。除了境内关外的税收政策之外,各自贸区还设置了企业所得税的税收优惠来构成税收洼地,这些税收政策往往与自贸区的定位息息相关。

以迪拜为例,迪拜虽然地处中东,但并没有丰富的石油资源,石油为迪拜贡献的GDP占迪拜经济总量的比重有限,贸易和运输等才是迪拜经济的支柱产业。为了吸引更多的贸易公司到迪拜发展,迪拜自贸区基本上实现了无税运行的状态,这大大增强了迪拜相对于其他自贸区的竞争力。

新加坡的发展同样非常依赖于贸易的发展，因此，新加坡税制针对贸易企业的利润设置了特殊的优惠政策。例如，对工业产品出口额在1 000万新元以上、非工业产品出口额在2 000万新元以上的出口创收利润可以免缴所得税，根据不同企业的情况，免税期一般为5~10年。服务出口奖励的范围包括工程技术咨询、工业设计、出版、教育、医疗、金融等服务业。对出口创收利润可以减征所得税的90%；根据不同企业的情况，减征期一般为5~10年；减税期满后，还可以享受10%~15%的减税待遇。除此之外，新加坡针对自贸区还设置了较低的企业所得税优惠税率，新加坡的企业所得税税率为17%，自贸区内的企业所得税税率仅为5%~10%，而且只征收经营利得税而不征收资本利得税。

纽约自贸区的定位是货物中转和自由贸易，并注重发展制造业和加工服务业。纽约自贸区为了吸引企业到自贸区投资，设置了大量的税收抵免条款，包括投资抵免和就业抵免等。这些税收政策使得企业在自贸区内的投资成本大大降低，促进了纽约自贸区的发展。

值得注意的是，除了境内关外的政策之外，中国香港与伦敦自贸区基本上没有设置特有的税收政策洼地。但必须强调的是，中国香港地域面积小，整个区域的税负水平很低，因此不需要设置相应的政策洼地就具有很大的吸引力；而伦敦自贸区的主要定位是航运服务，其对企业所得税政策洼地的要求并不高。

6.5.3　上海自贸区税收政策设置的总体思想

必须强调的是，一国或者一个地区自贸区税制的设置必须考虑到其与本国或本地区非自贸区税制的关系。一味追求自贸区的低税负可能影响非自贸区的发展，从而产生不良后果。总结几个自贸区的经验可以看出，自贸区税制的设置必须充分考虑自贸区的功能定位和非自贸区的发展诉求。

以迪拜为例，迪拜经济的发展主要依赖于其自贸区的发展，其非自贸区区域的发展对迪拜地区的经济贡献有限。因此，迪拜税制的设计在很大程度上要服务于其自贸区的发展，所以迪拜对自贸区设置了一个相当于零税负的税制环境。

新加坡与迪拜的情况有类似之处，即新加坡发展也在很大程度上依赖于贸易的发展，但对贸易的依赖程度不如迪拜高。新加坡在进行税制设计时，不仅考虑通过税制洼地来吸引世界其他国家到本地区进行贸易，而且考虑了新加坡自贸区与非自贸区的税制均衡关系。因此，新加坡自贸区只对出口贸易设置了有条件的免企业所得税政策,而对大部分企业适用相对较低的优惠税率。

纽约的情况与其他几个自贸区有明显差异。纽约是一个港口城市,其发展在很大程度上依赖于海上贸易。但与此同时,美国作为全球第一的经济大国,纽约作为美国的重要城市,不仅要考虑自身的发展,而且要考虑对美国整体经济的影响。过于优惠的税收政策可能对纽约的发展有利,但也可能造成自贸区与非自贸区之间的发展不平衡,从而损害了美国的整体利益。因此,纽约自贸区虽然出台了一些刺激投资的特定税收优惠措施,但并没有设置普遍性的优惠税率。

对于上海来说,上海自贸区是制度创新,是意义更为重大的改革,同设定特殊政策的改革完全不是一回事,改革红利需要体现在制度突破而不是税收优惠上,上海自贸区不是作为政策洼地设置的,而是应该紧紧围绕上海的定位——"四大功能"和"五个中心"建设,进一步完善上海自贸区的税收政策。与此同时,上海作为中国税制完善的改革地和试验田,可以借助中央给予上海自贸区建设的政策支持之机遇,在上海自贸区充分发挥税收政策先行先试的作用,将其建设为中国的制度创新高地,率先在上海自贸区内解决一些与中国目前发展密切相关的问题,并将行之有效的制度创新经验推广到全国范围,全面促进市场经济的稳健发展改革要求。

6.6　促进上海自贸区发展的税收政策建议

6.6.1　上海自贸区税制发展方向

上海自贸区税收发展应履行为促进贸易投资提供税收政策经验、为构建合理税收体系提供制度示范、为加入国际经济合作组织做好准备等多方面目标。

1. 为促进贸易投资提供税收政策经验

我国自贸区建设的最重要成果是以负面清单为特征的领域开放,为适应和促进自贸区服务贸易、金融、投资全面开放,也出台了一系列有利于服务贸易、金融、投资的税收政策。例如,在贸易税收政策方面,将试验区内注册的融资租赁企业或金融租赁公司在试验区内设立的项目子公司纳入融资租赁出口退税试点范围,以及对试验区内注册的国内租赁公司或租赁公司设立的项目子公司,经国家有关部门批准,从境外购买空载重量在25吨以上并租赁给国内航空公司使用的飞机,享受进口环节增值税优惠政策。在投资税收政策方面,对注册在试验区内的企业或个人股东,因非货币性资产对外投资等资产重组行为而产生的资产评估增值部分,以及对试验区内企业以股份或出资比例等股权形式给予企业高端人才和紧缺人才的奖励,实行分期纳税政策。但总体来看,政策面比较窄,政策力度比较小,可在前期试点的基础上,继续扩大适用范围,强化力度,更好地发挥税收在促进贸易投资方面的作用,使税收制度设计与国家及自贸区战略改革和发展相契合,服务于整体改革发展目标。

2. 为构建合理税收体系提供制度示范

我国现行税收体系具有不同于大多数国家或地区的三个典型特征:一是我国现行间接税比重远高于直接税,而以间接税为主体税制结构的累退性特性不利于公平,未来我国经济社会发展更加注重公平收入分配,客观上要求通过降低间接税来提高直接税;二是我国现行税收由企业为纳税主体,个人直接纳税占比较低,而随着我国税制结构调整,个人纳税占比有所上升,企业纳税占比将下降;三是我国税收主要集中在企业生产经营环节,而较少分布在收入分配和财富积累环节,从而具有较强的财政收入功能以及较弱的收入分配和财富配置功能。随着适应社会公平目标发展的间接税向直接税转型、企业纳税向个人纳税转型,税收分布也会相应出现生产经营向收入分配和财富积累转型。自贸区税收政策应为构建我国合理税收体系提供制度示范。

3. 为加入国际经济合作组织做好准备

上海自贸区的建立也是为我国加入《跨太平洋战略经济伙伴关系协议》(TPP)等国际经济合作组织做好准备。TPP 作为面向 21 世纪、高标准、全面的自由贸易协议,其成员国所有产品关税将在 12 年内免除,所有行业皆须开放自由竞争。作为亚太地区重要的区域贸易协定之一,试图建立一个零关税的自由贸易大市场,并借此构建 21 世纪国际贸易新规则,对多边贸易规则 WTO 形成不小的冲击。目前,我国虽然尚未加入 TPP,但 TPP 零关税谈判必然对我国关税政策产生影响。因此,有必要对 TPP 谈判下我国关税政策加以研究,以消除 TPP 谈判对我国贸易产生不利影响。这就意味着,我国如果要加入 TPP,就必须从根本上变革我国的关税体制,而这种变革可以在上海自贸区首先试行。通过小范围试行并闯出一条新路,然后逐步复制到其他区域乃至全国,才能真正提升我国的税制设计整体水平,向加入 TPP 来促进亚太地区贸易自由化迈出坚实的步伐。为此,上海自贸区税收体系与国际上其他自贸区相比,应当具有有效竞争力,从而能在国际经济环境,特别是流动性极强的金融领域取得优势。

6.6.2 上海自贸区税制发展原则

上海自贸区就其政策制度创新而言具有二重性：一方面，自贸区作为创新园区，其在改革开放过程中遇到和需要破解的问题应具有普遍性，因此，其政策制度创新在全国范围内有可复制性和可推广性；另一方面，自贸区作为海关特定监管区，在改革开放过程中遇到和需要解决的税收问题有其特殊性，因此，其在自贸区推行的政策制度创新在非自贸区不可复制、推广。即使作为创新园区能对其政策制度和管理创新，也有一个由特惠制向普惠制转变的过程。所以，自贸区税收政策制度和管理创新要围绕两条路径、依据四大原则推行。

1. 政策优惠

自贸区税收政策创新首先应承认和允许自贸区有政策优惠。这是由两方面原因所决定的：一是自贸区建立在保税区基础上，要保留保税区税收政策制度，而保税区政策制度相对于其他区域本身而言就是事实上的政策洼地，理应允许自贸区形成税收政策优惠；二是一项政策在自贸区先行先试时，由于仅在自贸区适用，而其他区域不适用，所以先行先试本身也形成了事实上的政策优惠。因此，自贸区要税收政策创新，首先必须承认这种事实上的政策洼地，应该说，没有政策洼地就没有自贸区的税收政策。

2. 复制推广

自贸区税收政策制度创新，最重要的是，通过自贸区税收政策制度先行先试，形成可复制、可推广经验，并在全国推行，从而使自贸区先行先试的政策特惠制变为区内和区外共同适用的政策普惠制。当然，问题是，自贸区税收政策是否都可复制、可推广？或者在多大范围内可复制、可推广？事实上，自贸区税收政策有两类：一类是针对海关特定监管区的境内关外税收政策，这些海关特定监管区税收政策只适宜在保税区或其他自贸区复制、推广；另一类是自贸区适应服务贸易发展要求，实行投资、金融领域开放、制度创新所遇到的税收问题，通过在自贸区先行先试，然后在全国形成可复制、可推广的经验。因此，两类不同的税收政策适宜不同的复制、推广领域。

3. 大胆创新

从消除自贸区企业发展中遇到的税收瓶颈和障碍来看，我们不仅可以把自贸区视为境内关外、免征关税和增值税的海关特殊监管区域，也可以视为不行使居民管辖权只行使地域管辖权的自由港；也就是说，对中国居民企业仅就其中国境内所得征税，而对境外所得，包括分回且已缴纳所得税的税后利润不再行使居民管辖权征税，同时也可以视为具有特区和开发区性质、实行低所得税税率的创新试验园区。并从符合税制改革方向，有利于理顺税收经济关系，促进对外开放，在自贸区内对我国企业发展中所涉及的税收制度性障碍进行全面改革创新试点，在试点取得成效的基础上形成可复制、可推广的政策经验，并在全国范围内全面推行。

4. 适度税负

自贸区之所以区别于非自贸区，不仅依据境内关外在流转税上实行进出境免税政策，而且体现在所得税收上实行低税率政策。自贸区所得税一般低于非自贸区，主要反映在两个方面：一是自贸区所在国所得税税率较低；二是自贸区所在国税率并不低，但自贸区通过降低税率、实施减免等政策措施来减轻自贸区所得税负，以提升税收的国际竞争力。香港是地区所得税率低，而我国特区、开发区以及前海保税区是通过降低税率、实施减免来减轻税负。自贸区不能建设成国内税收洼地，但也不能成为国际税收高地。为避免税源外流，必须打造具有国际竞争力的金融税制。可以说，维护本国税源、防止本国税源外流，不仅是上海自贸区针对境外投资实行特殊税收政策的合理性解释，也是扭转上海自贸区现行税制下国际税收高地不利局面的政策起点。

6.6.3 上海自贸区税制发展思路

综合来看，上海自贸区的发展目标充分体现其政策探索、制度完善的示范区职能，根据对上海自贸区现行税收政策的研究和国际自贸区税制经验的对比分析，结合上海自贸区自身的功能定位和发展目标，本书认为，上海自贸区的税制发展方向不是设立税收政策洼地，而是建立税收制度创新高地，通过先行先试，将行之有效的制度创新经验推广到全国，全面促进市场经济的稳健发展改革要求。与此同时，自贸区作为海关特定监管区及其创新试验园区，应具有符合自贸区自身性质和功能定位的税收政策制度。

具体来说，上海自贸区的税制发展方向应该考虑其二重定位：

1. 上海自贸区的自贸区职能

（1）货物贸易境内关外视角。

从自贸区货物贸易境内关外视角或维度考虑上海自贸区的税收政策制度，最重要的是对货物贸易实行境内关外政策。自贸区的基本特征或本质特点是境内关外的特殊海关监管制度，是免征关税和国内货劳税的特殊监管区域。根据 1973 年通过的《关于简化和协调海关业务制度的国际公约》规定，在自贸区内运入任何货物，就进口税和其他各税而言，被认为在关境之外。即自贸区内不仅关税（进口税），还包括其他各税，均视同关境之外。这意味着自贸区作为境内关外，是免征关税和货劳税的特定区域。

因此，上海自贸区作为保税区，应被视为境内关外，对货物贸易免征关税和货劳税，也就是"一线放开、二线管住"。所谓"一线"，是指自贸区与国境外的通道口；"一线放开"是指境外的货物可以自由地、不受海关监管地进入自贸区，自贸区内的货物也可以自由地、不受海关监管地运出境外。所谓"二线"，是指自贸区与海关境内的通道口；"二线管住"是指货物从自贸区进入国内非自贸区，或货物从国内非自贸区进入自贸区时，海关必须依据本国海关法的规定，征收相应的税收。

（2）上海自贸区的自由贸易试验区职能。

这主要是从自由贸易区服务贸易、投资和金融境内关外的视角或维度考虑税收政策制度的发展。

建立在保税区基础上的上海自贸区之所以不同于保税区，最主要的差异在于：贸易领域由货物贸易向服务贸易转变；投资领域由实业投资向股权投资转变；金融领域更是金融业务放开、利率汇率放开、货币兑换放开。针对自贸区领域放开，需要在法律、监管、税收等政策、制度和管理方面进行先行先试创新。自贸区强调探索中国对外开放的新路径和新模式，推动加快转变政府职能和行政体制改革，促进转变经济增长方式和优化经济结构，实现以开放促发展、促改革、促创新，形成可复制、可推广的经验，服务全国发展。并且，自贸区更重视和强调创新转型，因此，上海自贸区承担着创新园区职能，探索有利于服务贸易、投资、金融发展的政策，消除服务贸易、投资、金融发展的政策制度性障碍，促进服务贸易、投资、金融发展的责任。

2. 上海自贸区的改革探索和制度革新职能

这主要是从上海自贸区作为制度创新试验地的角度出发，积极探索符合税制改革方向，有利于促进经济转型升级、扩大开放税收政策。

上海自贸区的核心是制度创新。虽然自贸区实施包括税收优惠政策在内的一大批政策红利，但其目的并不是建立税收优惠的隔离区，而是探索通过对法制、税制及管制三大制度的创新来促进贸易、投资和金融三大领域的开放，从而为全面深化改革探路。

6.6.4 上海自贸区税制具体建议

对于上海自贸区税制的建议,本书认为,应该从上海自贸区的二重功能定位出发,不仅考虑完善其自身作为保税区和自由贸易试验区的功能,更重要的是,将其视为全国税制创新的高地,率先在上海自贸区解决困扰经济转型升级的严峻税收问题,以上海自贸区的改革方案作为示范,进而向全国推广。

1. 货物贸易境内关外制度完善

上海自贸区涵盖的保税区内:货物可以在保税区与境外之间自由出入,免征关税和进口环节税;区内企业进口自用设备、办公用品、生产用原材料、零部件等免关税和进口环节增值税;对注册在洋山保税港区内的企业从事国际航运、货物运输、仓储、装卸搬运、国际航运保险业务取得的收入,实行增值税即征即退。保税区对于货物实行普遍性免税政策,而对于服务则采取选择性免税政策。注册在自贸区内的企业,从事国际航运、货物运输、仓储、装卸搬运取得的运输和辅助物流服务收入,从事国际航运保险业务取得的收入,从事离岸贸易、服务外包、技术贸易、软件出口、文化服务取得的收入,以及为区内出口贸易、出口服务企业提供的专业服务取得的收入,免征增值税。

但是,目前上海自贸区尚未实现真正意义上境内关外式完全免税的自由贸易,与国际上真正的综合自贸区相比,上海自贸区的自由度层次较低。临港新片区成立之后,实现境内关外的便利化模式是其核心目标之一,也是上海自贸区其他园区升级创新的重点方向。

(1) 服务贸易、投资和金融境内关外。

从自由贸易区服务贸易、投资和金融的境内关外视角或维度考虑税收政策制度,应将服务贸易与货物贸易一视同仁。自贸区在业务上除了传统的有形货物贸易和物流服务外,更重视发展无形服务贸易、投资和金融服务,这就要求包括投资、金融和服务贸易在内的服务与货物享受同等待遇。自贸区作为保税区升级版,最重要的差异是由货物贸易转向服务贸易、金融和投资。因此,如何让服务贸易、金融和投资与货物贸易一样享受境内关外免征关税、增值税和营业税等税收政策待遇,成为制度创新的核心和关键。

上述我们所分析的有增值税制度的国家或地区基本上通过对投资、金融服务

免征国内增值税,对其他服务贸易视同货物贸易进口征税、出口免税和退税来消除服务贸易重复征税,详见表6—6:

表6—6　　　　　　　自贸区金融服务及服务贸易出口国际比较

国家	国内免征增值税	服务贸易出口零税率
新加坡	国内特定金融服务免税: • 活期储蓄、存款和储蓄账户 • 货币兑换 • 提供所有形式贷款、预付款 • 发行、分配或转让权益证券的所有权 • 提供任何期货合约 • 符合标准的贵金属投资的进口和供应	提供国际服务零税率: • 与国际运输有关的服务 • 租用在新加坡境外使用的交通工具 • 与离岸财产有关的服务 • 与离岸货物有关的服务 • 与出口货物有关的服务 • 在新加坡境外表演的文化、艺术、体育、教育或娱乐服务 • 提供与处理船舶或飞机有关的某些特定服务,或在任何船舶或飞机上处理或存放货物 • 与船舶或飞机有关的领航、救助或拖航服务 • 为进行任何登记造册活动而对任何船舶或飞机进行测量或对任何船舶或飞机进行分类的服务 • 供应(包括以租用方式出租)任何船舶或飞机 • 特定某些服务,包括修理、保养、经纪或管理任何船舶或飞机 • 特定某些国际电信服务 • 特定某些信托服务 • 向海外个人和企业提供的服务 • 提供与新加坡货物进口或出口有关的电子系统有关的某些特定服务 • 发行在新加坡境外的媒体销售广告服务
英国	国内金融服务免税: • 保险服务 • 银行和其他金融服务	
阿联酋	以下金融服务免税: • 国内收益浮动类金融产品 • 所有形式贷款的利息 • 人寿保险和再保险服务	出口到海湾合作委员会以外地区的服务零税率 与国际运输有关的服务零税率: • 乘客和货物的国际运输 • 涉及国际运输所使用的车辆和设备的交易 • 与国际运输有关的其他服务
荷兰	金融服务和保险交易免税	与提供海上船只和飞机相关的服务零税率 水、空形式的国际旅客运输服务零税率

而中国增值税制度和上海自贸区未对国内金融服务以及其他服务贸易出口制定消除重复征税的规定,使得上海自贸区的金融服务由于征收增值税而使税负远高于实施免税的五大自贸区;加之自贸区出口服务贸易不能普遍享受免税政策,重点发展和支持产业也没有相应的税收政策,从而没有形成有利于自贸区发展的商

务和税务环境。

上海自贸区既与国际自贸区有共同点,又有不同点。不同点主要是上海自贸区不仅大力发展货物贸易,更重视发展服务贸易、鼓励投资,并把自贸区范围扩大到海关特定监管区外。对于服务贸易和投资,由于海关无法像有形货物贸易那样进行特殊监管并实施境内关外免税政策,因此,上述自贸区国家或地区通过对投资、金融服务免征国内商品税,对其他服务贸易视同货物贸易进口征税、出口免税和退税来消除服务贸易重复征税的政策可为我国提供借鉴。

(2)服务贸易与货物贸易应一视同仁。

自贸区既是境内关外海关特殊监管区,又是领域开放、改革突破、管理创新试验园区。目前,上海自贸区对于货物贸易根据境内关外政策,由境外进入自贸区的货物不征收关税和增值税,进口货物在自贸区加工出口也不征收出口关税和增值税,只有当自贸区进口或加工货物进入境内非海关特殊监管区时,才征收进口关税和增值税。但是,同样在上海自贸区,对于金融等服务贸易没有实施境内关外政策,而是实施与非自贸区同样的政策,境内征税,境外不征税。从自由贸易区服务贸易、投资和金融地境内关外视角或维度考虑税收政策制度,将服务贸易与货物贸易一视同仁。

(3)金融服务增值税。

上海自贸区的业务发展需要高质量的金融服务支持。自贸区的业务主要涉及进出口贸易、转口贸易、保税仓储、加工、物流等业务,而这些业务在经营过程中往往需要相应的金融服务支持。例如,进出口贸易中可能涉及本外币的资金融通、货币置换、国际结算等服务;贸易、加工、物流涉及财产保险、国际运输保险等服务。高质量的金融服务可以增强规模经济效应,有力支持自贸区业务的不断发展。相反,如果自贸区业务需要的金融服务只能从境外其他自贸区进行采购,就会造成依赖境外金融服务的情况,即境外金融服务提供机构会对境内市场形成垄断,对自贸区的业务发展形成制约。自贸区业务的规模经济效应,对配套跨境金融服务也会产生规模性的需求,即自贸区业务的快速发展会引起配套金融服务需求的增加。

①短期内可以考虑先对贸易相关的金融服务实行免税。上文所述自贸区发展中的问题都是由增值税的跨境金融征税所导致的,但若对跨境金融服务完全免税或零税率,则有可能产生税基流失的风险。因此,现阶段我国只对与货物出口贸易相关的保险服务实行免税,而对其他金融服务仍然征收增值税。本书建议,在短期内可以采取先对与国际贸易相关的国际金融服务免税的办法来减轻增值税制度障

碍对上海自贸区发展所产生的抑制作用。这一政策可以先在上海自贸区试点,对风险进行评估后全国推行,以破除增值税的制度障碍。

②长期可以试行进出口贸易配套的跨境金融服务零税率政策。在基本实现跨境金融服务免税后,待时机成熟,可以考虑试行进出口贸易配套的跨境金融服务零税率政策。在出口跨境金融服务免税政策下,由于金融企业已支付的增值税进项税额无法抵扣,导致出口的跨境金融服务仍是以包含以前环节缴纳的增值税进入国际市场,因此相对于货物劳务出口贸易的出口退免税而言,仍然存在含税出口的问题,相当于出口贸易企业负担了部分税款,从而造成出口成本增加。相对于免税,金融服务零税率政策是真正意义上的不含税政策,在出口金融服务时,不仅免征出口环节的增值税,而且将金融企业之前已支付并负担的增值税税款进行退税,从而真正实现了金融服务不含增值税进入国际市场。跨境金融服务零税率的实施,不仅可以使进出口贸易企业完全避免使用现金流支付税款,进一步释放境内进出口贸易企业对上海跨境金融服务的需求,而且金融服务零税率实施导致的跨境金融服务提供成本可以进一步吸引境外企业对于上海自贸区提供的金融服务的需求,增强国际市场竞争力。

2. 积极探索符合税制改革方向、痛点问题先试先行

上海自贸区承担着创新园区职能,应该在税收政策和制度上先行先试,直面当前中国税收制度中的痛点问题,积极探索有利于服务贸易、投资、金融发展的税收政策,消除服务贸易、投资、金融发展税收的政策制度性障碍,促进服务贸易、投资、金融发展;并在试点基础上形成可复制、可推广的经验,使自贸区税收政策特惠制转变成全国适用的普惠制,以促进我国税收制度改革,完善我国税收政策制度。

自贸区除了境内关外免征进口关税和国内商品税政策之外,各自贸区还根据自身功能定位设置了企业所得税优惠政策。这些特定政策往往与其功能定位密切相关。

以迪拜为例,虽然地处中东,但石油资源并不丰富,石油为 GDP 贡献率比较有限,而贸易和运输才是迪拜经济的支柱产业。为吸引更多的贸易公司到迪拜发展,迪拜自贸区基本上实现了无税运行的状况,大大增强了迪拜相对于其他自贸区的竞争力。新加坡的发展也同样依赖于贸易发展,因此,新加坡税制针对贸易企业的利润设置了特殊优惠政策。

纽约自贸区的定位是货物中转和自由贸易,并注意发展制造业和加工服务业。为吸引企业到自贸区投资,设置了大量的税收抵免条款,包括投资抵免和就业抵免

等。这些税收政策使得企业在自贸区的投资成本大大降低,促进了纽约自贸区的发展。

值得注意的是,除了境内关外的政策之外,中国香港与伦敦自贸区基本上没有设置特有的税收政策。这是因为中国香港地域面积小,整个区域的税负水平很低,所以不需要设置相应政策。而伦敦自贸区的主要定位是航运服务,其对企业所得税政策要求并不高。

经过前文对国际上各自贸区的税制经验比较分析,我们知道上海自贸区的功能定位与迪拜、中国香港、新加坡、伦敦等几大自贸区均有明显的差异,但与纽约有一定的相似之处——上海自贸区不宜设置为税收洼地,在上海自贸区设置较低的企业所得税税率必定会对周边城市的发展产生较大的负面影响。与此同时,中国的企业所得税制度也与纽约自贸区类似:企业所得税制度本身的投资吸引力不足,自贸区内无直接税收优惠。纽约自贸区的做法是,推出促进投资方面的间接性税收优惠政策,吸引企业进入自贸区发展。

但是,中国当前的经济状况与美国存在很大差异,上海自贸区的发展情况与纽约自贸区也大不相同,所以不宜直接复制纽约自贸区的做法,而是应该结合上海自贸区自身特质,从制度创新的角度出发,针对中国发展中的税制痛点问题,提出完善上海自贸区企业所得税制度的政策建议。

鉴于国家对于特殊重组税收优惠设定的初衷是为了更好地激发企业潜力、释放经济活力,这也恰是当前中国经济结构转型升级所需的重要助力。本书认为,应在遵守基本税法规定的前提下,尽最大可能保障该制度安排的优惠意义,让其真正惠及相关企业的合理重组行为。

在此问题上,上海自贸区可以充分发挥其制度创新职能,建议针对特殊重组引入税务"事先裁定"制度,在上海自贸区(或临港新片区)先行先试。在上海自贸区试行之后,将完善后的制度逐步进行复制和推广。

"事先裁定"制度即重组活动当事方在进行重组活动之前,预先向各方税务机关提交重组方案和缴税方案,在获得主管税务机关的认可之后,按照既定方案逐步实行。① 在具体实施机制上,鉴于简政放权、精简审批的行政改革要求,以及考虑征管机关的营运能力,"事先裁定"基于"自愿申请制"的原则(非行政强制),并

---

① 事先裁定制度在很多发达国家已实行多年,在国内税务界也呼声甚高。其是税务机关应纳税人请求,对纳税人未来特定事项所涉及的指定税务问题,按照法律规定做出解释,并出具若干年内有约束力的书面决定的服务,以帮助纳税人消除税务上的不确定性。

引入(政府认定的)合乎资质的第三方中介机构服务的模式,自愿申请事先裁定的企业缴纳给第三方中介服务机构一定费用,政府依据中介机构提供的报告对企业的重组方案进行认定,而中介机构则对重组方案的合法性承担一定的连带责任。

第七章

促进临港新片区加工增值业务发展的税收政策研究

7.1 临港新片区建设

7.1.1 临港新片区建设背景

2018年11月5日,国家主席习近平出席了在上海举办的首届中国国际进口博览会开幕式并发表主旨演讲,他宣布,为了更好地发挥上海等地区在对外开放中的重要作用,引领更高水平的对外开放,国家决定增设上海自由贸易试验区新片区,以此鼓励和支持上海在推进投资和贸易自由化便利化方面的大胆创新和探索,为全国各地积累更多可复制、可推广的经验。

2019年8月6日,国务院印发了《中国(上海)自由贸易试验区临港新片区总体方案》(以下简称《总体方案》),标志着上海自由贸易试验区临港新片区(以下简称"临港新片区")正式设立。选择此时推出《总体方案》有两大背景:首先,从国际背景来看,当下全球贸易关系处于交织浑浊状态,且缺乏共识。在全球化进程受阻和贸易保护主义抬头的形势下,目前还没有一个大国能够推出充分开放自由贸易的举措。随着我国改革开放工作的不断深入发展,经济与科技等方面的实力也在不断提升;同时,我国始终坚持全球以及多边贸易体系的基本原则,在这种情况下我国推出《总体方案》,主要是为了可以继续深入挖掘对于自贸区的建设工作。其次,从国内背景来看,我国在产业链转型以及改革开放动力的挖掘等方面存在一定程度的局限性。为了打破制度性瓶颈和障碍,包括解决创新功能不足等问题,我国也有必要推出《总体方案》。

2019年11月,习近平总书记在考察上海时指出:"上海自贸试验区临港新片区要进行更深层次、更宽领域、更大力度的全方位高水平开放,努力成为集聚海内外人才开展国际创新协同的重要基地、统筹发展在岸业务和离岸业务的重要枢纽、企业走出去发展壮大的重要跳板、更好利用两个市场两种资源的重要通道、参与国际经济治理的重要试验田。"2020年11月,习近平总书记在浦东开发开放30周年庆祝大会上赋予浦东改革开放新的重大任务,明确提出要"增强全球资源配置能力,服务构建新发展格局"。习近平总书记的重要指示为推动上海离岸业务加快发展指明了路径和方向。

7.1.2 临港新片区建设意义

设立上海自贸试验区临港新片区,是党中央统揽全局、科学决策做出的重大战略部署,是新时代彰显我国坚持高水平开放的鲜明态度、主动引领经济全球化健康发展的重要举措。临港新片区要同时兼顾两大建设目标:一是更具国际市场影响力和竞争力的特殊经济功能区;二是产城融合、开放创新、智慧生态、宜业宜居的现代化新城,探索实现更有影响、更加全面、更快见效、更加安全的开放模式。

《总体方案》中明确,临港新片区要加强与长三角协同创新发展,"支持境内外投资者在新片区设立联合创新专项资金,就重大科研项目开展合作,允许相关资金在长三角地区自由使用。支持境内投资者在境外发起的私募基金参与新片区创新型科技企业融资,凡符合条件的可在长三角地区投资。支持新片区优势产业向长三角地区拓展形成产业集群"。

《长江三角洲区域一体化发展规划纲要》则明确,临港新片区要带动长三角新一轮改革开放,"定期总结评估新片区在投资管理、贸易监管、金融开放、人才流动、运输管理、风险管控等方面的制度经验,制定推广清单,明确推广范围和监管要求,按程序报批后有序推广实施。加强自由贸易试验区与海关特殊监管区域、经济技术开发区联动,放大自由贸易试验区辐射带动效应"。

7.1.3 临港新片区的主要功能

1. 建立以投资贸易自由化为核心的制度体系

新片区将是我国自贸试验区制度创新的升级版,将在全面总结我国自贸试验区制度创新经验教训的基础上,以投资自由、贸易自由、资金自由、运输自由和人员从业自由为重点,推进深层次的制度创新。

2. 全面提升开放型经济的风险管理水平

新片区将对标国际上公认竞争力最强的自贸区,建立全面风险管理制度,在更深层次和更宽领域、以更大力度推进全方位高水平开放,进一步加大开放型经济的风险压力测试。

3. 经济发展的重要增长极

《总体方案》明确提出了产业主导方向,将打造一批更高开放度的功能型平台,集聚一批世界一流企业,建设具有国际市场竞争力的开放型产业体系,打造全球高端资源要素配置的核心功能,到 2035 年争取再造一个"浦东"。

7.1.4 临港新片区建设现状

区划上,临港新片区包括大治河以南、奉贤区金汇港以东区域,覆盖洋山港,横跨浦东、奉贤两区,囊括南汇、奉贤两个新城,片区内规划有若干产业开发园区,自西向东包括奉贤南桥科技城、临港奉贤园区、临港产业区、临港创新创业带、临港科技城和洋山物流综合保税区,为上海落实创新驱动发展战略、瞄准科技前沿、成为世界级的科创策源地提供坚实的沃土。

1. 制度建设

各国竞争日趋激烈,很大程度上是营商环境的竞争。临港虽然具有得天独厚的制造业基础,但更离不开政策营造出的良好的营商环境。为支持上海自贸区建设,国务院出台《中国(上海)自由贸易试验区总体方案》《全面深化中国(上海)自由贸易试验区改革开放方案》《中国(上海)自由贸易试验区临港新片区总体方案》等政策文件,要求临港新片区担负起"大胆闯、大胆试、自主改"的核心任务,新片区方案不再强调可复制、可推广,而是选择国家战略需要、对开放度要求高且其他地区不具备实施条件的重点领域,实施具有国际竞争力的开放制度,确立了上海自贸新片区在推动"一带一路"建设中的突出作用。为此,上海市委市政府配套发布《促进临港新片区高质量发展特殊支持政策》,细化和落实中央决策文件部署和要求,具体来看,赋予上海自贸区临港新片区的政策优惠及先行先试的任务包括:

(1)法制体系先行先试,实现政府职能转变。对部分法律法规调整实施,放开外商投资的限制,充分发挥行业协会等社会力量参与市场监督。建立政府负面清单制度,通过"单一窗口"制度简化办事流程,将大量审批事项改为备案制,将政府工作重心转移到事中事后监督。

(2)推动商事权益保护、纠纷解决制度创新。尝试引进知名国际仲裁机构,提升商事纠纷仲裁国际化程度,商事纠纷可在平等的基础上约定由双方认可的仲裁机构管辖,为外商投资提供纠纷解决机制。

(3)建设公共信息平台,促进信息共享和信息开放。打破政府部门之间信息"孤岛",开放更多政务服务信息和基础数据信息,提升政务服务的效率和质量。

(4)促进资金自由化和投资自由化。简化跨境人民币业务办理流程,推动自由贸易账户本外币一体化,探索资本自由流入流出,便利外资设立金融机构。在重点领域放宽注册资本、投资方式等限制,并给予税收优惠。

(5)推动物资流动、人员从业自由。设立洋山特殊综合保税区,探索实施以安全监管为主的监管模式,增强国际中转集拼枢纽功能。放宽高端人才从业限制,在外籍人才永久居留等方面实施更加开放便利的政策措施。

20 世纪末,中央做出浦东开发开放的战略决策,借着政策的东风,浦东被打造成为中国金融中心。21 世纪初,中央再次做出上海自贸区临港新片区开发开放的决策,相信临港新片区将会成为全球高端制造业中心,为"一带一路"建设提供中国方案。

2.经济建设

2019 年 10 月 18 日,临港新片区管委会以高质量发展为目标,发布了"1+4"产业政策。

"1"即促进产业发展若干政策,16 条措施,包括支持先进制造业、战略性新兴产业和科创融合等在内的产业促进政策。以新能源汽车产业为例,西侧以南桥科技城为中心,承担智能汽车核心技术创新产业;东部以临港产业区为中心,承载智能新能源汽车关键零部件和整车制造产业,形成世界级"汽车产业走廊"。目前,已经吸引了特斯拉超级工厂、上汽集团、梅赛德斯—奔驰等制造工厂和诸多新能源、智能网联科技企业入驻。

"4"即集聚发展四大产业:

(1)集成电路产业。以半导体、新型显示、下一代通信技术为核心,坐落于临港科技城和临港产业区,与张江高科园区遥相呼应。目前,入驻企业包括:全球 AI 芯片龙头寒武纪公司,是华为麒麟 980 芯片 IP 模块供应商;新晟半导体,是国内晶圆、外延片、测试国产替代龙头企业之一。此外,还将有北斗导航等一大批高科技企业落地临港。

(2)人工智能产业。位于临港科技城,促进智能机器人等产业发展,协助园区内其他产业打造智能工厂和数字车间。临港新片区的人工智能产业目前尚处于起步阶段,片区管委发布了促进人工智能产业的 10 条促进政策。入驻企业包括上海临港国际人工智能研究院、科大讯飞科创基地等企业。

(3)生物医药健康产业。以临港奉贤园区、奉贤南桥科技城、临港科技城为基点,打造生物医药、健康养老、专科诊疗、美丽健康产业。引进以新型化学药物制剂、医学检验、医学影像装备、生物信息、医疗机器人、微创外科新型手术和"东方美谷"为核心的美丽健康产业。落地企业包括全球医疗器械领域中的先驱 NAMSA、全球精准医疗领域领先的高科技集团 Predicine,此外还包括 Mariedalgar 等美丽健康品牌入驻。

(4)航空航天产业。主要布局临港产业城和临港科技城,引入产业包括中航商发(为国产 C919 大飞机提供发动机)、奥科赛通用航空、上飞飞机装备等。

7.1.5　临港新片区在上海国际贸易中心建设中应发挥的作用

1. 挖掘制度潜力,助力上海适应发展新要求

当前,我国扩大开放面临的外部环境日益严峻。与此同时,以智能化、数字化和个性化为特征的全球新产业革命深入发展,对我国打造未来产业高地提出了更高的要求。因此,临港新片区发展新型国际贸易并不是为了简单实现自身发展,而是立足我国改革开放全局做出的重大战略安排,对上海的国际贸易中心建设具有重大战略意义。

一是对标国际,促进上海高水平开放和高质量发展。临港新片区要通过借鉴和对标国际经验,依托自身制度优势,引领上海"五个中心"建设,率先发展创新经济、服务经济、离岸经济和数字经济等,尽快形成具有较强国际市场影响力和竞争力的特殊经济功能区。要把握全球产业新趋势和高端产业链内在需求,积极推动

投资、贸易、金融、运输、人员移动自由,提升跨境数据服务能力,做到境内关外来去自由、风险可控,使制度创新转化为高质量发展的动力,促进上海的高水平开放和高质量发展。

二是抓住产业发力点。大力发展各类具有平台型、融合性、生态型等特征的新型国际贸易业态,形成上海经济的新增长点,促进整体产业结构优化,构建沟通全球的交易网络,增强贸易营运和控制力,助推上海从传统经济中心城市向全球城市转变。

三是重视科学决策。在临港新片区方案后续细化落地中,把解决重点领域面临的制度瓶颈作为主线,全面梳理新片区发展新型贸易的关键环节,瞄准亟须解决的痛点、堵点、靶点问题,精准推进制度创新,为国家探索突破关键瓶颈的"上海方案"。

2. 集聚全球交易,拓展国际资源

一是从以货物运输功能为核心向以交易服务功能为核心转变。目前,伴随着新一轮全球化和国际贸易发展变化,全球典型国际贸易中心城市均从以货物运输功能为核心向以交易服务功能为核心转变,更强调发挥全球资源配置核心的功能。对此,临港新片区应聚焦国际贸易与国际航运中订单控制、贸易链整合、供应链管理等核心环节,大力发展转口贸易与离岸贸易等高附加值产业,加快打造国际贸易航运枢纽的新优势。

二是积极吸引跨国公司总部。搭建全球资源整合和要素聚集新平台,探索提升对全球资源定价的话语权。充分发挥新片区开放的制度优势,开展国际业务自由化、便利化创新,通过发展转口贸易与离岸贸易等搭建全球资源整合和要素聚集新平台,充分利用国际国内两个市场,提升整合全球优势资源的能力。以要素资源跨境流动自由化、便利化为目标,吸引外国跨国公司运营、结算和贸易等总部集聚。

三是支持中国企业"走出去"。新片区要服务国家"一带一路"倡议、长江经济带发展战略,支持长三角、长江经济带以及全国市场主体在新片区设立贸易、结算和运营等总部,助推中国企业"走出去",融入全球价值链。搭建国际贸易平台,与"一带一路"沿线国家或地区共建自贸区网络。加强与长三角产业分工协作,发挥上海国际金融、国际贸易和国际航运等城市的综合服务优势,开展跨国转口贸易和离岸贸易业务,以提升国内市场主体在全球价值链中的地位。

3. 促进高端服务贸易要素集聚

一是推动金融、电信、文教、医疗等重点领域的新兴贸易业态率先实现市场开放与发展。目前,基于互联网、服务业、信息化的平台经济作为新经济时代最重要的创新商业模式,正在快速推动金融、电信、文教、医疗等重点领域服务贸易新业态、新模式的发展。临港新片区要把服务贸易重点领域新业态作为产业结构调整和国际化大都市差异化竞争的重大战略来突破,引领相关市场的率先开放与发展,抢占服务经济和平台经济新高地,以提升我国在全球价值链中的地位。

二是探索服务业进一步深化开放。从海关特殊监管区制度下"货物的境内关外"定位,拓展延伸到"货物和服务的境内关外"定位,借鉴国际典型自由港、自贸区经验,加快对海关特殊监管区内与服务相关业务的开展,包括保税维修、保税租赁等,促进高端服务贸易要素的集聚,形成我国服务贸易领域国际竞争的制高点,引领我国从贸易大国向贸易强国转型。

三是推动服务业监管制度改革。基于服务贸易特性,国内政策对服务贸易自由化影响巨大,对各类国内政策进行国际约束已成为全球服务贸易规则谈判和制定的一大趋势。目前,中国服务业市场对外开放工作的一项重点任务就是对服务业国内监管政策进行协调和完善。临港新片区应不断优化对服务贸易的"事中事后"监管改革,尽快形成"服务贸易友好型"营商环境。

4. 打造数字贸易高地

一是推进数字贸易开放与发展,加快上海"数字城市"建设。围绕新模式、新业态打造云服务、数字内容、数字服务、跨境电子商务等基础好、潜力大、附加值高的特色领域,不断巩固上海数字贸易的先发优势,通过率先试点开放等培育数字贸易持续增长的核心竞争力。

二是借鉴国际规则发展趋势,探索弥合"数字裂痕"的"上海方案"。不断提升数字贸易各领域开放度,形成与国际通行规则相接轨的高水平开放体系。完善数字贸易要素流动机制,探索形成高效、透明、便利的跨境数据流动体系。在保护知识产权和保护个人隐私等方面加快探索与国际通行规则接轨的数字贸易监管举措,在数据流通、数据安全和网络监管等方面形成具有上海特色的监管体系。

三是重视全球数字资源的集聚与整合,为填补"数字鸿沟"贡献力量。加快打造具有全球影响力、资源配置力和创新驱动力的数字贸易龙头企业;集聚一批引领数字贸易发展、具备价值链整合能力的数字跨国公司;培育一批国际竞争力强、发展潜力大的独角兽创新企业;推动建成若干具有较强辐射和带动作用的创新创业、交易促进、合作共享功能平台等。

7.1.6 临港新片区创新发展金融交易平台的优势

1. 发展定位

临港新片区在金融交易平台建设上将与陆家嘴金融城和外滩金融集聚带形成错位发展,以促进新片区重点产业发展为出发点,主要围绕科技金融和绿色金融,大力发展跨境金融,适时发展离岸金融,重点在股权投资、融资租赁、航运金融等领域建设跨境金融交易平台。在新片区内率先推进金融交易平台的体制机制创新,率先推进资本项目可兑换和推进金融业对外开放,进一步拓展人民币跨境金融服务深度和广度,支持金融交易平台借鉴国际惯例为新片区内企业和非居民提供跨境发债、跨境投资并购、跨境证券投资、跨境保险资产管理等金融服务,将新片区打造成为跨境投融资服务中心、产业金融中心、高标准金融服务枢纽和新一轮金融扩大开放的前沿阵地。

2. 发展原则

一是产融结合、服务实体。坚持金融回归本源,将服务实体经济作为新片区金融交易平台建设的根本出发点。从建立以关键核心技术为突破口的前沿产业集群、发展新型国际贸易、建设高能级全球航运枢纽的需要出发,加强金融交易平台建设与新片区先导产业、支柱产业与新兴产业的联动融合,强化创新创业金融服务功能,形成产融良性互动、共生发展新格局。

二是对标国际、深化改革。对标新加坡、中国香港、迪拜等国际先进自贸区,依托上海金融市场体系基础,大力发展跨境金融交易平台,率先在资本项目可兑换、金融服务业对外开放等重要领域和关键环节取得突破性成果,加快构建具有中国特色、符合国际惯例的跨境金融运行规则和制度体系。

三是市场导向、创新驱动。发挥市场配置资源的决定性作用和政府能动作用,加强规划引领和财税支持,鼓励社会资本进入临港新片区金融交易平台建设,大力推进金融交易平台的体制机制创新,推进金融交易平台的市场化运作。支持金融交易平台运用大数据、云计算、区块链等现代化技术,鼓励金融产品和金融工具创新,为临港新片区实体经济发展提供更优质的服务。

四是突出特色、循序渐进。突出产业金融和跨境金融的特色,围绕集成电路、智能制造、生物医药、民用航空等产业的投融资特点,大力发展生物医药股权跨境交易、航运融资租赁跨境交易等特色交易平台。根据临港新片区建设的"两步走"

目标,制定新片区金融交易平台发展规划,根据国内外宏观经济金融环境,分阶段、分重点推进金融交易平台建设。大力发展跨境金融交易平台,适时发展离岸金融交易平台,不断提高金融交易平台的能级和国际化程度。

五是优化环境、防范风险。发挥临港新片区政策优势,以优质的服务环境,集聚金融机构、专业中介服务机构和金融人才,支持新片区金融交易平台发展。强化金融功能监管、行为监管和智能监管,实现对新片区金融交易平台金融交易主体和金融风险的监管全覆盖;依托自由贸易账户,建立对新片区金融交易平台进行监测的电子围网,强化对跨境资金流动的精准监测。

3. 发展目标

中期目标(2019—2025 年)。到 2025 年,临港新片区在资本项目可兑换、外汇管理体制、金融服务业对外开放、金融税制改革先行先试上取得重大进展,上海自贸区已有金融交易平台服务新片区实体经济的功能显著增强,在新片区建成一批具有更高开放度并与新片区实体经济发展紧密相关、特色鲜明的跨境金融交易服务平台。

长期目标(2026—2035 年)。到 2035 年,临港新片区的资本项目可兑换和金融服务业对外的制度探索基本完成,通过新老片区的联动使上海自贸区已有金融交易平台国际化程度显著提高,达到国际先进水平;在新片区建成一批具有较强国际竞争力和全球高端资源要素配置能力的跨境金融交易服务平台,成为上海金融市场体系的重要组成部分。

4. 发展优势

一是上海在国内外金融业中的地位和影响显著提升。目前,上海建立了较为完备的金融市场体系,集聚了一大批中外资金融机构,成为中国内地金融对外开放的最前沿、金融改革创新的先行区和金融发展环境最佳地区之一。这为临港新片区创新发展金融交易平台奠定了良好的环境基础。

二是上海自贸区在推进核心金融改革上取得了突破性进展。上海自贸区自成立以来,搭建了一个以简政放权、负面清单管理为核心的金融改革新框架,建立了一套适应新金融制度的事中事后管理系统——自贸账户系统,推进了资本项目可兑换、利率市场化等八大核心金融改革,形成了一系列可复制、可推广的金融创新成果,为临港新片区创新发展金融交易平台奠定了良好的制度基础。

三是上海自贸区在金融交易平台建设上已经取得一定经验。上海黄金交易所黄金国际板、上海保险交易所、上海国际能源交易中心等金融交易平台相继推出并平稳发展,为临港新片区创新发展金融交易平台提供了许多可复制、可推广的经验。

四是临港新片区政策支持力度大。这既有中央加大赋权力度的支持,也有上海从管理权限、资金支持、人才吸引、土地规划、住房保障等方面的系统施策。新片区既有税收、国际仲裁等单项政策上的较大突破,也有围绕特殊经济功能区定位进行制度创新的系统集成。在金融支持政策上,《中共上海市委、上海市人民政府关于促进中国(上海)自由贸易试验区临港新片区高质量发展实施特殊支持政策的若干意见》中的50条特殊支持政策中,关于金融方面的就有6条,包括债券发行、开展跨境金融业务、加强跨境资金灵活使用、推进建设资金管理中心、出台对重点产业长期低息贷款并吸引保险资本支持政策、提高重点产业直接融资规模等。

7.2 临港新片区进口关税政策研究

7.2.1 我国现行进口关税减免税政策及实施概况

关税减免是贯彻国家关税政策的重要措施,分为法定减免税、特定减免税和临时减免税。法定减免税是由我国《海关法》《进出口关税条例》和《进出口税则》规定给予进出口货物的减免税,只要符合规定,纳税义务人无须提出申请,即可由海关按规定直接予以减免,并且一般不再进行后续管理。特定减免税又称政策性减免税,是除法定减免税之外,由国家按照国际通行规则,结合我国实际制定发布的有关进出口货物减免关税的政策,一般对地区、企业和用途有限制性要求,须由海关进行后续管理。临时性减免是由国务院对某个单位、某个项目或某批进出口货物的特殊情况专文下达的减免税。

关税法定减免税政策为普遍适用政策,临时性减免税政策在我国加入世贸组织后一般已不再办理,因此,关税特定减免税是对比分析的重点。一般来说,特定减免税涉及科教用品、残疾人专用品、慈善捐赠物资、边境贸易进口物资等,本章仅就与海南自由贸易港进出口税收政策有对比价值的海关特殊监管区域及外商进口设备、特殊行业或用途的关税减免政策进行部分列举。

表 7—1　　　　　　　　　　　国内部分关税特定减免税政策

货物类别	具体政策规定
加工贸易产品	经海关批准,加工贸易项下进口料件实行保税监管的,待加工成品出口后,海关根据核定的实际数量予以核销。对按规定进口时先征税款的,待加工成品出口后,根据核定复出口的数量退还已征收税款
保税区进出口货物	主要税收优惠政策:进口供保税区使用的机器、设备、基建物资、生产用车辆,为加工出口产品进口的原材料、零部件、元器件、包装物料,供储存的转口货物以及在保税区内加工运输出境的产品,免征进口关税和进口环节税;保税区内企业进口专为生产加工出口产品所需的原材料、零部件、包装物料以及转口货物,予以保税;从保税区运往境外的货物,一般免征出口关税
出口加工区进出口货物	主要税收优惠政策:从境外进入区内生产性的基础设施建设项目所需的机器、设备和建设生产厂房、仓储设施所需的基建物资,区内企业生产所需的机器、设备、模具及其维修用零配件,区内企业和行政管理机构自用合理数量的办公用品,予以免除进口关税和进口环节税;区内企业为加工出口产品所需的原材料、零部件、元器件、包装物料及消耗性材料,予以保税;对加工区运往区外的货物,海关按照对进口货物的有关规定办理报关手续,并按制成品征税;对从区外进入加工区的货物视同出口,可按规定办理出口退税
进口设备	对符合《外商投资产业指导目录》,并转让技术和外商投资项目,在投资总额内进口的自用设备,以及外国政府贷款和国际金融组织贷款项目进口的自用设备,除《外商投资项目不予免税的进口商品目录》所列商品外,免征进口关税;对符合《产业结构调整指导目录》的国内投资项目,在投资总额内进口的自用设备,除《国内投资项目不予免税的进口商品目录》所列商品外,免征进口关税;对符合上述规定的项目,按照合同随设备进口的技术及配套件、备件,也免征进口关税
特定行业或用途的减免税政策	国家指定了部分特定行业或用途的减免政策。例如,我国海洋和陆上特定地区石油、天然气开采作业,对相关项目进口国内不能生产或性能不能满足要求的,直接用于开采作业的设备、仪器、零部件、专用工具,免征进口关税和进口环节增值税,一般以清单形式列明

海关特殊监管区域包括保税区、出口加工区、保税物流园区、跨境工业园区、保税港区和综合保税区等多种模式在内,是承接国际产业转移、连接国内国际两个市场的特定经济功能区域,在扩大外商投资、促进对外贸易和扩大就业等方面发挥着十分重要的作用,现已在全国范围广泛铺开。据统计,2019 年仅全国综合保税区就实现进出口总值 2.9 万亿元,占全国外贸进出口总值的 9.2%,对我国外贸增长的贡献度达 30% 之多。[①] 其中,不少综合保税区展现出制度稳定性和可预期性强、基础设施完备、管理体制健全、服务水平较高、具备较强的国内外市场影响力和吸引

---

① 我国综合保税区发展迎来六项利好政策[EB/OL]. (2020—02—25)[2024—05—01]. https://www.gov.cn/xinwen/2020-02/25/content_5482959.htm.

力等特点,且其适用的关税特定减免政策在部分层面上与海南自由贸易港零关税政策存在重叠,这在很大程度上构成了与海南自由贸易港的竞争关系。

7.2.2 临港新片区加工增值货物现行税收政策

根据现行有关政策,海关对临港新片区洋山特殊综合保税区实行封闭管理,境外货物进入保税区,实行保税管理;境内其他地区货物进入保税区,视同出境。从境外进入综合保税区的设备、原材料、生产所需零部件、基建物资和自用合理数量的办公用品免征进口关税;部分特殊产品、制成品及边角料、残次品、余料、废料销往境外免征出口关税;区内企业出口加工产品不征收增值税、消费税等。在保税区内,如果货物进口时不能确定该货物是否一定在国内消费,经海关可暂时不办理纳税手续,货物在区内自由流动,待该货物最后在国内消费或者复运出境时,再对其征税或免税,办理纳税结关手续。

境内进入综合保税区进行修理的货物,进入综合保税区时已向海关报明,并在规定期限内复运进境的,以境外修理费、料件费为基础审查确定完税价格(不含运保费),以征收关税与增值税。境内商品进入综合保税区进行加工的货物,进入综合保税区时已向海关报明,并在规定期限内复运进境的,以境外加工费、料件费以及复运进境的运输及相关费用、保险费为基础审查确定完税价格,以征收关税和增值税。

为贯彻落实《国务院办公厅关于促进内外贸一体化发展的意见》和《商务部等14部门关于开展内外贸一体化试点的通知》,推动上海市开展内外贸一体化试点工作,促进内外贸高效运行、融合发展,上海市商务委等10部门联合印发了《上海市推动内外贸一体化试点实施方案》,意在推动国家授权试点在洋山特殊综合保税区实行加工增值货物内销免关税政策。①

7.2.3 临港新片区现行政策不利于临港加工增值业务的发展

本书通过调研发现,临港新片区现行的税收政策并不适合加工增值业务的发

---

① 推动国家授权试点在洋山特殊综合保税区实行加工增值货物内销免关税政策[EB/OL].(2023—06—07)[2024—05—01].http://nnwxxq.gxzf.gov.cn/xxfb/tszs/t16632483.shtml.

展。本书以某集团为例介绍这一情况。

1.加工业务场景

B是设立在上海综合保税区内的某集团,负责飞机生产、维修和改装等业务。

A公司从国内航空公司回购的由B生产制造的二手飞机,现在需要改装成货机。由于技术水平等问题,这项业务只能交给B来完成。

境内航空公司A运行的飞机委托公司B进行飞机定检维修,A与B签署委托维修协议;A委托B代为办理飞机和自带航材报关手续;B负责把一部分改装业务委托给C,有一部分是自己改装。C在改装过程中需要一些零配件,根据民航局的要求,这些零配件必须是B检验通过的配件。

B向C提供的配件主要是由B从境内区外或者是海外购买的,有些经过了深加工,有些只是简单加工或者只是负责检验。B属于自带航材给C加工,不出售给C,最后是航材连带飞机改装出售给A,由A缴纳关税和增值税。

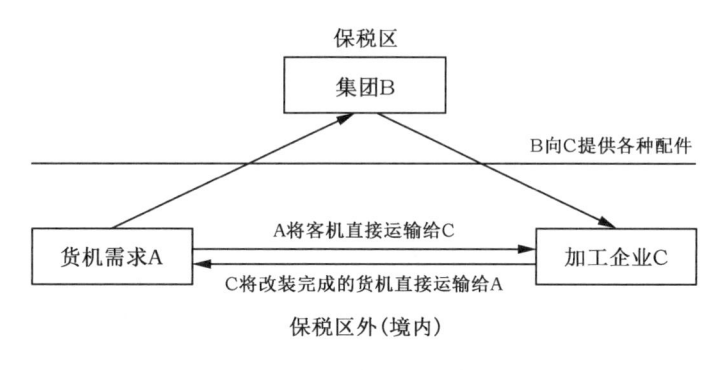

图7—1 业务场景示意图

2.现行税务处理

B将加工修理过的飞机和航材卖给A时,A要按照飞机的加工维修费缴纳关税和增值税,同时对航材缴纳关税和增值税。

增值税由于可以抵扣,故不予讨论。

对于B从境外购买的材料被用于维修或者加工飞机以及生产航材,按现行政策规定,进口时免征关税,但在用于维修或者加工飞机以及生产航材时,须按进口原材料补征关税有其合理性。但对于B从境内区外购买的材料,然后经简单加工、深加工或者检验通过之后卖给A的航材,以及对于B从境内区外购买,然后用于维修或者加工飞机的材料,在没有使用进口免征关税材料、不涉及进口、不形成关税纳税义务时,仍要求按完税价格征收关税的,不仅政策制度极不合理,而且导致保税区加工、修理税负重于非保税区,成为保税区加工、修理业务发展的政策制度性障碍。

7.3 海南自由贸易港加工增值业务免征关税政策简介

7.3.1 针对"一线"放开的零关税制度安排

2020年6月1日,中共中央、国务院印发《海南自由贸易港建设总体方案》(以下简称《总体方案》),提出海南自由贸易港分两个阶段实现零关税。全岛封关运作前,对部分进口商品免征进口关税、进口环节增值税和消费税,这是2025年前的重点任务之一。除法律法规和相关规定明确不予免税、国家规定禁止进口的商品外,实行"一负三正"零关税清单管理,即对企业进口自用的生产设备,实行"零关税"负面清单管理。对岛内进口用于交通运输、旅游业的船舶、航空器等运营用交通工具及游艇,实行"零关税"正面清单管理。对岛内进口用于生产自用或以"两头在外"模式进行生产加工活动(或服务贸易过程中)所消耗的原辅料,实行零关税正面清单管理。对岛内居民消费的进境商品,实行正面清单管理,允许岛内免税购买。对实行零关税清单管理的货物及物品,免征进口关税、进口环节增值税和消费税。同时,2025年全岛封关运作、简并税制后,对进口征税商品目录以外的、允许海南自由贸易港进口的商品免征进口关税。

7.3.2 针对"二线"管住的加工增值政策

《总体方案》针对贸易自由便利提出"二线"管住,明确提出对鼓励类产业企业生产的不含进口料件或者含进口料件在海南自由贸易港加工增值超过30%(含)的货物,经"二线"进入内地免征进口关税,照章征收进口环节增值税和消费税。这是对适用海南自由贸易港加工增值税收优惠政策的整件生产标准和实质性改变标准予以具体明确,不仅有利于岛内制造业发展,而且有利于提升海南自由贸易港鼓励类产业企业制造产品进入内地市场的竞争力。

7.3.3 洋浦保税港区加工增值货物关税政策

1. 政策适用主体

根据《海关对洋浦保税港区加工增值货物内销税收征管暂行办法》(以下简称《征管暂行办法》)规定,享受不含进口料件或者含进口料件在洋浦保税港区加工增值超过30%(含)的货物免关税政策的企业主体须同时满足如下几点要求:具有独立法人资格;在洋浦保税港区登记注册,并经洋浦经济开发区管委会备案;以海南自贸港鼓励类产业目录中规定的产业项目为主营业务,且主营业务收入占企业收入总额的60%以上。满足上述要求的企业,可通过海南省建立的洋浦公共信息服务平台,向洋浦经济开发区管委会进行报送备案,申请享受政策优惠。

2. 加工增值计算公式

根据政策规定,加工增值实行计算公式核算,具体公式为:

$$\frac{货物出区内销价格-\sum 境外进口料件价格-\sum 境内区外采购料件价格}{\sum 境外进口料件价格+\sum 境内区外采购料件价格}\times 100\% \geqslant 30\%$$

出区内销价格是以企业向境内区外销售货物时的成交价格为基础确定;境外进口料件价格是以备案企业自境外进口该料件的成交价格为基础确定,并且应包括该料件运抵境内输入地点起卸前的运输及其相关费用和保险费;境内区外采购料件价格是以备案企业自境内区外采购该料件的成交价格为基础确定,并且应包含该料件运至洋山特殊综合保税港区的运输及其相关费用和保险费。

对含有进口料件但加工增值小于30%的货物,在出区内销时可以享受现行综合保税区内销选择性征收关税政策,企业可申请按其对应进口料件或实际报验状态征收关税,进口环节增值税、消费税照章征收。同时,不含进口料件、加工后经洋山特殊综合保税销往境内区外的货物,无须满足加工增值超过30%(含)的条件,即可享受加工增值免征关税政策。

3. 区内深加工结转增值额可累计适用政策

对于深加工结转货物,《征管暂行办法》规定,在洋浦保税港区内深加工结转总体增值超过30%的货物内销适用该政策。具体而言,洋浦保税港区内经备案的鼓励类产业企业,在洋浦保税港区进行生产加工后的成品或半成品结转至区内其他经备案的鼓励类产业企业做进一步加工,最后一家企业生产的加工产品,加工增值累计超过30%的,出区内销时即享受免征关税。

例如，洋浦保税港区内的甲公司使用进口料件加工成 A 产品，结转给区内乙公司生产成 B 产品，乙公司再将 B 产品结转给区内丙公司生产成 C 产品。C 产品出区内销时，对甲公司、乙公司和丙公司的所有进口料件价格和境内区外采购料件价格进行累加，其最终加工增值超过 30％的，出区内销时享受免征进口关税（见图 7—2）。

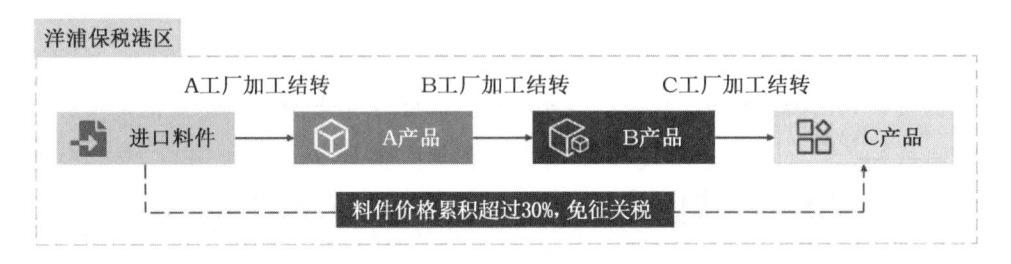

图 7—2　洋浦保税港区深加工结转增值额超过 30％货物内销免征关税

通过对比分析，在海南自由贸易港实施零关税、简税制、低税率的特殊优惠政策后，海南将形成具有国际竞争力的税收制度，主要体现在三个方面：一是"一线"与"二线"有机衔接。海南自由贸易港进出口税收安排是零关税普遍制度与加工增值特殊制度的结合，形成了完整的链条式管理格局。二是优惠政策适用范围更大、门槛较低。2025 年前在海南特定区域针对全部企业、项目和大多数商品实行税收优惠；2025 年后在全岛范围都适用优惠政策，范围更大，税收制度更优惠，机制更灵活。三是政策叠加效应更明显。海南自由贸易港税收与内地海关特殊监管区域在分线管理上类似，但内地绝大多数综合保税区等海关特殊监管区域一般没有居民生活区，而海南全岛的经济形态更为丰富，在叠加"二线"加工增值和零关税等政策后，税收优惠的针对性更强。

7.4　促进临港新片区加工增值业务发展的税收政策建议

7.4.1　政策建议

为贯彻落实《临港新片区洋山特殊综合保税区总体方案》，探索实施具有国际竞争力的税收政策制度，以充分发挥临港综合保税港区先行先试作用，特提出如下政策建议:对鼓励类产业企业生产的不含进口料件或者含进口料件在洋山特殊综保区加工增值超过30%(含)的货物,经"二线"进入内地免征进口关税,照章征收进口环节增值税和消费税。

该政策包含两项内容:一是由洋山综合保税区鼓励类产业企业生产的产品经"二线"进入内地时,若该货物的生产不含进口料件,则该货物免征进口关税;二是由洋山综合保税区鼓励类产业企业生产的产品经"二线"进入内地时,若该货物的生产包含进口料件,但对含有进口料件的货物进行制造、加工后的增值部分,超过进口料件和境内区外采购料件价值合计的30%的,则该货物免征进口关税。

7.4.2 政策依据和可行性分析

1. 政策依据

从全球发展及其趋势来看,随着对外贸易在国民经济中的地位愈发重要,减税总体趋势不断持续,区域一体化发展使零关税产品比例大幅提升,以及中国逐步缩减大幅贸易顺差要求,为临港新片区洋山特殊综合保税区加工增值货物免征进口关税提供了政策依据。

(1)新发展理念。

进入新发展阶段,对外贸易在国民经济和社会发展中的地位、作用进一步巩固和提升,这就要求贯彻新方针理念,推动我国对外贸易高质量发展。其核心要义就是进一步提升贸易自由化便利化的水平,实现进口贸易和出口贸易协同发展,推动进出口更加平衡。在通过创新不断提升出口竞争力的同时,更加重视进口对扩大有效供给和中高端供给的作用,增强供给结构对需求变化的适应性和灵活性,通过引入更多竞争,促进产业优化升级,以更好地满足人民日益增长的美好生活需要。

(2)关税减税趋势。

自加入WTO以来,中国进行大范围自主降低关税,2018年中国进口关税已下降至7.5%(目前实际已降至7.4%)。同时,中国进口关税实际征收率远远低于名义进口关税税率。中国关税实际征收率从加入WTO至今基本保持在1.8%～2.8%之间,2020年降为1.8%,极大地促进了进口贸易的发展。从国际对比来看,中国名义关税水平仍高于全球平均水平。根据WTO相关统计,目前中国关税税率为7.5%,不仅高于全球6.4%的平均水平,也高于部分发展中国家,有继续下降的空间。

（3）区域一体发展。

"十四五"规划明确要求，实施自由贸易区提升战略，构建面向全球的高标准自由贸易区网络，推动商签更多高标准自由贸易协定和区域贸易协定。根据商务部相关数据，截至2021年10月，中国已与26个国家或地区签署了19份自贸协定。自贸协定对中国关税水平有着较大影响。中国自贸协定中零关税产品比重普遍在90%以上，且产品涵盖的范围极广，基本包括了所有的非农产品。全球最大的自贸协定《区域全面经济伙伴关系协定》（RCEP）于2022年1月1日生效，将推动总人口达22.7亿、GDP达26万亿美元的东亚经济圈形成全球最大的统一大市场，零关税产品数整体上将超过90%。

（4）贸易平衡考虑。

我国在较长时期处于世界第一顺差大国。2020年，在我国与全球232个国家或地区的贸易对象中，与多达175个贸易伙伴存在贸易顺差，仅与57个贸易伙伴存在逆差。近年来，受中美贸易摩擦的影响，全球传统的产业链供应链正在加速调整。随着新冠疫情的暴发，在一定程度上阻断了这一进程，客观上给我国出口贸易发展带来了短期利好，而从疫情重灾国的贸易进口减缓，使我国进出口贸易顺差扩大。这与我国全球第一大货物贸易国及贸易自由化倡导者和高举者的地位不甚相称。

2. 政策可行性

判断临港新片区洋山特殊综合保税区加工增值货物免征进口关税政策是否可行，我们主要从政策依据、政策先例、政策认可、政策需求和政策空间等不同视角进行深度分析。

（1）政策有依据。

中国围绕积极扩大进口，颁布了一系列政策和指导意见，包括《关于扩大进口促进对外贸易平衡发展的意见》《中共中央国务院关于推进贸易高质量发展的指导意见》《国务院办公厅关于推进对外贸易创新发展的实施意见》等，并设立了进口贸易促进创新示范区，这也为临港新片区洋山特殊综合保税区实施鼓励类企业加工增值货物免征进口关税提供了政策依据。

（2）实施有先例。

2021年7月8日，海关总署印发《海关对洋浦保税港区加工增值货物内销税收征管暂行办法》，自7月8日起实施洋浦保税港区加工增值政策，海关对鼓励类产业企业生产的不含进口料件或含进口料件在洋浦保税港区加工增值超过30%（含30%）的货物，经洋浦保税港区进入境内区外的，免征进口关税，照章征收进口环节增值税和消费税。2021年9月5日,中央发布《横琴粤澳深度合作区建设总体方案》。其中一项政策是:对合作区内企业生产的不含进口料件或者含进口料件在合作区加工增值达到或超过30%的货物,经"二线"进入内地免征进口关税。

(3)洋山有报告。

相关研究人员多次参加企业、政府部门的调研会,做了针对临港新片区鼓励类产业加工增值超过30%(含30%)的货物,经临港新片区保税区进入境内区外的,免征进口关税的研究报告。报告获得了相关部门的认可,成为临港新片区未来加工增值业务发展免征关税政策的参考依据。

(4)临港有需求。

临港新片区洋山综合保税区作为国家特殊综合保税区,虽然以物流、转口贸易为主,但也承担加工贸易。对鼓励类企业不含进口料件或者含进口料件在洋山特殊综合保税区加工增值超过30%(含)的货物免征关税,有利于临港新片区洋山综合保税区进一步发展国家鼓励类产业、企业和产品发展深加工制造业务。虽然目前在洋山特殊综合保税区仅有上海飞机制造1家企业,政策直接效应相对有限,但实施该政策对于吸收区外企业入驻临港新片区洋山综合保税区具有重要影响。尤其是立足临港新片区洋山综合保税区,着眼临港片区,乃至整个浦东自由贸易区未来,对于逐步推进、全面实施该政策具有深远意义。

(5)未来有空间。

如果在临港新片区洋山特殊综合保税区先行先试,在取得经验的基础上逐步推广至临港新片区,实施临港新片区与临港新片区洋山综合保税区政策联动,无论是对于洋山综合保税区产业转型升级,发展双向加工贸易或"一头在内、一头在外"的新型中高端加工贸易,还是对于临港新片区抢抓全球新一轮科技革命和产业变革重要机遇,鼓励企业与欧洲及日、韩等国的供应商建立战略合作伙伴关系,努力突破发达国家对我国高技术出口的管制和限制,降低技术封锁的风险,实现高技术产品进口的多样化,加速关键产品和产业进口替代需要,弥补国内产业链短板,都具有十分重要的战略意义和发展空间。

7.4.3 政策意义和必要性分析

1.政策意义

临港新片区洋山特殊综合保税区加工增值货物免征关税政策,对于临港洋山综合保税区更好地发挥政策制度优势、实现由保税物流向保税加工物流转型升级、提升临港新片区洋山特殊综合保税区加工物流竞争力具有重要意义。

第一,临港新片区洋山特殊综合保税区的建立,是上海深入推进全方位高水平对外开放、持续形成开放型发展经济新动能的重大举措,是进一步发挥临港新片区"增长极"和"发动机"作用的重大举措,也是临港新片区打造具有国际影响力和竞争力的特殊经济功能区以及实现对外开放、功能创新、制度创新和高质量发展的重大举措。

第二,临港新片区洋山特殊综合保税区承担着在更深层次、更宽领域以更大力度推进全方位高水平开放的重要使命,这将加快与高水平国际投资贸易协定相关通行规则相衔接,实施具有较强国际市场竞争力的开放政策和制度,努力建设成为具有全球示范意义的国际投资、贸易、服务自由化、便利化、一体化的最佳实践区,不仅成为引领全国高水平开放和高质量发展的重要功能区,而且成为上海建设国际经济、金融、贸易、航运和科技创新中心的重要承载区。

第三,临港新片区洋山特殊综合保税区作为我国海关特殊监管区域中唯一的特殊综合保税区,将加强改革系统集成,打造最具竞争力的制度环境。按照"选择国家战略需要、国际市场需求大、对开放度要求高但其他地区尚不具备实施条件的重点领域,实施具有较强国际市场竞争力的开放政策和制度,加大开放型经济的风险压力测试"的要求,大力开展改革创新,推动更多标志性的开放创新措施先行先试,更好地发挥改革开放试验田的作用,研究制定并实行加工增值货物免征进口关税政策。

2. 必要性分析

临港新片区洋山特殊综合保税区加工增值货物免征关税政策的出台实施,为生产制造型内销企业提供了政策利好空间。

第一,政策的出台实施,对以进口高关税原辅料为主的企业而言,符合加工增值 30% 条件,出区销售不再征收进口关税,这将大幅度降低企业关税税负,产品出区内销至国内"二线"在价格上更具优势,同时将进一步畅通国内大循环,促进"一线"与"二线"循环发展。进一步降低关税水平并推动进口规模进一步提升,以加快推动商品和要素流动型开放,更好地实现制度型开放,能够充分发挥国内市场潜力,扩大进口规模,以市场需求和营销渠道优势整合全球供应链,增强国内产业与海外产业之间的供应链联系,加快构建"以我为主"的全球供应链布局。

第二,政策的出台实施,可以消除高端制造企业注册区位选择的政策制度性障碍。按照现行政策,境内进入临港新片区洋山特殊综合保税区进行加工、修理的货物复运进境的,需按料、工、费组成的完善价格征收关税和增值税。而若企业注册在临港新片区洋山特殊综合保税区之外,则不必缴纳这笔关税。因此,对鼓励类产业企业生产的不含进口料件或者含进口料件在洋山特殊综合保税区加工增值超过30%(含)的货物免征进口关税,有利于减少企业注册区位选择的税负差异,从而消除或者减少临港新片区洋山特殊综合保税区加工、修理业务的政策制度性障碍,有利于促进临港新片区洋山特殊综合保税区高端加工、制造业发展。

第三,政策的出台实施,有利于临港新片区洋山特殊综合保税区内制造业的发展,进一步培育新的经济增长点,充分发挥背靠临港新片区及大规模国内市场和腹地经济的优势,大力发展双向加工贸易或"一头在内、一头在外"的新型中高端加工贸易,抢抓全球新一轮科技革命和产业变革重要机遇;有利于进一步降低企业税负,形成更具优势的产品竞争力,同时将低成本优势向产业链下游传导,有利于国内下游企业和广大消费者购买到更优惠的高端优质产品。

第四,政策的出台实施,对先进适用技术、设备、仪器、材料的进口,尤其是集成电路、半导体、纳米材料、航空航天设备、医疗设备、多类仪器、能源设备、信息通信技术产品鼓励类企业和产品给予了极大的政策支持,有利于稳定关键技术和零部件的进口渠道,推动企业建立战略储备与多元采购体系相结合的进口举措,鼓励企业与欧洲及日、韩等国的供应商建立战略合作伙伴关系,努力突破发达国家对我国高技术出口的管制和限制,降低技术封锁的风险,实现高技术产品进口的多样化。

第五,政策的出台实施,赋予临港新片区洋山特殊综合保税区高附加值、技术含量高的先进制造企业极大的政策利好空间,有利于进一步吸引先进制造企业入驻,开展高附加值、高技术含量的加工制造生产,加速关键产品和产业进口替代需要,弥补国内产业链短板;有利于洋山用好国内国际两种资源,发挥国内国际两个市场的重要连接点作用,推进贸易自由化、便利化,进一步打造国内国际双循环的重要交汇点。

第六,政策的出台实施,通过引入和对标更高水平的国际经贸规则,在规则、规制、管理和标准等制度型开放上迈出更大的步伐,以开放进一步倒逼改革,实现经济的高质量发展。有利于进一步发挥先行先试的重要作用,为下一步更大范围推广乃至在临港新片区推广运作进行压力测试、积累经验。虽然目前在临港新片区洋山特殊综合保税区生产加工可享受该政策的企业有限,主要是飞机制造企业,但该政策着眼长远,从未来提升洋山发展层次,为实施由转口贸易向加工贸易、由传统加工贸易向现代加工贸易转变提供政策支持。

7.4.4 政策成本和减负程度分析

1. 加工增值免税政策的税收背景

(1)海关特殊监管区出区内销货物税收政策。

海关特殊监管区内的加工增值货物出区内销涉及进口关税和进口代征税(进口增值税和进口消费税)。海关特殊监管区内的企业如果内销保税加工料件或者其制成品，则以其内销价格(包括料件价格和增值额)为基础，审查确定完税价格，缴纳进口关税、进口增值税和进口消费税。企业内销货物的进口增值税税率和进口消费税税率一般按照内销货物实际报验状态确定。

(2)海关特殊监管区出区内销货物进口税收计算方法。

根据《中华人民共和国增值税法》《中华人民共和国消费税法》和海关税收相关规定，海关特殊监管出区内销货物的进口税收计算方法如表7-2所示。需要说明的是，关税是进口增值税和进口消费税计算的税基。

表7-2　　　　　　　　内销货物进口关税及进口代征税的计算公式

消费税征收类型	进口关税	进口增值税	进口消费税
从价征收	内销价格×关税税率	[(关税+内销价格)/(1-消费税税率)]×增值税税率	[(关税+内销价格)/(1-消费税税率)]×消费税税率
从量征收		(关税+内销价格+进口消费税)×增值税税率	应税消费品进口数量×消费税定额税率
复合征收		[(关税+内销价格+从量消费税)/(1-消费税税率)]×增值税税率	[(关税+内销价格+从量消费税)/(1-消费税税率)]×消费税税率+从量消费税

(3)实施加工增值免税政策后出区内销货物进口税收的计算。

加工增值免税政策是指对内销货物应缴纳的关税进行免征，照章征收进口增值税和进口消费税。实行加工增值免税政策后，由于对出区内销货物免征进口关税，因此其出区内销货物的关税可以视为0，表7-2中的关税一律按0处理。由此可见，加工增值免税政策不仅减免了进口关税，也使进口增值税和进口消费税税基下降，因此其综合税负水平的下降效果大于单纯的关税减免。

2. 加工增值免税政策的税收负担分析

(1)内销货物进口税收负担分析。

第七章 | 促进临港新片区加工增值业务发展的税收政策研究

通过前文分析可以看出,加工增值免税政策不仅免征了进口关税,而且降低了进口消费税和进口增值税的税基。内销货物实行加工增值免税政策前后具体税收负担分析如表7-3所示(本书以实行从价消费税的货物为例)。

表7-3　　　　　　　　　　内销货物进口税负水平分析

假设:内销价格为A,进口关税税率为x,进口增值税税率为y,进口消费税税率为z		
税种	税额	税额(进口关税免征)
进口关税	$A \times x$	0
进口增值税	$[A \times (1+x)/(1-z)] \times y$	$[A/(1-z)] \times y$
进口消费税	$[A \times (1+x)/(1-z)] \times z$	$[A/(1-z)] \times z$
进口税收合计	$A \times x + [A \times (1+x)/(1-z)] \times (y+z)$	$[A/(1-z)] \times (y+z)$
进口税负(进口税收合计/内销价格)	$x + [(1+x)/(1-z)] \times (y+z)$	$(y+z)/(1-z)$
税负下降额	$[x \times (1+y)]/(1-z)$	

(2)加工增值免税政策对进口税收负担的影响。

通过表7-3可以看出,内销货物的进口税收水平与关税税率、增值税税率和消费税税率有关。实行加工增值免税政策意味着关税税率可以被视为0,这也间接导致了进口增值税和进口消费税税基的下降。因此,总体减税效果要大于单纯的关税减免,具体的税负下降额度为$[x \times (1+y)]/(1-z)$,其中,x为进口关税税率,y为进口增值税税率,z为进口消费税税率;也就是说,关税税率、增值税税率和消费税税率越高,加工增值免税政策整体减税幅度就越大。

(3)具体实例分析。

按照表7-3的公式测算关税税率为0、10%、15%,增值税税率为13%,消费税税率为0、10%、20%搭配下的税负组合,具体如表7-4所示。

表7-4　　　　　　　　加工增值免税政策具体减税效果测算

序号	关税税率	增值税税率	消费税税率	原进口税负	加工增值免税后的进口税负	税负下降额	税负下降比例
1	0	13%	0	13%	13%	0	0
2	10%	13%	0	24.3%	13%	11.3%	46.5%
3	15%	13%	0	29.95%	13%	16.95%	56.59%

续表

序号	关税税率	增值税税率	消费税税率	原进口税负	加工增值免税后的进口税负	税负下降额	税负下降比例
4	0	13%	10%	25.56%	25.56%	0	0
5	10%	13%	10%	38.11%	25.56%	12.65%	32.94%
6	15%	13%	10%	44.39%	25.56%	18.83%	42.43%
7	0	13%	20%	41.25%	41.25%	0	0
8	10%	13%	20%	55.38%	41.25%	14.13%	25.51%
9	15%	13%	20%	62.44%	41.25%	21.19%	33.93%

通过表7—4可以看出，加工增值免税政策不仅能够降低关税水平，而且能够降低进口增值税和进口消费税的税负。从政策效果幅度上来说，无论是根据表7—3的公式测算，还是根据表7—4的实际税率测算，关税税率、增值税税率和消费税税率越高，则加工增值税免税后税负水平下降的幅度越大、减税效果越好。以表7—4第9行数据为例，在原关税税率为15%、增值税税率为13%、消费税税率为20%的情况下，加工增值免税可以使企业的进口税负水平由62.44%下降至41.25%，整体进口税负水平下降比例达到33.93%。

第八章

结论与政策建议

"五个中心"是以习近平同志为核心的党中央对上海城市的总体定位,是上海在国家现代化经济体系中的定位要求,为上海推动高质量发展、提升城市能级指明了主攻方向。围绕构建加快"五个中心"建设的税收制度体系这一目标,本书基于"现行政策+存在问题+国际经验+对策建议"的研究脉络,重点研究了跨境金融、跨境资本流动、离岸贸易、免税购物、自贸区和临港新片区增值加工货物业务的税收政策,本章对主要结论和政策建议进行归纳总结。

8.1 主要结论

8.1.1 跨境金融业务

现行税收政策对跨境金融业务的阻碍主要体现在以下几个方面:

1. 跨境金融服务

我国跨境金融服务总体税负偏高,营改增后虽然政策平移、法定税负不变,但相当一部分金融机构实际税负由于统一执法和严格征管不降反增,而银行、金融商品转让不能开具增值税专用发票抵扣,使重复征税矛盾突出。具体问题表现为以下几点:一是税负偏重。与国际上大部分实行增值税的国家相比较,税负偏重。二是税负提高。与营业税相比,营改增后法定税负降低实际税负提高。三是重复征税。营改增后银行贷款和金融商品转让不能开具增值税发票，导致重复征税。

2. 跨境金融服务出口

现行增值税制度规定，对出口货物贸易实行免税、退税，而对出口服务贸易在免税和退税上则有较多限制，出口金融服务基本上不享受免税和零税率，削弱了我国银行业的国际竞争力，不利于"走出去"战略的实施和跨境金融服务贸易的发展，尤其是在人民币国际化后，跨境贸易、投资、融资、保险可以人民币结算，极大地提升了人民币国际影响力和竞争力，但由于跨境金融出口服务征收增值税，不仅加重了出口金融服务的税收负担，而且不利于国际资本流入我国境内开展业务。

3. 跨境同业往来

按照我国现行增值税制度，对金融业机构提供贷款利息收入和提供金融服务收费征收增值税，金融同业往来利息收入可享受免征增值税政策。但现行政策将跨境短期无担保资金融通以及跨境转贴现、同业存款、同业借款、同业代付、同业存单等同业往来排除在外，不利于跨境金融机构之间同业往来业务发展。

4. 跨境重组

对于特殊重组的政策规定，在条件门槛上非常严苛，并且包含较高不确定性的条款。境内重组须同时满足五大条件，这些条件既有时间上的限制，又有股权比例上的限制，部分条款还存在着较大的主观评判空间；而如果重组活动涉及境外交易则更加困难，需要在满足境内重组五大条件的基础上，额外满足三个条件，且这三个条件的共同前提是：相关规定只适用于100%直接控股的母子公司之间。在操作程序上，因存在不确定性较高的条款，且实行"年度清缴申报＋后续管理"制度，也增加了企业的合规风险，因其需要企业先自行判断是否符合特殊重组条件，然后提交书面备案资料进行纳税申报，之后再接受税务稽查。

5. 不同主体开展同样的跨境金融业务税负不同

内地与香港资金双向流动制度安排中，香港投资者不分企业和个人，从内地获得的股息、利息、红利均适用同样的预提所得税率，而内地个人和企业投资者则分别适用不同的预提税率。对于香港投资者不分企业与个人，取得的处置差价均免征所得税和增值税；对内地投资者个人免征个人所得税和增值税，而对内地企业投资者则需要缴纳企业所得税和增值税。

8.1.2　跨境资本流动

现行税收政策对跨境资本流动的阻碍主要体现在以下几个方面：

1. 税收制度防范跨境资本流动税收风险的能力有限

由于资本具有明显的逐利特征，资本所有者常常有意识地规避纳税义务，因此跨境资本流动很容易产生税收方面的风险。具体概括如下：

(1)转让定价。

转让定价行为通常没有任何合理的商业目的，而是纯粹以逃避缴纳税款为唯一目标，这类行为会引发严重的税基侵蚀问题，极大地侵害了市场国的税收权力，对市场国的经济发展造成不利影响。我国现行的企业所得税制度中已经有部分针对转让定价问题的规则设计，以此来打击转让定价等国际避税行为。但在营销型无形资产转让定价、数据资产转让定价等问题上，我国税制应对税收风险的能力仍然有限。例如，营销型无形资产存在归属权不清、转让定价调整存在缺陷、配套管理有效性低等问题。数据资产转让定价存在无形资产的定义难以涵盖数据资产、数据资产的所有权尚未明确、数据资产估值存在困难等问题。

(2)资本弱化。

资本弱化一般用于通过超额贷款来隐蔽资本。资本弱化的主要结果是增加利息扣除的同时减少对股息的课税。我国的资本弱化相关税收制度主要以《OECD税收协定范本》对资本弱化制度的定义为基础，以"安全港"模式为主规定了我国的资本弱化制度，限制了债务的利率水平和关联债资比例，体现了独立交易原则，保障我国的税收利益。虽然我国现行税制中的资本弱化制度较为严格，能够较好地限制资本弱化问题的严重程度，但也存在一些税收风险隐患。随着母子公司实际税率的差异增大，集团内采用资本弱化手段的程度趋于提高。我国现行企业所得税制度中，存在部分区域性税收优惠政策以及高新技术企业、科技型中小企业等资质类税收优惠政策，这类优惠可能激励企业通过具备相应资质的关联方避税，催生税收风险。

(3)架构重组。

架构重组是一种常见的避税手段，其中与我国相关的主要是红筹企业的架构重组问题。红筹股架构是中资企业为了进入境外证券市场而创造的股权架构模式，其主要目的是实现境外上市，进而从境外资本市场获得融资。红筹上市又可以进一步细分为股权控制和协议控制两种模式,其中,股权控制是传统红筹上市模式,协议控制又称为红筹股 VIE 架构模式。协议控制模式是为了规避国内对外资产业准入限制而形成的一个灰色地带,红筹股架构还可能逃避缴纳财产转让(如股权转让)以及股息相关税收。我国现行税制中已有部分规定用于应对红筹股架构引起的股权转让避税问题,但在执行层面上仍存在难度。

(4)离岸信托业务和外资企业境外利润转移。

离岸信托业务在实践中会带来较高的避税风险和严重的税收流失问题。离岸信托已经成为高净值人群重要的逃税手段。离岸信托之所以能够实现避税目的,主要因为其具备两大特征:一方面,离岸信托具备极强的隐蔽性;另一方面,离岸信托往往设立在各类避税天堂。外资企业普遍通过境外投资的形式转移利润,境外投资者在我国投资设立外资企业,企业在我国境内经营形成利润后,会通过股息红利或利息的形式将收益回馈给投资者,在这一过程中需要缴纳股息红利或利息相关的预提所得税。我国现行税制在应对上述两类特殊业务引发的避税问题时显得有些力不从心,但两者的痛点不尽相同。对于离岸信托问题,更多的是要填补政策空白。对于外资企业境外投资避税问题,更多的是要修补制度漏洞。

2. 税收政策支持跨境资本流动健康发展的力度不足

(1)对资本"走出去"支持力度不足。

我国对于境外投资者投资境内企业的分配利润,直接再投资于境内的,可以暂免征收所得税;而对于境内投资者的境外投资收益,无论是否汇回境内,都需要缴纳企业所得税。对于香港投资者参与内地证券市场,设置了大量增值税和企业所得税优惠政策;但对于内地投资者进入香港证券市场,优惠政策明显减少。通过对引进投资与对外投资、香港投资者与内地投资者税收征免对比,不难发现,我国对引进境外投资者资金的税收支持力度远超过对境内资本"走出去"的税收支持力度。这固然有缺乏走出经验、支持国内经济发展、防止转移资产等多方面因素的考虑,但不利于我国输出过剩产能、寻找低成本红利、布局世界市场等目标的实现。

(2)与跨境金融业务类似,同样存在税收差别待遇问题。

例如,跨境投资中 FDI 投资者设立企业法人对境内居民企业开展投资,获取的股息、红利符合条件的,可以免征企业所得税;如果设立合伙企业对居民企业展开投资,则不属于直接投资,不能享受股息、红利、企业所得税的免税待遇。

(3)我国现行税制会对红筹股回归制造一定的阻碍。

一方面,许多 VIE 架构企业在境内会同时存在多家子公司,架构解除时,由于不同子公司的价值不同,且由不同辖区的税务机关征管,企业在进行税款分割的同时,须到各自的主管税务机关进行完税,这大大增加了纳税人的遵从成本。另一方面,VIE架构解除时,企业可能面临较高的税收负担,而解除后企业仍需要大量资金用于境内业务重组及新上市架构的搭建,企业不一定有充足的资金及时缴纳该笔税款。

8.1.3 离岸贸易

我国没有单独针对离岸贸易的税收政策,具体离岸贸易业务需征收哪种税、税率为多少、纳税主体有哪些,均按现行税制实施。除印花税之外,临港新片区没有针对离岸贸易业务出台专门性政策,也未依据自贸区的特殊性进行相应调整。同中国邻近的中国香港和新加坡相比较,我国离岸贸易存在税种多、税率高、优惠少、税负重等制度性缺陷。我国从事离岸贸易业务一般要征收25%的企业所得税,对技术服务、特许权使用费要征收6%的增值税,对特许权使用费还要征收10%的预提所得税。而中国香港离岸贸易无上述相关税收。新加坡离岸贸易除适用5%~10%的企业所得税外,无增值税。中国香港和新加坡针对离岸贸易均有针对性税收优惠。例如,中国香港一般贸易所得税根据利润大小分别适用8.25%和16.5%的企业所得税,而离岸贸易免征企业所得税。新加坡一般贸易按17%征收企业所得税,而离岸贸易适用5%~10%的企业所得税。另外,据企业反映,新加坡对离岸贸易企业可以通过一对一谈判来设定企业适用税率,并要求企业保密,这反映了税收政策上的较大灵活性。

8.1.4 免税购物

近年来,上海免税购物规模实现较快增长,但上海免税购物发展水平与其经济地位不匹配,其规模与国际知名消费中心城市相比还有不小的差距,并且表现出提供的商品种类偏少、品牌的拉动能力不足、产业的联动水平有限等问题。究其原因,当前上海免税购物适用的管理制度严苛,包括对消费者的各类限制,以及对免税店和经营商的各类限制,成为制约上海免税购物发展的重要原因。

8.1.5 自贸区

从上海自贸区税制发展方向来看,上海自贸区税收发展应履行为促进贸易、投资提供税收政策经验,为构建合理税收体系提供制度示范,为加入国际经济合作组织做好准备等多方面目标。

从上海自贸区税制发展原则来看,上海自贸区就其政策制度创新而言具有二重性:一方面,自贸区作为创新园区,其在改革开放中遇到的和需要破解的问题应具有普遍性,因此,其政策制度创新在全国范围内有可复制性和可推广性;另一方面,自贸区作为海关特定监管区,在改革开放中遇到的和需要解决的税收问题又有其特殊性,因此,其在自贸区推行的政策制度创新在非自贸区不可复制、推广。即使作为创新园区能对其政策制度和管理进行创新,也有一个由特惠制向普惠制转变的过程。所以,自贸区税收政策制度和管理创新要依据上述围绕两条路径、四大原则推行,即政策优惠、复制推广、大胆创新、适度税负。

从上海自贸区税制发展思路来看,上海自贸区的发展目标充分体现出其政策探索、制度完善的示范区职能。具体来说,上海自贸区的税制发展方向应该考虑二重定位:上海自贸区的自贸区职能——货物贸易境内关外视角、上海自贸区的自由贸易试验区职能;上海自贸区的改革探索、制度革新职能。

8.1.6 临港新片区增值加工货物业务

根据现行有关政策,海关对临港新片区洋山特殊综合保税区实行封闭管理,境外货物进入保税区,实行保税管理;境内其他地区货物进入保税区,视同出境。境内进入综合保税区进行修理的货物,进入综合保税区时已向海关报明,并在规定期限内复运进境的,以境外修理费、料件费为基础审查确定完税价格(不含运保费),以征收关税和增值税。境内商品进入综合保税区进行加工的货物,进入综合保税区时已向海关报明,并在规定期限内复运进境的,以境外加工费、料件费以及复运进境的运输及相关费用、保险费为基础审查确定完税价格,以征收关税和增值税。

在调研中发现,部分在临港新片区内部的加工企业,由于其生产加工过程中不仅会用到海外的原材料,还会用到国内的原材料,所以其不仅有海外客户,还有国内客户。因此,业务的复杂性使得在临港新片区保税区注册的企业同时从海外和国内采购原材料,且为国内客户服务的业务,相对于在国内普通区域注册的企业可能要多缴一部分关税,从而不利于临港新片区保税区内的加工增值业务发展。

8.2　政策建议

8.2.1　跨境金融业务

1. 对跨境金融服务实施出口零税率

短期内,采用财政支持的方式对跨境金融科技业务进行扶持,以跨境金融科技业务的合同金额和交易金额为基准,按照一定的比例进行财政补助,可以首先在新片区进行试点,之后逐步推广。

中期内,完善增值税制度,引入服务贸易进口征税和出口免税政策,来推动我国跨境金融服务贸易发展。但需要注意的是,在出口跨境金融服务的免税政策下,由于金融企业已支付的增值税进项税额无法抵扣,因此导致出口的跨境金融服务仍是以包含以前环节缴纳的增值税进入国际市场的,相对于货物劳务出口贸易的出口退免税而言,仍然存在含税出口的问题,相当于出口贸易企业负担了部分税款,从而造成出口成本增加。

长期内,在基本实现跨境金融服务免税的基础上,可以考虑试行进出口贸易配套的跨境金融服务零税率政策。相对于免税,金融服务零税率政策是真正意义上的不含税政策,在出口金融服务时不仅免出口环节的增值税,而且将金融企业之前已支付并负担的增值税税款进行退税,从而真正实现了金融服务不含增值税进入国际市场。

通过短期内财政扶持、中期内实行跨境金融服务免税、长期内实行跨境金融服务零税率,可以进一步吸引境外企业对于上海提供的金融服务的需求,增强上海的国际市场竞争力。

2. 对跨境融资租赁业务进行持续性扶持

一方面,对落户后的融资租赁企业每年进行持续性补贴,而不是一次性落户补贴,防止企业以注册为目的、对经营业务不重视;另一方面,支持企业规模化发展,以融资租赁企业的融资租赁业务交易规模为基准进行补贴,鼓励企业积极发展业务并做大做强。

3. 适当放宽金融企业跨境重组适用特殊重组的门槛

短期内,支持大型跨国金融机构开展境内外非关联的并购重组,若并购标的符合临港新片区重点规划产业,将对重组产生的税负进行一定的财政补贴,从而减轻跨境重组的税负。

长期内,考虑对跨境重组放宽适用特殊重组的限制条件。具体来说,可将特殊性税务处理的适用范围从百分百控股的母子公司之间扩大到百分百控股的母子孙公司之间。

4. 增加政策透明度,更好地落实政策红利

在对上海配套的财政政策进行整理的过程中,我们发现上海的政策存在不够清晰透明的问题:一是缺乏具体的实施细则,或者虽有具体的实施细则,但从公开渠道很难查询到;二是政策层次太多,影响政策效果的充分发挥。对此,本书建议:第一,提升财政政策的透明度,建议设置专门的金融中心政策公开渠道,或者充分利用现有的渠道资源(如上海市人民政府官网)和设置金融中心扶持政策的专门板块;第二,梳理目前的促进国际金融中心建设财政政策,对重复的措施进行简化、对更新的措施进行说明、对矛盾的措施进行解释。

8.2.2 跨境资本流动

1. 防范跨境资本流动税收风险的税收政策

第一,加强反避税信息网络系统基础建设,建立关联交易涉税情况交流和反避税信息共享机制。增强税务部门反避税信息网络系统功能建设,使我国涉外企业能够通过税务反避税网络系统,及时收集和分析境外同行业商品价格信息变动趋势,拓宽境内企业掌握和了解关联交易可比信息来源,增强防范、控制与化解转让定价转移利润避税风险能力。建立各行业涉外经济监管部门横向联系机制,互通相关外资企业主营业务产品种类、产销规模、公允价格,以及在国际市场上的商品购销、劳务提供、技术转让等方面的经营活动信息,为防范化解转让定价避税风险提供有针对性的先决条件。

第二,进一步完善高风险领域的制度规则,细化执行标准。在面对传统形式的转让定价等避税手段时,我国税收制度已经具备一定的反制能力。然而,对于特定的细分领域或者新的避税问题,我国现行税制的应对效果仍然有待改善。首先,对于营销型无形资产问题,应当进一步明确其概念,以及法律所有权和经济所有权的

认定标准，并尝试引入可比非受控价格法以外的其他方法。其次，针对数据资产转让定价问题，应当积极组织开展相关研究，进一步明确数据资产定义、产权归属认定标准、估值方法等，为立法和执法创造条件。最后，针对离岸信托避税问题，首要任务应当是建立和完善离岸信托税制的实体法律框架，建议遵循税收公平、受益人课税、征管便利、消除重复征税和加强反避税的基本原则，完善离岸信托税制的实体框架，构建贯穿信托设立、存续和终止三个阶段的信托税制的基本框架与具体安排。

第三，完善强制披露规则，获取必要的涉税信息，为监管工作提供更有力的支撑。首先，红筹股 VIE 架构的信息披露问题。建议对 VIE 架构企业试行税收信息强制披露政策，要求我国管辖范围内的 VIE 架构企业主动向税务机关披露其税收筹划安排，包括安排的目的、搭建的架构以及最终实现的节税效果等。同时，加强对 VIE 架构企业关联申报、国别报告和同期资料的审核管理，明确境内实际运营实体为国别报告报送企业，并要求其在规定期限内向税务机关报送，每年对 VIE 架构企业报送的关联业务往来报告表、同期资料进行定期审核，并综合评估其反避税风险。其次，离岸信托的申报审查与强制披露制度。要求在离岸信托成立、存续和终止阶段，离岸信托中的委托人、受托人和受益人都应当披露相关涉税信息，包括信托类型与期限、信托参与各方的基本信息、信托财产信息等，并提供证据证明在设立离岸信托时存在合理的商业目的。最后，针对关联交易较多、实施境外投资的外资企业，可以要求他们定期提供关联申报、国别报告等材料，帮助税务机关甄别相关业务是否具有合理的商业目的、是否导致国家税收利益受损，以更好地应对税收风险。

第四，对区域性、地方性和资质类税收优惠政策持更加谨慎的态度。当前，我国企业所得税制度中存在部分区域性、地方性优惠政策，以及高新技术企业、科技型中小企业等资质类优惠政策，容易形成税收洼地，激励企业通过转让定价、资本弱化等手段转移利润、减轻税负。建议适时研究并清理不必要的优惠政策，尽可能保持税收中性，减少税收带来的扭曲效应，尤其是对企业避税行为形成激励的效应。

第五，研究我国开征弃籍税的必要性和可行性。在我国开征弃籍税，至少需要以下几方面的配套措施：（1）完善财产申报登记与评估制度。若以纳税人未实现的财产增值为弃籍税课税对象，则全方位掌握纳税人财产状况，合理评估各类财产的价值增值，是准确课征弃籍税的前提条件。价值评估方面，可用弃籍当日特定资产的市场价格(如上市公司股票收盘价)作为弃籍环节该资产的公允价值。对于无法取得市场价格和原值的,可聘请具有法定资质的中介机构出具的资产评估报告,在此基础上由税务部门进行核定。(2)建立税源信息共享制度,获取纳税人弃籍的相关信息,尤其是那些定居外国、取得外国国籍的纳税人。(3)完善避免国际双重征税制度。纳税人弃籍后通常会成为其他国家或地区的税收居民,应当避免纳税人同一所得或财产被双重征税。可以考虑在与其他国家或地区签订的税收协定中增加有关弃籍税抵免或税基减除的条款。

2. 支持跨境资本流动健康发展的税收政策

第一,完善预约定价安排制度。预约定价安排制度不仅能够提升税务等监管部门的反避税能力和监控水平,而且有利于企业稳定未来经营预期,规避税收合规方面的风险与麻烦。因此,税务部门和遵纪守法的跨国企业都有预约定价的需求。一方面,在我国申请预约定价安排的企业需要满足年度交易额超过 4 000 万元的条件,导致申请门槛过高;另一方面,由于预约定价谈判可能无法达成一致意见,这就要求税务部门与企业都严格执行保密协议,尤其是税务部门,不应将在谈判过程中取得的资料用于未来针对该企业的税收征管工作中。因此,可以通过放宽申请限制、制定更为明确的保密规定,让企业有资格且更放心地申请预约定价安排。

第二,修订资本弱化制度调整方法。俄罗斯现行资本弱化制度规定,首先以债务人企业整体为单位计算关联债资比例,旨在防止投资人通过分散债权而规避制度适用。随后要求按单笔债务下的关联债资比例(即资本弱化指数)计算利息支出税前扣除的限额,保护未利用资本弱化避税的债权人。相比之下,我国《特别纳税调整实施办法(试行)》要求以债务人企业整体为单位计算关联债资比例,用于判定是否满足资本弱化制度适用条件。但在计算不可扣除利息支出时,仍然使用企业整体关联债资比例,对所有关联债权人的利息进行调整,侵害了未利用资本弱化避税的关联债权人的合法权益。本书建议,修改我国资本弱化制度的调整方法,将计算利息扣除限额时的关联债资比例改为单笔债务下的关联债资比例。

第三,针对红筹股 VIE 架构解除问题,研究出台相应的过渡性政策措施,为境外红筹股企业的资本回流提供便利。由于美国等境外市场投资者对中概股的诚信产生疑虑,同时港交所、A 股上市制度调整为境外红筹股企业创造机会,因此近年来红筹股展现出较强的回归意愿。本书建议,一方面,采用"全国一盘棋"的方法,对 VIE 架构采用税务总局统筹、各地税务局协助的形式开展合并申报工作,纳税人只需与税务总局达成一致即可确定最终的应纳税额,而无须分别与各地税务机关开展协商。另一方面,推出递延纳税政策,只要在企业变更前后最终控股股东持股比例及份额未发生改变,则可在 3 年或多年内分期缴纳税款,有效缓解企业资金流压力,减轻企业的纳税成本。

第四,完善跨境金融服务税收制度,强化我国国际金融中心功能。首先,消除金融服务重复征税。对金融业中的银行和金融商品转让,允许开具增值税专用发票,以形成完整的金融服务增值税抵扣链、消除金融业重复征税、减轻金融业税收负担。由于银行贷款和金融商品转让不能开具增值税专用发票用于下游企业抵扣主要是从稳定财政收入出发,因此,消除金融业重复征税需要在减少重复课税带来的经济扭曲、保证财政收入以及降低征管和遵从成本等方面取得平衡的前提下来逐步推进。其次,实施金融服务出口免税。参照货物进口征税、出口免税或退税政策,在对金融业征收增值税的前提下,将金融服务贸易分为三类,分别实施征税、免税或退税、不纳入征税范围三种税收政策制度。最后,对跨境同业往来利息收入免征增值税。我国现行税制对于金融领域"同业往来"的免税范围过窄,可考虑明确对境内金融机构将资金拆借给境外金融机构产生的利息收入免征增值税。

第五,完善境外投资税收制度,加大对"走出去"企业的支持力度。首先,推行属地征税。在实施用"综合限额抵免法"取代"分国不分项限额抵免法"的基础上,进一步用"免税制"取代"抵免制"。境内企业从境外取得投资收益,在境外已经缴纳过所得税的,不再按中国税法计算补税,从而彻底消除对外投资利润国际重复征税问题,降低遵从成本和征管成本。其次,建立延迟纳税制度。对于境外投资实现收益在汇回本国前,暂不征收企业所得税,待汇回国后征税,且可抵免已在国外缴纳的企业所得税税款,以缓解企业资金压力。最后,调整完善饶让制度。对我国投资者在境外享受的税收优惠,允许其在计算境内企业所得税时享受饶让抵免。

8.2.3 离岸贸易

第一,对离岸贸易业务收入达到总收入一定比例(如 35% 以上)的企业,其年度所得减按 15% 的优惠税率征收企业所得税。在此基础上,选择离岸贸易企业而非离岸贸易业务收入作为优惠政策的适用对象,并确定合理的离岸贸易业务规模标准(例如,借鉴海南自贸港的做法,将离岸贸易业务收入占比门槛划在 60% 或更低的水平),配合其他的征管措施,尽可能降低被认定为"环形篱笆"制度的风险。

第二,借鉴新加坡的全球贸易商计划以及海南自贸港的鼓励类产业支持政策中关于"实质性活动"的要求,可以选取主要经营地、人员、账务等方面的因素作为评判标准,制定明晰的"实质性活动"认定办法,以降低与"实质性活动"相关的审议风险,这对于离岸贸易税收优惠政策能否顺利通过 FHTP 审议而言至关重要。

第三,将离岸贸易税收优惠政策与其他相关度较高的政策进行整合,推出整体性的产业支持政策,增强离岸贸易税收优惠政策的隐蔽性,降低被单独提请 FHTP 进行审议的可能性。

第四,在 FHTP 对优惠政策进行审议的过程中,与主要负责人和参会的各国代表积极沟通,提供尽可能充分的论证材料,鲜明地表达我国在信息披露与交换方面的合作意愿,这些都将提高政策通过审议的可能性。

第五,建议对离岸业务减半征收预提所得税和代扣代缴增值税。调研发现,离岸贸易企业对减免预提所得税和代扣代缴增值税的需求远远大于争取 15% 企业所得税优惠政策,因为企业所得税可以通过调节利润总额的方式来调整,且具有一定的灵活性,但预提所得税和代扣代缴增值税是在流转环节征税,每发生一笔业务就需要缴纳一笔税,这是影响离岸贸易业务运营成本的主要因素。根据国际惯例,特许权使用费预提所得税可在对方交易企业征收所得税时给予抵扣,但企业反映在芯片等领域由于境外企业处于强势地位,所以预提所得税很难在交易定价中得到消化,实际上是由离岸贸易企业负担,成为影响特许权使用费离岸贸易业务运营成本和企业税负的最主要因素。

第六,建议对离岸贸易业务实施印花税减免政策。通过对离岸贸易企业的调研发现,离岸贸易相对在岸贸易由于单一交易合同变为双重或多重交易合同,因此印花税重复矛盾十分突出,企业对印花税较加重负担问题尤为敏感。

8.2.4 免税购物

第一,适当放宽居民旅客携带进境行李物品与进境免税购物的相关限制,与居民购物需求相匹配。在海关难以做到严格准确监管的情况下,适度放宽进境免税购物限额与件数限制,有利于将流失到海外的居民消费引导回国内市场。建议将居民旅客免税购物的限额放宽至 11 000 元或 12 000 元,具体可以考虑维持 5 000元境外购物限额不变,参照 2016 年的改革思路,进一步提高居民旅客在进境口岸免税店和市内补购免税店的购物限额,充分将限额的提高转化为国内消费的增长,而非海外消费的增长。

第二,适当放宽免税店经营活动的相关限制。一方面,放宽口岸免税店、市内免税店的商品品类限制;另一方面,应适当给予免税店经营企业在免税店设立、免税店数量、免税店选址、免税店面积等具体问题上的经营自主权,减少政府在免税品经营领域的越位现象,将企业经营策略和业绩的问题留给企业自己去解决。

第三,应当考虑引入国内其他免税品经营商,形成免税品行业的适度竞争环境,利用市场机制来激发企业提高服务质量、增加宣传力度、做大业务规模的动力。

第四,优化店铺布局,扩大覆盖范围。从免税经济第一大国韩国的发展经验来看,发展市内免税店对于免税品经营商和消费者而言具有十分重要的意义。首先,应当在市内免税店选址方面,给予企业一定的经营自主权;其次,需要完善与市内免税店相配套的离境口岸提货点;最后,在增设市内免税店的同时,推出和不断优化免税店 App 或者网上商城,做到线上线下共同发力,进一步改善消费者的购物体验。

第五,鼓励国货销售,强化品牌拉动。上海在发展免税购物和市内免税店的同时,可以适当鼓励、引导免税店对上海以及我国特色品牌、老字号进行宣传,允许免税店销售相关国产品牌的代表性商品(如华为手机等),打造品牌知名度,助力国内品牌和企业做大做强、走出国门。具体来说,可以在允许免税店销售部分国产商品的同时,出台一系列配套的政策措施,促进国货的销售。例如,在购物限额方面,允许国产商品享受额外追加的额度。

第六,实施离岛免税,促进产业联动。为了充分发挥上海免税购物在吸引海外消费回流、刺激国内居民消费方面的作用,可以考虑研究实施上海离岛免税政策。为实现上海免税经济的长期健康发展,有必要借助崇明岛离岛免税政策以及其他举措,发展市内免税店与线上免税店,促进免税购物与文化、旅游、娱乐等相关产业的联动水平。

8.2.5　自贸区

第一,服务贸易、投资和金融境内关外。上海自贸区既与国际自贸区有共同点,又有不同点。不同点主要体现在,中国自贸区不仅大力发展货物贸易,更重视发展服务贸易、鼓励投资,并把自贸区范围扩大到海关特定监管区外。

第二,服务贸易与货物贸易应一视同仁。自贸区既是"境内关外"海关特殊监管区,又是领域开放、改革突破、管理创新试验园区。从自贸区服务贸易、投资和金融地境内关外视角或维度考虑税收政策制度,应将服务贸易与货物贸易一视同仁。

第三,金融服务增值税优化。短期内,可以采取先对与国际贸易相关的国际金融服务免税的办法来减轻增值税制度障碍对上海自贸区发展的抑制作用。这一政策可以先在上海自贸区试点,对风险进行评估后再在全国推行,破除增值税的制度障碍。长期内,可以试行进出口贸易配套的跨境金融服务零税率政策。在基本实现跨境金融服务免税后,待时机成熟,可以考虑试行进出口贸易配套的跨境金融服务零税率政策。

第四,积极探索符合税制改革方向、痛点问题先试先行。上海自贸区承担着创新园区的职能,应该在税收政策和制度上先行先试,直面当前中国税收制度中的痛点问题,积极探索有利于服务贸易、投资、金融发展的税收政策,消除服务贸易、投资、金融发展税收的政策制度性障碍,促进服务贸易、投资、金融发展;并在试点基础上形成可复制、可推广的经验,使自贸区税收政策特惠制转变成全国适用的普惠制,以促进我国税收制度改革,完善我国税收政策制度。

8.2.6 临港新片区增值加工货物业务

对鼓励类产业企业生产的不含进口料件或者含进口料件在洋山特殊综合保税区加工增值超过30%(含)的货物,经"二线"进入内地免征进口关税,照章征收进口环节增值税和消费税。

该政策包含两项内容:一是由洋山综合保税区鼓励类产业企业生产的产品经"二线"进入内地时,若该货物的生产不含进口料件,则对该货物免征进口关税。二是由洋山综合保税区鼓励类产业企业生产的产品经"二线"进入内地时,若该货物的生产包含进口料件,但对含有进口料件的货物进行制造、加工后的增值部分超过进口料件和境内区外采购料件价值合计的30%,则对该货物免征进口关税。

参考文献

[1]郑壹鸣,于淼,樊越.海南离岛旅客免税购物政策热点问答[J].中国海关,2024(7):45.

[2]姚辰.离岸金融的范式转换与体系构建——从"避税天堂"到"法律新区"[J].新金融,2024(1):39-44.

[3]张磊,杜若馨.加工增值货物内销免征关税政策的减税效果分析[J].中国海关,2023(12):42-43.

[4]马超,李璇.免税购物赋能海南国际旅游消费中心建设[J].中国发展,2023,23(6):19-23.

[5]崔志坤,陈佳琦,李菁菁.离岛免税购物监管的风险防范与治理[J].经济资料译丛,2023(4):93-100.

[6]田志伟,金圣,卓庭.制约上海免税购物的主要瓶颈问题和突破方向[J].科学发展,2023(8):42-49.

[7]胥兴安,王诗佳,王立磊.群体情绪感染对冲动性购买意愿的影响——基于旅游免税购物情境的研究[J].旅游科学,2023,37(4):97-128.

[8]海南离岛免税购物可"担保即提""即购即提"[J].法人,2023(4):6.

[9]李婉萍,闫静.智慧旅游视角下海南离岛免税购物高质量发展路径研究——以三亚免税店为例[J].企业科技与发展,2023(2):5-7.

[10]张健.试论海南自由贸易港海关免税购物监管执法风险防控[J].文化学刊,2022(2):216-219.

[11]于连超,谢鹏,刘强,等.环境保护费改税能抑制企业金融化吗——基于《环境保护税法》实施的准自然实验[J].当代财经,2022(2):127-137.

[12]童泽林,Kuryn Maryna.离岛免税购物政策对海南旅游消费的影响研究[J].价格理论与实践,2021(9):74-77.

[13]杜以垚,张鲲.三亚海棠湾免税购物中心服务管理SWOT分析[J].特区经济,

2021(9):127—130.

[14]熊安静,李小燕,孙继华.用足用好加工增值货物内销免关税政策促进海南自由贸易港制造业高质量发展[J].今日海南,2021(9):47—49.

[15]冉福林.坦桑尼亚免除皮革加工机械和材料进口关税[J].北京皮革,2021,46(7):80.

[16]财政部、海关总署、税务总局关于增加海南离岛旅客免税购物提货方式的公告[J].税收征纳,2021(4):40.

[17]付晓.海南离岛免税购物"邮寄送达"实施首月收寄邮件超1.6万件[J].中国会展(中国会议),2021(6):22.

[18]关于增加海南离岛旅客免税购物提货方式的公告财政部海关总署税务总局公告2021年第2号[J].财会学习,2021(9):3.

[19]李朝军.海南建构国际旅游消费中心的优势、挑战和路径——基于海南离岛免税购物细则分析[J].对外经贸实务,2021(2):26—29.

[20]吕臣,杨勇,王海霞.国际旅游免税购物中心建设的意义、选址与建议——以泰山为例[J].泰山学院学报,2021,43(1):43—47.

[21]陈雨,张应武.自由贸易港建设背景下海南离岛免税购物发展研究[J].商业经济,2021(1):34—36.

[22]练鹏.自贸区的"税力量"[J].当代党员,2020(22):50—51.

[23]王文清.离岛免税购物扩大范围叠加优惠释放政策利好[J].注册税务师,2020(10):22—25.

[24]吴升娇,熊婧怡.关于充分发挥"零关税"和加工增值政策效应的思考[J].今日海南,2020(10):48—50.

[25]刘芳菲.浅析日本与欧盟经济伙伴关系协定农产品降税模式及对中国自贸区农业谈判的启示[J].世界农业,2020(10):97—104.

[26]吴升娇,熊婧怡.发挥"零关税"和加工增值政策效应的思考[J].南海学刊,2020,6(3):47—54.

[27]天津自贸区打造新亮点:持续发力保税维修、再制造[J].表面工程与再制造,2020,20(Z2):87—88.

[28]王文博.海南离岛免税购物细则落地[J].宁波经济(财经视点),2020(8):16—17.

[29]7月1日海南离岛免税购物新政正式实施[J].投资与合作,2020(7):2.

[30]陈珂,段勇兵,黄绿云.海南离岛免税购物拓展及风险防控政策建议[J].今日海南,2020(4):29—31.

[31]何彪,谢灯明,朱连心,等.免税购物游客感知价值的量表开发与实证检验[J].旅游学刊,2020,35(4):120—132.

[32]修木.中国减免新西兰木材加工产品进口关税使新西兰受益[J].国际木业,2020,50(1):46.

[33]黄佳金,李敏乐,江海苗.上海免税购物市场发展现状及对策[J].科学发展,2019(9):42—50.

[34]海南离岛旅客免税购物限额每人每年增至3万元[J].中国经济周刊,2018(47):6.

[35]范玲.金融账户涉税信息交换法案下个人所得税法和征管体系的优化思考[J].国际税收,2018(7):76—81.

[36]沈伟.后金融危机时代的全球反避税措施:国别差异路径和全球有限合作[J].比较法研究,2018(1):122—142.

[37]王秀丽.SPV分期缴纳海关增值税模式中交易结构谈判涉税风险点探讨——以上海自贸区SPV融资租赁公司为例[J].财经界,2017(33):116—117.

[38]高培勇.直接税改革:基于防范化解金融风险视角的讨论[J].税务研究,2017(10):5—8.

[39]潘冠中,耿伊潇.海南:铁路离岛免税购物政策实施[J].中国海关,2017(2):36.

[40]张俊英.河南服装出加工企业"碳关税"应对策略研究[J].经贸实践,2016(15):33.

[41]王亮亮.金融危机冲击、融资约束与公司避税[J].南开管理评论,2016,19(1):155—168.

[42]李佳.免税购物对旅游目的地带动效应研究——基于消费者行为的视角[J].怀化学院学报,2015,34(12):44—46.

[43]您好,听说台湾放宽离岛免税购物金额,请问已调整到多少钱?[J].台声,2015(9):112.

[44]梁若莲.应对金融账户涉税信息自动交换推进国际税收治理现代化[J].国际税收,2015(3):42—45.

[45]高安妮.免税购物与离境退税购物差异研究[J].空运商务,2015(2):44—46.

[46]刘蓉,张巍,陈凌霜.房地产税非减(豁)免比率的估计与潜在税收收入能力的测算——基于中国家庭金融调查数据[J].财贸经济,2015(1):54-64.

[47]吴悦.关税对加工贸易企业竞争率影响因素的实证研究[J].经营与管理,2014(12):52-56.

[48]三亚海棠湾免税购物中心[J].今日海南,2014(11):6.

[49]陈琼.中韩缔结自贸区汽车进口税减让建言进行时[J].汽车纵横,2014(8):78-82.

[50]张应军.避税港型离岸金融中心对华投资原因分析[J].现代商业,2014(6):27.

[51]高坤凤.上海注税行业聚焦上海自贸区集体"充电"[J].注册税务师,2013(12):56.

[52]赵胜民,罗琦.金融摩擦视角下的房产税、信贷政策与住房价格[J].财经研究,2013,39(12):72-84+99.

[53]刘艺卓,焦点,李伟伟.瑞士加工农产品关税政策及自由贸易区建设情况分析[J].世界农业,2013(9):76-78+84.

[54]三亚在建的全球最大免税购物中心或年底营业[J].空运商务,2013(3):9.

[55]王雨薇."海南离岛旅客免税购物政策"的税法思考[J].商业文化(下半月),2012(4):12-13.

[56]陆园.论海南免税购物旅游的问题及对策研究[J].中国商贸,2011(33):163-164+168.

[57]刘晨阳,田华.避税港型离岸金融中心对我国跨境资本流动的影响及监管建议[J].财政研究,2011(9):38-41.

[58]刘厚兵,谭尧华.解读海南离岛旅客免税购物政策[J].财务与会计(理财版),2011(8):13-15.

[59]余淼杰.加工贸易、企业生产率和关税减免——来自中国产品面的证据[J].经济学(季刊),2011,10(4):1251-1280.

[60]刘强.离岛免税,购物者的福音[J].金融博览(财富),2011(5):76-77.

[61]财政部关于开展海南离岛旅客免税购物政策试点的公告[J].中国工会财会,2011(5):60.

[62]崔晓静.金融危机后国际避税地法律监管的新发展[J].税务研究,2011(5):92-97.

[63]钱新梅,刘云亮.国际旅游岛下免税购物的法律探讨[J].行政与法,2011(2):72—75.

[64]谈佳隆,张娟娟.福建平潭等四岛筹建免税购物区[J].中国经济周刊,2010(45):63.

[65]孙苑,朱臣.关于建设东疆港国人免税购物中心的思考[J].天津经济,2010(1):45—50.

[66]中国—东盟自贸区中国食品的降税部分清单[J].农业工程技术(农产品加工业),2010(1):12—13.

[67]重庆建全国最大出口加工区享关税优惠[J].办公自动化,2009(17):55.

[68]吴海波.木材加工设备零关税木工机械进入俄市场[J].林业科技情报,2007(3):98.

[69]胡小娟.我国加工贸易进口中间产品的关税政策效应分析[J].财经理论与实践,2006(4):80—83.

[70]刘东.中国东盟自贸区橡胶及其制品降税情况及贸易利益分析[J].中国橡胶,2006(8):3—9.

[71]李斌.存差、金融控制与铸币税——兼对我国"M2/GDP过高之谜"的再解释[J].管理世界,2006(3):29—39+170—171.

[72]林琛.在维也纳享受免税购物[J].中国税务,2006(2):61.

[73]郑国伟.中国—东盟自贸区首批通用机械降税情况[J].通用机械,2006(1):22—23.

[74]金泽虎.中国—东盟自贸区降税对我国农业的影响[J].宏观经济管理,2006(1):53—54.

[75]郑国伟.中国—东盟自贸区首批电器产品降税详情[J].电器工业,2005(10):19—21.

[76]中国—东盟自贸区启动降税进程[J].中国橡胶,2005(14):11.

[77]网信.俄罗斯欲通过关税和配额控制水产加工成品进口[J].渔业致富指南,2004(12):9.

[78]何光辉,杨咸月.避税港离岸金融中心经济亟待转型[J].外国经济与管理,2003(12):31—35.

[79]俄政府通过降低加工设备关税促进经济增长[J].世界机电经贸信息,2002(6):24.

[80]贺宇红.以色列削减加工农产品进口关税[J].世界热带农业信息,1998(9):6.

[81]唐麒麟.关税制度通关作业改革和加工贸易管理[J].中国外资,1998(8):15—16.

[82]越南颁布出口加工区关税规定[J].中国乡镇企业信息,1997(4):39.

[83]彭国翔.离岸金融中心避税问题与对策[J].涉外税务,1997(3):35—37.

[84]张正鑫.离岸金融中心:国际避税与反避税[J].经济导刊,1996(4):71—74.